超大国 中国のあゆみ

厳　善平　著

晃洋書房

ま え が き

　2019年9月5日からの半年間，中国・天津理工大学に滞在した．在外研究の機会を与えて頂いたのはきっかけであるが，母国での長期滞在は1985年に来日して以来のことであった．到着した直後に，第8回世界中国フォーラム（テーマは「中国と世界：70年の歩み」，上海）に参加し，国内外からの専門家と一堂に集まり，経済大国となった中国の過去を振り返った．また，10月1日に天安門広場で大々的に行われた建国70周年の祝賀行事をテレビ中継で観閲し，「中国が立ち上がった，豊かになった，強くなった（站起来, 富起来, 強起来）」というスローガンを繰り返し聞かせられた．その華やかな演出を学校，職場などで観賞することが組織され，軍事パレードを見て興奮する中国人も多かった．

　12月末に，武漢市で原因不明の感染症が見つかったとの日本の報道に接し，すぐに2003年のSARSを思い出した．中国のネットで関連情報を探してみたものの，全く見つからなかった．イギリスなど欧米からも類似の報道が1月中旬に増え，不安な気持ちが深まっていく中，旧正月（1月24日大晦日）を迎えることになった．そして，1月23日に，突如武漢市のロックダウンが発令され，全国各地でも移動制限が瞬く間に施行されるようになった．大阪に戻ってきた3月5日までの1ヵ月半にわたって，中国全土で新型コロナと戦うという戦時体制が敷かれ，国民に戦時下の思考様式と行動が求められた．ほとんどの店は営業停止となり，町に人の姿が消え，いつも混雑の道路も車が通っていない．近所での買い物も厳しく管理され，ステイホームに近い状態が続いた．

　日本では，3月8日から中国からの入国禁止が発動され，新型コロナの感染拡大に伴う社会的不安も一気に高まった．4月の第一波に対処するため，ステイホームが要請され，移動制限がかかった．大学の授業もすべて遠隔方式で行われ，研究会などもリモート方式に変わった．

　そのように，日本と中国の両方でコロナとの戦いを経験し，不自由な暮らしを強いられた．しかし一方で，出勤などの移動が不要となり，時間の節約ができたのはありがたい．この間，中国各地で行った調査メモの整理に専念し，前から計画していた仕事を片付けることもできた．その成果の1つは本書である．

　ここ20年間，多くの紙誌の依頼に応じ，時々の中国の社会経済などに関する

自らの考えを披露した．それらをまとめて読み返すと，自分の思考の足跡をたどることができ，また，それを通して現代中国の歩みを確認することもできるような気がしている．

　本書の元になる論稿は基本的に，中国に関心を持つ一般読者を想定して書いたものであるが（初出一覧参照），主張や論点は自分の学術研究に裏打ちされている．テーマ別にⅤ部14章で構成しているが，表記の統一を除き，原則として発表時のスタイルを残すことにした．一部の内容に重複の記述も見られるが，それぞれを独立して読んでもらえるようにするため，敢えて修正を加えないことにした．

　中国では，4月以降社会経済活動が再開され，学校教育を始め普通の生活も戻りつつある．中国は，コロナとの戦いに勝利したとし，自らの体制の優位性を声高に喧伝しているが，パンデミックが収束していないこともあり，あまり国際世界に相手にされていない．中国の隠蔽体質が原因で，新型コロナへの初期対応が失敗し，全世界への感染拡大がもたらされたのではないか，と米国など国際社会は今も厳しい目線で見ているからであろう．

　コロナ後の世界はどうなるのか．米中関係ははたして修復可能だろうか．また，中国の中に目を向けると，本書で議論された問題の多くは依然として解決されずにいるように思われる．日中間の相互依存関係が非常に強いだけに，今後も中国から目が離せない．

目　　次

第Ⅳ部　教育・社会・政治問題

初 出 一 覧

1．『週刊東洋経済』・中国動態（東洋経済新報社）
「新政権のキーワード，『中国の夢』の読み解き方」2013年5月11日．
「急激に進む少子高齢化，限界迎えた1人っ子政策」2013年3月30日．
「固定化される所得格差，体制内改革は限界に」2013年2月23日．
「リーダーが代わっても，『心の溝』は埋まらない」2013年1月19日．
「『保守派勝利』の陰で進む共産党人事の着実な進歩」2012年12月8日．
「絶対権力握る共産党は自らを改革できるか」2012年11月3日．
「尖閣国有化は中国人の『感情記憶』を刺激した」2012年10月6日．
「『中国は人手不足』のウソ，農村には余剰労働力がある」2012年9月29日．
「次期指導部は博士の集団，変わる中国の指導者像」2012年9月1日．
「『爆食』は脅威にあらず，食糧自給の可能性は高い」2012年7月21日．
「『成長のための成長』が限界を迎えた中国経済」2012年6月16日．
「大学も大衆化時代，経営難で自転車操業も」2012年5月12日．
「『公平な市場』を掲げた世銀報告書が意味するもの」2012年3月31日．
「中国は少子高齢化を乗り越えられるか」2012年2月13日．
「高成長を実現させた共産党の意外な柔軟性」2012年1月21日．
「増加する中間層は社会変革を担えるか」2011年12月10日．
「『自由と平等』の隣国，中国はインドに学べ」2011年11月5日．
「食糧は足りているのか，信頼性を欠く農業統計」2011年10月1日．
「個人所得税法が改正，格差解消に踏み込まず」2011年8月27日．
「進学率は向上したが，大都市優遇は変わらず」2011年7月16日．
「急ピッチで進む高齢化，1人っ子政策は限界」2011年6月11日．
「空回りする『腐敗防止』，高まる国民の不満」2011年4月30日．
「国民皆年金がスタート，少子高齢化で前途多難」2011年3月19日．
「労働力不足の真因は制度の欠陥にあり」2011年2月12日．
「不平等な1国2戸籍，二重構造の解消を急げ」2011年1月8日．
「高成長といびつな男女比，功罪半ばの1人っ子政策」2010年11月27日．
「農村との社会格差で沿海部に集まる大卒者」2010年10月23日．

2．『東亜』（霞山会）
「平成30年間の日本を中国はどうみているか」2020年1月．
「新たな局面を迎えた中国の農村貧困と経済格差」2019年10月．
「中国は『八九政治風波』から何を学んだか」2019年7月．

「中国農業の地殻変動と土地制度改革」2019年4月.

「中国の住宅バブルのトリック」2019年1月.

「中国の二重社会と農村の凋落」2018年10月.

「華南経済圏の新段階，および香港への影響」2018年7月.

「中国の『新三農問題』とその根源」2018年4月.

「出産制限から子育て支援への政策転換を進めよ」2018年1月.

3.『週刊エコノミスト』(毎日新聞出版)

「1人っ子政策の弊害　戸籍のない闇子」2016年2月2日.

「1人っ子政策の終焉」2015年12月21日.

「このままでは豊かになる前に衰退，見直し必要な中国の1人っ子政策」2011年9月27日.

「社会を混乱させる食肉の高騰」2007年10月16日.

「社会を憎悪する農民工2世，数千万人」2006年10月9日.

4.『日本経済新聞』・経済教室 (日本経済新聞社)

「不透明感増す中国経済（中）中高速成長の可能性なお」2016年2月24日.

「権力移行期の中国（下）7％成長の継続は可能」2012年11月22日.

「中国農業，大転換が必要」2002年4月12日.

5.『日本現代中国学会ニューズレター』(日本現代中国学会)

「中国研究の昨今を振り返って」第56号，2019年2月.

「日本の中国研究を思う」第53号，2018年1月.

「海外の中国研究について考える」第46号，2015年10月.

6.『経済セミナー』(日本評論社)

「中国の農業・農村・農民問題」2010年8・9月.

「広がる格差は成長の足枷となるか」2005年6月.

7.『世界週報』(時事通信出版局)

「中国の労働不足,主因は農民差別——戸籍差別を無くし公正社会の構築を」2006年10月24日.

「目立ち始めた中国経済の歪み——加速する所得と富の両極分化」2002年10月1日.

8.『日中経協ジャーナル』(日中経済協会)

「中国の雇用政策と社会保障の動向」2020年5月.

「中国労働市場における需給動向と賃金事情」2019年8月.

9．『労働調査』（労働調査協議会）

「変化する中国の産業構造と労働市場——深刻化する労働供給制約の克服への課題」2016年
　　5月．

「世界の工場を支える農民工の働きと暮らし」2013年3月．

10．その他紙誌

「中兼和津次報告『空想から現実へ』に対するコメント」『現代中国』92号，2018年9月．

「中国は『少子高齢化』でも成長し続ける理由」『プレジデント』2014年12月29日．

「温州モデルのいま」『アジ研ワールド・トレンド』2012年2月．

「中国農業の基本問題を考える」『オルタ』2009年9・10月．

「日中農産物貿易における戦略的互恵関係の構築を急げ」『地域農業と農協』第27巻第3号，
　　2007年12月．

「『制度的差別』で取り残される『絶対的貧困』」『リベラルタイム』2007年11月．

「中国経済はなぜ成長したか」『PS Journal』第11号，2007年11月．

「農民工の人権改善迫られる——『世界の工場』支える労働力に不安」『日本経済研究センター
　　会報』941，2006年3月．

「中国の農業と農政」『農業と経済』2000年7月．

「どうなる今後の農産物の対中輸出」『農業山形』2007年6月．

「中国は三農問題を克服できるか」『公庫月報』2006年3月．

「大上海の繁栄と民工」『上海経済交流』第78号，2005年4月．

「中国における農業組織化の展開プロセス」『農林業問題研究』第40巻第4号，2005年3月，
　　pp. 49-50．

「2つの被害者意識のはざまで」『諸君！』2002年5月．

序 章

中国の経済大国化と日中関係

　トランプ米大統領が就任した2017年以降，貿易不均衡の是正に始まった米中間の摩擦は時間の経過と共に激しさを増し，19年に入っては徐々に全面的な「貿易戦争」に突入した．そして，20年4月以降，中国武漢市で発生した新型コロナの感染拡大，さらにパンデミックの発生に伴い，米中間の経済的対立は，ついに外交，軍事，イデオロギーなどあらゆる分野に広がっている．

　欧米など西側と異なる政治体制を持つ中国の国際社会でのプレゼンスの向上に対し，ある種の不信感と不安感が根強く，それゆえの対中警戒が強まっている．一方，中国の台頭を望まず，様々な口実を作って中国の発展を邪魔しようとする米国が怪しからんと思う中国人が数多くいるのも確かである．昨年来，互いへの疑心暗鬼が増幅し，世界が混迷な状態に入っていることは否めない事実であろう．

　米国と同盟間にある日本の立ち位置は微妙である．安全保障において米国と固いきずなで結ばれてはいるものの，経済面では大国化した中国の存在を無視するわけにはいかない．貿易拡大，対外投資，観光立国などで中国の経済力を取り込む必要がある．日本にとって米国か中国という二者択一の時代がすでに終わっており，米国も中国も自らの社会経済の持続的発展のために活用せねばならないようになっているのである．

1　世界経済における中国のプレゼンス

　1980年代以来の40年，中国は改革開放政策を実施し，驚異的な経済成長を遂げた．国内総生産（GDP）は物価上昇を除去した実質値で34倍も増大し，年平均伸び率が9.3％に達する．同期間中の世界経済は全体としてそれほど速く成長していない．例えば，日本は1990年代以降，年平均1％の低い成長率で推移している．

　図1は世界銀行のデータで作成されたものであり，1980年代以降の日米中な

どの相対的経済規模の推移を表している．米国経済は1960年代初め，世界経済の４割を占め圧倒的な強さを示したが，それ以降下がる傾向を続け，1980年には４分の１程度にまで低下した．以来，一定の上下変動を伴いながら世界首位を保ってきている．日本は1970年代初めから1990年代初めまでは急激な円高の効果も影響して，世界経済に占める割合が大幅に伸び，1994年に最大の17.5％となった．その後，日本の割合が下がり，2015年には5.6％にすぎない．日本に代わって登場したのが中国である．中国は1990年代後半，とりわけ2000年代後半から，急速に日本を追い上げ，2010年についに逆転してしまった．近年，中日間における経済規模の格差は2.7倍ぐらいに広がっている．

　もちろん，一国の経済の発展段階は国内総生産というより，人口規模を考慮しての１人当たり総生産の方はより重要である．表1は中国，日本，米国，アセアン７およびインドの人口規模，国内総生産の相対的規模およびその変化を見たものである．明らかなように，いずれの国・地域もGDPの規模が2000年からの15年間で，対中国で相対的に縮小している．中国の3.91倍だった日本の2000年のGDPは15年に37％，8.49倍の米国もこの間1.64倍に縮減した．アセアン７もインドもほぼ半減となった．人口規模を加味した１人当たりGDPでは，日米は依然として中国より数倍もの高い水準を誇っている．

　上述の統計結果は実にショッキングな出来事であり，日本の中国研究者は口をそろえて「予想できなかった」というが，中国自身もこのように予想できた者はいなかっただろう．あまりにも急激な変化だけに，中国はどのように国際

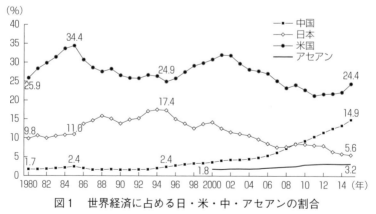

図1　世界経済に占める日・米・中・アセアンの割合

出所：World Development Indicators（UN）より作成．

表 1　各国・地域の人口とGDPの比較

	2014年人口	2000年GDP	2015年GDP
中国	100	100	100
日本	9.3	391	37
米国	23.3	849	164
アセアン7	43.6	49.9	21.8
インドネシア	18.4	13.6	7.8
タイ	4.9	10.4	3.6
シンガポール	0.4	7.9	2.7
マレーシア	2.2	7.7	2.7
フィリピン	7.3	6.7	2.7
ベトナム	6.6	2.8	1.8
ミャンマー	3.8	0.7	0.6
インド	92.1	39	19

出所：WB-World development Indicatorsより作成.

社会とうまく付き合っていくかについて十分な経験を有せず，また，欧米など西側が突如台頭した中国を迎え入れる心理的準備も出来ていない．それはおそらく今日に見られる米中間の激しい対立の大きな要因であろう．

　ところが，モノ，カネ，ヒトの国際移動を伴い，グローバル化もここ2，30年間で進展しており，各国の間に切っても切れない相互依存の関係が出来上がっている．近年，米中間の貿易摩擦が過熱しており，また，コロナ禍で貿易摩擦はあらゆる分野での対立に発展しつつあるが，尋常な状態ではない．2020年秋の米大統領選挙が終わった後に，共和党，民主党のどちらの政権となっても，米中関係は修復の方向に向かうだろう．特に新型コロナのワクチン開発が成功すれば，日本も含む西側の対中政策も見直されるはずである．グローバル化による経済的利益を顧みず，今日のような不正常な状態を続けていくことは得策ではないと思われるからである．

　以下，日本，中国，アセアンから見る貿易相手国の相対的地位がどのように変化したかについて，貿易統計で確認する．

2　日本から見る米・中・アセアンとの経済関係

　まず，日本の財務省が統計した1988〜2016年までの対外貿易（輸出輸入）の

変化を見る．この間，日本の対米貿易は年平均0.4～0.5％でしか拡大しておらず，対アセアン貿易は年平均4％超の伸びにとどまったが，対中貿易の年平均伸び率はおよそ10％に上る．その結果，日本の貿易相手国・地域別割合も大きく変わった．図2のように，日本にとっての米国のプレゼンスは大きく低下し，アセアンはそれほど変わっていないが，中国はその重要性を高め続けた．4.3％にすぎない1988年の対中貿易割合は，2017年に21.6％に上昇したのである．

3　中国から見る日・米・アセアンとの経済関係

　図3は，中国から見る米国，日本，アセアンとの貿易関係を表すものである．中国の対外貿易に占めるこれらの国・地域の割合を見ると，やはり大きな構造変化が起きていることが分かる．対米貿易の割合は高い水準で安定しており，中国にとっての米国は最も重要なパートナーである．中国の対外貿易が驚異的に拡大した中，対米の割合は2000年には15.7％，2017年には14.2％と高い．アセアンもこの間，その重要性が上がってきている．中国の対外貿易に占めるアセアンの割合は同期間中8.3％から12.6％に上がったのである．それとは対照的に，中国の対日貿易割合は17.5％から7.4％へとほぼ半減した．

　要するに，中国にとっての米国のプレゼンスは高位安定であり，対アセアン

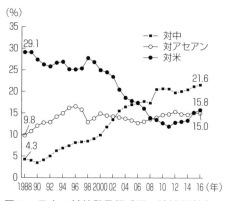

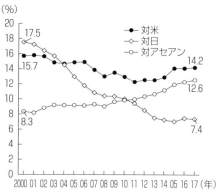

図2　日本の対外貿易相手国・地域別割合の
　　　推移

図3　中国の対外貿易相手国・地域別割合の
　　　推移

出所：日本・財務省貿易統計（http://www.customs.go.jp/toukei/srch/index.htm　2018年12月27日閲覧），中国・国
　　　家統計局国家数据庫（http://data.stats.gov.cn/easyquery.htm?cn=C01　2018年12月27日閲覧）より作成．

関係も重要性を増してきているが，日本だけは中国にとってその存在感が半分以下となっている．

4　アセアンから見る対外貿易の構造変化

　図4は，アセアンから見た日本，中国，米国の経済関係を表すものである．日本アセアンセンターの統計によれば，アセアンの貿易総額は1980年を1とした場合，2014年には18.4倍に拡大した．つまり，アセアンの対外貿易は34年で18倍に増大したのである．そうした中，貿易相手としての日本，中国，米国がどう変わったかについて図4から見て取れる．1980年に，日本はアセアンの対外貿易の4分の1を占めたが，2014年には9.1％にまで下がった．米国の割合も15.7％から8.4％に低下した．代わりに，中国の割合が急上昇した．この間，アセアンの対外貿易に占める中国の割合は1.8％から14.5％に上がったのである．

　近年，アセアンの対日，対中，対米の認識が大きく変わっているが，背景に，急激な経済関係の変化がある．これはアセアンを取り巻く外部の経済環境が大きく変化していることを意味するといってよい．

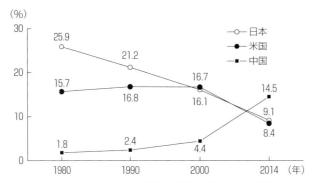

図4　アセアンの対外貿易相手国別割合の推移

出所：日本アセアンセンター（https://www.asean.or.jp/sitemap.html
　　　2018年12月27日閲覧）より作成.

5　中国と日本とアセアンの三者関係

　前述の通り，中国経済の高度成長に伴い，世界経済における中国のプレゼンスが大きく上がっている．これは事実であり，中国との今後の付き合いの中で，その変化を認識しておかなければならない．日本，中国，アセアンそれぞれの対外貿易において大きな構造変化が統計データで確認できるが，ここで使っているデータは，日本の財務省，中国国家統計局，日本アセアンセンターが出した公式のものである．国際貿易に関してはデータのとり方は難しく，生産額ベースか，付加価値ベースかによって結果は多少変わるが，広く知られるこれらのデータを見る限り，以下のような変化が確かに起きているといえよう．

　まず，日本にとっての米国，アセアン，中国の重要性については，米国が下がっており，アセアンがほぼ横ばい，中国が急速に上がっている，ということができる．次に，アセアンにとっての日本も米国も，それぞれの経済的地位が下がっている．対照的に，アセアンにとっての中国の存在がますます大きくなっている．最後に，中国にとっての米国の重要性は高い水準で安定している．いま，貿易戦争といわれる状況があるが，これだけの関係がある以上，実質的な「経済戦争」をすることができないだろう．米国政治の特殊な時期が過ぎれば，おそらく交渉を繰り返しながら，互いに損をしないような妥協点が模索されるはずである．中国にとっては米国が重要であり続けるし，中国にとってのアセアンもきわめて重要であるが，残念ながら，日本はそのプレゼンスを半減させてしまっている．

　その原因については様々な見方があろう．日本では「中国脅威論」や「チャイナリスク」が長年いわれ続けてきた．本来，両国はもっとうまくやっていけるはずなのに，現状は必ずしもそうではない．「日本にとっての最大のリスクは日本リスクだ．中国理解ができていないのではないか」という識者の指摘に頷ける．

　中国をどう認識すべきか．ある中国研究の大家との話が興味深い．国際社会で台頭してきた中国を認めるか否かは大きな問題であり，共産党の国だから怪しからんというだけでは片づけられないだろうと，日本の中国認識はかなり偏っているのではないか，と思われる．

　例えば，中国の「海洋進出」をどう見るべきなのか．力による現状変更なの

か，経済力の増強に伴う変化なのか．わずか一文字の違いだが，そこに認識の違いが潜む．「変化」を客観的に捉え，それを素直に認めたうえで，協力して得するところがあれば，それを積極的に取り込んでいくべきである．事実から目をそらし，何もかも頑なに対抗しようとすれば，よりいっそうの発展のチャンスを自らの手で逃がし，結果的に大きな経済的損失を蒙ってしまうのではないだろうか．日本にとってより冷静な情勢判断が求められる．

6　日中関係の今後

　中国と日本の関係は2010年代に入ってからほとんど悪いままであり，日本国民の対中感情は一向に改善していない．自らの大きな変化に対する中国自身の認識と日本の対中理解が大きく異なっているところに原因があるのではないかと考えられる．

　日本では，中国崩壊，中国脅威，力による現状変更（海洋進出）などネガティブなネタの報道が週刊誌，テレビのワイドショーを中心に多く，ポジティブなものがまれにしか見られない，というのは著者を含む多くの中国人の実感である．安倍首相（当時）をはじめとする政治家は，一時は「地球儀俯瞰外交」とか「中国包囲網」など様々なキャッチフレーズで，国内外で機会あるたびに対中けん制を意識してきたように思われるが，2018年辺りから状況が変わり始めている．

　それを確認するため，『日本経済新聞』の検索システムを利用して，「中国包囲網」「中国をけん制」「アセアン」といったのキーワードで日本の対中関係の経時的変化を調べた．その結果は図5の示すとおりである．そうしたキーワードが含まれた記事の年間掲載件数から，2000年以降の傾向がきれいに見て取れる．

　コロナ禍で習近平国家主席の国賓としての訪日は延期となっており，不透明な米中関係のゆくえ次第では，その実現可能性も危うくなるかもしれない．ところが，様々な意味で，米中関係も世界全体もいま正常な状況にあるとはいえない．中国は自らのプレゼンスを正しく認識し国際社会に歩調を合わせるように改革を深めていかねばならず，また，西側も中国経済の成長を正面から受け止め中国を国際社会の重要な一員として迎え入れる必要もあろう．互いの違いを認め合いながら共存共栄を図っていく以外に賢い選択がない．そうした中，

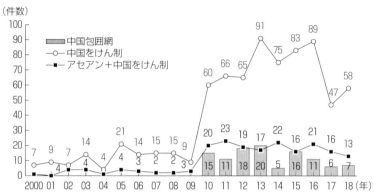

図5　『日本経済新聞』(朝・夕刊) 掲載記事の件数にみる日中関係の移り変わり
出所：『日本経済新聞』より作成.

東西につながる日本の果たせる役割が大きい.

［付記］

　　本章は，厳善平「日本と中国，ASEANの経済関係」『ASEAN——日本間の利害関係と東アジアの将来—資源・一次産品・領有権の視点から——』(同志社大学人文研究所，2019年3月) を大幅に加筆修正したものである.

第Ⅰ部　経済成長と格差・貧困問題

第1章

経済成長とそのメカニズム

1　中国経済はなぜ成長したか

　ここ30年近くの中国では，年平均9％以上の経済成長が遂げられた．1人当たり総生産で見るなら，中国は日本の約20分の1と依然発展途上国のままである．しかし，国を基本単位として国際比較すれば，中国の国内総生産は米国，日本，ドイツに次ぐ世界第4位（05年），輸出入総額は日本を抜いて世界第3位（04年），そして，外貨準備高は世界1位（06年）と，多くの経済指標が世界のトップクラスに躍り出ている．世界一の人口を抱える途上国でありながら，比較的短い期間でこれだけの実績を上げたのは経済史上前例のないことである．その意味で，中国の経済発展は概ね成功したということができよう．

　中国の経済成長をどのように見るべきか．ここでは，日本などの経済発展の経験を参考に，または経済学の考え方を援用しながら，中国経済の成長要因を検討してみる．

　成長会計法は要素還元論の考えに基づいた経済分析の手法として広く知られる．この分析法では，経済成長をもたらす基本要素として資本，労働と土地があり，この3要素の投入増大に還元できない残差を総要素生産性（Total Factor Productivity, TFP）と呼ぶ．このTFPの中身は資本に体化された技術や労働者が学校教育で習得した知識（人的資本）などを含むものであり，定量的にそれを分解することは難しいが，非常に有用な分析概念である．

　成長会計法に即して中国経済の成長要因を説明するなら，次の3つの側面からアプローチすることができる．① 物的投資の拡大，② 労働投入の増加，③ 総要素生産性の向上，である．

　物的投資は企業の固定資本投資，社会インフラ整備などと多岐にわたるが，投資の原資は国内の貯蓄と外国から調達される．改革開放以降の中国ではきわめて高い国内貯蓄率，中でも家計貯蓄率（2005年に3割近く）が見られた．主要

な理由として，① 高成長に伴う収入増，② 1人っ子政策で出生率が低下し14歳未満人口の割合が低く養育費や教育費が少ないこと，③ 65歳以上の高齢者比率が低く，介護，医療にかかる費用が少ないこと，社会保障制度が未確立で老後のための貯蓄が多いことが挙げられる．他方，外資特に外国の民間企業による直接投資（FDI）が急増し，設備投資などの資金調達が潤沢にできた．投資増 → 雇用増 → 収入増 → 貯蓄増 → 投資増という循環構造が形成されている．

　労働投入の増大も経済成長に寄与した．新中国成立後のベビーブーム，1970年代以降の人口抑制政策の施行によって，中国は改革開放とほぼ同じ時期に莫大な人口ボーナス（出生率の低下に伴う生産年齢人口割合の上昇が経済成長を促進すること）を享受してきた．15～64歳の生産年齢人口が急増したため，豊富で安い労働力が供給され続けただけでなく，社会全体としても所得が消費を上回り，蓄積の多い状況が形成されている．

　総要素生産性の向上も高度成長に大きく貢献した．ここでは，それを技術進歩と人的資本の蓄積に分けて考えよう．① 対中投資の外資企業が急増し，多くの優れた技術が資本と共に導入されている．② 中国科学院，大学を中心に政府主導下の研究開発が進められた．産学連携も早い段階から実施されている．後発国であるがゆえに，中国は先進国で開発された多くの技術を短い時間，少ない費用で吸収，消化している．③ 人的資本の形成でも驚嘆に値するものがある．小中高学校の普及促進，大学教育とりわけ理系重視の学科設置，カリキュラム編成によって多くの産業労働者，技術者が養成されている．④ 国費留学生を計画的に派遣したことで中国と世界との距離が縮められた．生産年齢人口の増加と共に彼らのもつ人的資本の蓄積があってこそ，世界工場としての中国が成り立ったのであろう．

　諸要素が結合し経済の成長に結びついたのは，経済発展の初期条件，政府の能力，そしてより大きな国際環境とも深く関係する．① 毛沢東時代の重工業化戦略が改革開放時代の市場化改革の土台を築き上げたことは否定できない事実である．② 社会秩序を維持し，教育，研究開発などを推進するために政府の統治能力が問われる．共産党による専制の政治体制ではあるが，任期制の導入，集団指導体制の確立，意思決定プロセスの科学化など絶えず進化し続ける共産党政権の中身を見逃しては本質が把握できなくなる．安定―改革―発展という3角形の関係を最も熟知しているのは中国の為政者である．③ ここ30年

間，中国の周辺で大きな紛争はなかった．中国は世界平和の最大の受益者である．

　中国経済はどこまで成長できるか．長期的に経済成長を制約する要素として，人口，食糧，環境，資源が考えられるが，中国では人口増加およびそれに伴う食糧の需要拡大は大きな問題にならない見通しだ．環境問題についても技術進歩や経済的手段でもってある程度解決できるとされている．石油などの需要増については，利用効率の改善で対応できる部分は多く，技術進歩による代用エネルギーの開発も不可能ではないといわれている．

　以上は経済発展の光ばかりだが，陰がないわけではない．深刻化しつつある環境破壊，都市と農村の巨大な格差，腐敗の蔓延，等．これらすべては中国の中でも認識され議論されている．ただし，発展なくして解決の望めないものも多く含まれている．

　強大な中国の出現は日本にとってもチャンスだと近年認識されつつあるが，気持ちはより複雑だろう．置いて行かれるのではないかと．ところが，国民1人当たりの所得水準は両国間に巨大な格差が存在する．日本はもっと自信をもって成長する中国と付き合ってよい．これからは「戦略的互恵関係」の構築に向かって共に努力していくべき時代である．

（『PS Journal』第11号，2007年11月）

2　7％成長の継続は可能

　ここ10年間，中国の国内総生産（GDP）は年平均10.7％伸びた．世界経済に占める比率は2001年に4.9％だったが，2011年には10.0％に上昇し，米国に次ぐ世界第2位の経済大国となった．

　しかし1人あたりGDPで見ると，中国は2011年に5400ドルにすぎず，国際通貨基金（IMF）によると183ヵ国中の90位にとどまる．経済格差も深刻だ．総人口の4分の1の富裕層が総所得の4分の3を占めるのに対し，世界銀行の貧困ライン以下で暮らす者は1億人を超えている．こうした格差と貧困の相当部分が権力の腐敗や農民差別に起因するという事実もあるから，事態は複雑である．

　2012年10月14日に閉幕した第18回中国共産党大会では，20年までにGDPお

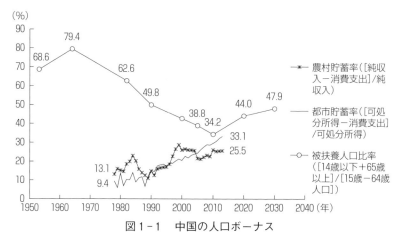

図1-1　中国の人口ボーナス

注：2010年以降の人口は世界銀行の中位予測に基づく．
出所：国家統計局『中国統計年鑑』（中国統計出版社）などより作成．

よび1人あたり国内総生産を10年比で倍増すると同時に，より公平な社会を実現する目標を掲げた．2つの顔を持つ今の中国は高度成長を続け，より豊かでかつ平等な国になれるのだろうか．

　10年間で倍増計画を達成するには，計算上年平均7％の伸びが必要となる．過去30年間の実績からすれば，それほど難しい数値目標ではない．高度成長を支えてきた諸条件は基本的に失われていないからである．

　1人っ子政策が施行された1979年までの中国では人口増加率が比較的高かった．その間に生まれた人は80年代に入ってから次第に成人する一方，彼らが持てる子どもの数は厳しく制限された．その結果，15～64歳の生産年齢人口に対する子どもと高齢者の比率は急速に低下した（図1-1）．子どもの養育費や教育費，高齢者の医療・介護費が相対的に少ないなど，社会は全体として負担の軽い状態に入った．家計には余裕ができ，家計貯蓄率も急上昇した．

　貯蓄率の上昇で工業化のための投資資金は容易に調達でき，物的投資が増大する中で，新たな生産能力が形成された．豊富で安価な労働力も無尽蔵に供給されたため，高度成長が可能となった．一方，潤沢になった家計は子どもへの教育投資を増やし，国も学校建設などに多額の資金を投入できた．それは国民の持つ潜在的能力の向上，あるいは人的資本の蓄積を通じて高度成長に寄与した．

　国内外の情勢変化に柔軟に対応できた共産党政府の高い統治能力，中国を取り巻く平和的な国際環境も，高度成長を可能にした重要な要素であった．このように改革開放以来の経済成長の源泉は，生産要素の投入増大だけでなく，人的資本の蓄積にも求められる．そう考えれば，向こう10〜20年間についても，年率7％程度の緩やかな成長は十分期待できるだろう．

　中国では今，労働供給が絶対的過剰から相対的不足に変わり，沿海部を中心に人手不足が顕在化し，賃金も急上昇している．農村部の余剰労働力が枯渇し，今まで通りの高度成長はもはや実現できないという見方もあるが，これは以下の事情を考慮していないことによる誤解である．

　国家統計局の人口センサスによると，18歳人口は2014年までの数年間は急減するが，その後28年までは毎年ほぼ1500万人で安定的に推移し，そのうち800万人余りは農村部にいる．第1次産業で働く者は11年に2億6594万人と全就業者の34.8％を占め，同産業のGDP比の3倍強に相当する．出稼ぎに行った農家子弟の多くは戸籍制度の制約で都市部への定住が困難で，30歳代に入ると故郷への帰還を余儀なくされることが背景にある．戸籍制度や社会保障制度を改革し，農村から都市への移動者が定住できるようになれば，労働市場への総供給は大幅に増大する．

　中国の合計特殊出生率（1人の女性が生涯にわたって出産する子どもの数）は近年1.5程度と日本の水準とあまり変わらない．だが，それは1人っ子政策の生み出した結果であり，自然発生的なものではない．出産制限の緩和や1人っ子政策の弾力運用に踏み切れば，少子化による労働供給の制約は軽減できる．

　定年退職年齢の引き上げによる労働供給の総量拡大が真剣に検討され始めている．都市部における定年退職者の平均年齢はいまだに50歳過ぎにとどまるなど，半世紀前につくられた現行制度は，平均寿命が大きく延びた今日の状況に合わなくなっている．就業期間を延ばせば，労働供給を増やすことは十分可能である．

　貯蓄率はどう変わるのか．**図1-1**に示されたように，被扶養人口比は2010年を境に上昇に転じ，30年には47.9％になると予測される．今後，社会の負担は次第に重くなり，家計貯蓄率も低下するだろうが，20年前の水準に戻るだけだという読み方もできる．貯蓄率の急落で資金不足が起きるのを契機に，経済成長が鈍化することは想像しにくい．

　高等教育の充実で人的資本の蓄積も一層増やせる．大学や短大に進学する若

者の18歳人口比は10年に35％を超えたが，国民の平均就学年数は依然 9 年ぐらいしかない．しかし，これも向こう10〜20年間で日本など先進国の水準に急接近するだろう．学校教育で蓄積される人的資本は，労働供給の量的拡大と相まって経済成長を支えることになる．

都市部に居住する人の総人口比（都市化率）は11年に51.3％に上る．今後は戸籍改革の加速に伴い都市化率は2030年までに70％に高まる見込みだ．その過程で住宅建設や家電・家具の購入に代表される内需も急速に膨らむだろう．

中国経済は当面の間，需給両面で比較的高い成長を実現する好条件に恵まれている．とはいえ，そのいずれも成長の必要条件にすぎない．

成長の可能性を確かなものに変えていくには，社会の安定と平和的な国際環境の維持が欠かせない．残念ながら今の中国社会は，共産党政府が目指す「調和のとれた社会」には程遠い．権力の腐敗や経済格差に対する国民の不満が高まりつつある．経済成長が減速するこれからの中国では，人々の意見をうまく吸収する制度がなければ，小さなトラブルでも大きな社会混乱を引き起こす危険性がある．

拙速な民主主義への移行がかえって社会の混乱をもたらしかねないという為政者の主張も理解はできる．だが，人民代表や地方首長の直接選挙，三権分立を目標とする政治改革をかたくなに拒み続ける姿勢は賢明とはいえない．中国の現実に配慮しつつ，自由・民主・平等・人権といった価値観を取り入れ「中国モデル」の進化を追求すべきである．

日米欧は，台頭する中国とどう向き合うべきかを巡り迷走している．一方，急激に強大となった中国の先進国との付き合い方にも協調性に欠ける言動が目立ち，不評を買うケースが増えている．意見の対立や摩擦があっても，対話を通じて問題解決を図るという冷静さは絶対必要だ．平和が失われれば元も子もなくなる．この当たり前の理屈を中国も肝に銘ずるべきである．

中国が今まで採ってきた党政府主導下の経済開発は，様々な欠点を内包しながらも大きな成果を上げている．非常に優れた開発モデルとまではいえないが，中国の現実に適した「最も悪くないモデル」との評価は妥当であろう．大きすぎた政府の機能を転換し，市場の力がもっと発揮できるような改善を重ねていけば，より良い開発モデルの仕上げは可能なはずだ．巨大な人口を擁する多民族国家が，発展段階の全く異なる広大な地域をまとめながら，大きな混乱なく中所得国から高所得国への移行を実現するというのはそれに当たる．

　至難の業だが，現存する経済成長の諸条件を最大限に活用して，政治改革や国際協調にも細心の注意を払い続けていけば，党大会で掲げた目標の達成も夢ではない．習近平指導部の力量が試されている．

（『日本経済新聞』，2012年11月22日）

3　中国が少子高齢化でも成長し続ける理由

（1）　人口ボーナスに起因した高度成長

　一国の経済成長の源泉は，労働力と機械設備や工場といった資本の投入，そして技術の進歩とされるが，それらの変化と密接に関わっているのが，一定期間の人口の変動を表す人口動態である．なぜなら，人口の規模や年齢構成の変化が，労働力の供給，貯蓄率や投資率，学校教育といった諸要素の動きを強く規定しているからである．経済活動を通じて一国の経済成長を促す主役は，どこまでいっても人間なのだ．

　日本，韓国，台湾など東アジアの戦後経済の成長過程を見ればよく分かるが，人口増加のスピードが減速し，生産年齢人口（15～64歳）の割合が上昇している間には，労働供給が増大し，家計に余裕ができ貯蓄や子どもへの教育投資も増える．そうした環境下では，高い教育を受けた労働者が豊富に供給され，設備投資などの資金も容易に調達できる．経済成長が急速に進むゆえんである．

　ところが，時が経つにつれて少子高齢化が進み，生産年齢人口は減少に転じ，高齢者の介護や医療にかかる費用が急増する社会がやってくる．農村部の余剰労働が枯渇し，家計貯蓄率も大幅に落ち込む．国民経済は高度成長のエンジンを失い，安定成長を経て長期停滞に突入するのである．

　過去30余年間，中国はこの生産年齢人口の比率上昇の恩恵を受け，年平均10％の高度成長を遂げ，世界第2位の経済大国となったばかりでなく，1人当たりGDPも7000米ドル（2013年）という上位中所得国に躍進した．

　だが近年，人手不足およびそれに起因する賃金上昇，労働の有効利用を妨げる諸制度が影響して，経済成長率が7％台にまで落ちている．一部の見方ではあるが，中国経済は今後も成長速度を落とし，1960年代以降に中南米や東南アジアで見られたような「中所得国の罠」に陥ってしまう危険性すらあるという．

　しかし，著者は中国経済の今後を比較的楽観視している．中国を取り巻く国

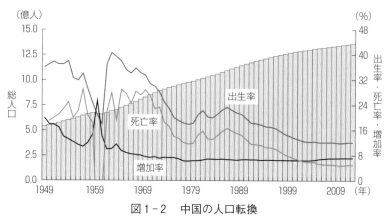

図1-2　中国の人口転換

出所：国家統計局『中国統計年鑑』より作成.

　際環境が大きく変わらない限り，向こう10～20年間，中国経済は年平均7％程度の伸び率で拡大し続けるだろう.

　そうなると，2030年頃には，中国のGDPは13年の約3倍，日本のGDPの5倍（日本経済の成長率を年平均1％と仮定，米ドルベース）になる．仮にドル／円の為替レートが変わらず，ドル／人民元が今の1ドル＝6元から1ドル＝4元まで元高が進むなら，日本の8倍にまで膨らむ（13年には2倍）．いささか夢のような話だが，以下で述べる人口動態と経済成長との関わりを見れば，中国経済にはそれだけの潜在力があると考えられる.

　人口経済学によれば，一国の人口は，社会経済の発展に伴い出生率，死亡率が共に高い第1局面「多産多死」から「多産少死」へ，さらに「少産少死」「多死少産」の各局面へと移行する．「多産少死」の第2局面では人口が爆発的に増加するが，「少産少死」の第3局面に入ると，働き盛りの生産年齢人口の割合が上がり，14歳以下の子どもも，65歳以上の高齢者も比較的少ないという負担の軽い社会が形成される．経済が成長し，国も家計も豊かになる.

　各国の人口動態がそのうちのどの局面にあるかは，国そのものの発展時期や医療技術や公衆衛生制度，出産・育児に関わる諸費用などに依拠する．図1-2は中華人民共和国が成立した1949年から2013年における出生率，死亡率および両者の差からなる増加率，総人口の推移を表すものだ．1950年代末，「大躍進運動」が失敗した異常期を除けば，中国の人口転換はほぼ前述のセオリー通り推移しているといえる.

　同図では多産多死という人口転換の第1局面が観測されないが，1950年代，60年代には，多産少死およびそれに起因した人口爆発が見て取れる．70年代に入ると計画生育政策が施行され，80年代以降は規制のより厳しい1人っ子政策が採られた．その影響で，中国は発展途上国でありながら，早くも人口増加率を先進国並みの水準に落とし，欧米などの先進国に比べてはるかに速いスピードで第3局面の「少産少死」に突入したといえる．

　人口増加の速度を落とし，食糧をはじめとする諸々の資源の不足を緩和するという1人っ子政策の目的はほぼ期待通り達成されたが，生産年齢人口の急増と共に，総人口に占めるその割合も急上昇したことは，全くの想定外であった．

　中国の生産年齢人口は1982年から2010年までで3億8000万人増加し，総人口に占めるその割合も61.5％から74.5％と13ポイント上がった．働いて収入を得る人が多く，子どもの養育・教育費も，高齢者にかかる介護や医療，年金の負担も比較的少なくて済むという状況下で，家計貯蓄率（可処分所得に占める貯蓄の割合）が同期間中15ポイントも上昇し，25％に達している．

　高い家計貯蓄率は高い投資率を支え，雇用機会の創出に寄与し，潤沢な資本と豊富かつ安価な労働力の結合によって新たな生産能力が形成された．それに，国も家計も学校教育への投資を増やし，潜在的能力の高い人材を養成し労働市場に供給し続けている．18歳人口に占める中学以上新卒者の割合は1990年の43％から2010年の87％に，85年にわずか2.8％だった高等教育機関に進学した若者の18歳人口比率も12年には37％に上昇した．資本，労働，教育（研究開発を支え技術進歩を促すもの）という経済成長の源泉がいずれも急増したわけで，経済成長も当然の帰結といえよう．

（2）　労働力の絶対的過剰から相対的不足へ

　ところが，2004年初め，広東省の珠江デルタで企業の募集定員が集まらず，それまで無尽蔵に供給された安い労働力が不足し始めた．沿海地域の都市部で顕著となった局地的な人手不足は，やがて中西部地域へ波及し，中国経済は全体として労働力を無制限に供給できる状態から相対的，絶対的に不足する状態に移行し，いわゆる「ルイスの転換点」を通過したのではとまでいわれている．

　「ルイスの転換点」とは，工業化が進む中で，農業の労働力が工業に移るが，その余剰がなくなるという転換点を指す．労働力が過剰であれば，雇用さえあれば低賃金でも人が集まり，企業は高い収益を上げ，一層の成長拡大も実現で

きる．しかし，この転換点を通過した後は，企業は労働力の不足と賃金の急上昇に直面する．国民経済の高度成長も難しくなる．

　中国経済がルイスの転換点を通過したか否かを巡っては，意見の分かれるところだが，労働市場では有効求人倍率が1超に高止まりし，労働者の賃金が2桁の伸び率で上昇し続けていることは紛れもない事実である．ここで，農村から都市への出稼ぎ労働者＝農民工の平均月収の推移を見てみる．1990年頃におよそ3000万人弱だった農民工は2013年に1億7000万人に膨れ上がり，世界の工場たる中国の製造業を支えている．この農民工の名目賃金は全期間において高い伸び率を見せているが，物価上昇を除いた実質賃金（78年価格を100とした物価指数）は2000年まではわずかな伸びにとどまり，急伸したのはそれ以降のことである．これを見る限りでは，中国経済はすでにルイスの転換点を通過したといえるのかもしれない．

（3）　戸籍・定年・生育政策の改革で成長を追求せよ

　ただ著者は，目下の人手不足については制度の欠陥に由来した部分が大きく，諸制度の改革を果敢に進めれば，人手不足が緩和され，持続的な経済成長の期間を広げることが可能だと見ている．

　図1-3が示すように，20〜39歳の青壮年人口は2002年に，中国の法定退職年齢に基づいた生産人口も2011年に，それぞれピークを迎えたが，国際基準（15〜64歳）で見るなら，中国の生産人口は16年まで増え続ける．両者のギャップは10年の1億人余りから十年後の約1億6000万人に拡大する見込みだ．当分，中国には膨大な潜在労働力が存在するということである．

　こうした潜在的な労働力を有効に活用するには，農民と市民を区別する戸籍制度を改革し，農村戸籍を持った農民工の就業選択・移住の規制を緩和することが有効だ．現行制度下では，青壮年期を過ぎて体力も衰えた農民工の多くが，田舎への帰還を余儀なくされている．農村・都市間における出稼ぎ型の人口移動が持続した結果，第1次産業に従事する者は2012年に2億6000万人に上り，1980年に比べてわずか3000万人しか減少していない．

　この間，耕地面積が減少し，農業の機械化も飛躍的に進んだ（総動力が7倍増）．中国農業は依然，膨大な余剰労働力を抱え込んでいると見てよい．今後，戸籍制度を改革し，毎年中高校を卒業する800万人の農家子弟を都市へ移動，移住させても，農業経営に大した支障がないはずである．そうなれば，都市労働市

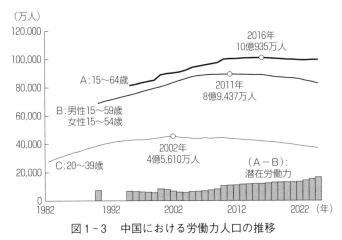

図1-3　中国における労働力人口の推移

注：A系列は2011年までが『中国統計年鑑』による実数，12年以降は2010年人口センサ
スに基づいた推計値であり，B系列は2009年までが2000年センサス，10年以降が
2010年人口センサス，C系列は2010年人口センサスに基づいた推計値である．
出所：国家統計局『中国2010年人口普査資料』（中国統計出版社）より作成．

場への供給も持続できるであろう．

　都市部の就業率を低下させ，労働力の有効利用を妨げている制度の1つに，
時代遅れの定年制度がある．平均寿命が70歳代後半となった今日，都市部の正
規雇用における平均の退職年齢は52歳と若過ぎる．定年の年齢引き上げも，人
手不足の緩和に寄与する重要な制度改革となりうる．各方面の利権に絡み，強
い抵抗もあるようだが，様々な次元で検討が開始されている．

　もう1つの重要な制度改革が，1人っ子制度の段階的見直しである．2014年
初め，1人っ子同士の夫婦であれば，2人目の子の出産を認めるという規制を
緩和し，夫婦の片方が1人っ子でも，2人目の子の出産も認めるとする改革が
実行に移されている．今後は，出産制限が徐々に緩和されていくだろう．これ
によって出生率が回復し，経済成長を妨げる労働力の制約も，中長期的に弱ま
る可能性が高い．

　高位中所得国の仲間入りを果たした中国では，確かに少子化・高齢化が進ん
でおり，生産年齢人口も近く減少する局面に突入する．生産年齢人口の比率増
も鈍り，高齢者の介護や医療の費用が重くなる社会が目前に迫っている．

　しかし，中国政府の制度改革への注力は続いており，戸籍制度，定年制度，

1人っ子政策など様々な非合理的な制度改革を加速させている．国内外で諸改革の効果に対する懐疑的な見方が少なからずあり，改革の前途も決して平坦ではありえないが，中国の人口動態およびここ30余年間における共産党政府の高い執政能力からすれば，経済成長を持続させることは十分に可能であろう．

（『プレジデント』2014年，12月29日）

4　「成長のための成長」が限界を迎えた中国経済

中国の経済成長が減速している．2012年第14半期の国内総生産（GDP）の前年同期比は8.1％増と，5四半期連続で低下した．ヨーロッパの信用不安を受けて輸出の伸びが鈍り，インフレを抑えるために採られた金融引き締め策が投資の萎縮を招いたことが背景にある．このままでは年率7.5％増の政府目標も達成困難になるのではないかとの観測も出た．

2011年末から，中国人民銀行は預金準備率（中央銀行に強制的に預けさせられる銀行預金の割合）を3回にわたって引き下げた．政府はエコポイント制度を導入して家電製品の買い替えを促し，鉄道などインフラ建設の認可ペースを速めるといった景気刺激策も検討している．

中国はこの間，財政と金融の両面で様々な対策を組み合わせて，マクロ経済の成長と安定に取り組み，一定の成果を上げてきた．今回も内外の困難な局面を打開し，成長率の目標を達成するだろうと考える．

中国経済の抱える根本的な問題は，成長率の鈍化にあるのではない．成長の質，すなわち経済成長が国民生活の改善に相応の効果をもたらしているか否かである．

ここでは日中間の経済構造を比較し，「成長のための成長」とでもいうべき中国経済の特質を指摘し，その深層的原因を考えてみたい．

1955〜73年の高度成長期の日本では，GDPに占める消費の割合は76〜62％であったが，1980〜90年代には70％前後で推移した．消費，特に家計消費は経済成長の主エンジンであった．

中国のGDPに占める家計消費の割合は，1980年代に50％超，90年代に44％前後だったが，2000年代に入ってから下がり続け，10年には34％となった．近年では，政府消費を足しても5割に満たない．

　代わりに，GDPに占める投資の割合は高くなり，ここ10年間でさらに13ポイント上がって46％に達した．中国経済の高成長は，投資の拡大があればこそ実現可能となったのである．

　投資と貯蓄は表裏の関係をなし，貯蓄と消費はトレードオフの関係にある．また，消費は収入によって決定される．

　家計収入が増えれば，消費も自ずと拡大する．しかし，社会保障制度が十分に整備されていなかったら，不測の病気や老後に備えての貯蓄に収入の多くが回され，その資金は投資に振り向けられる．

　その結果，経済は成長するものの，国民生活には相応の改善が見られず，「成長のための成長」が固定化する．中国経済は今まさに成長の自己目的化という陥穽に陥っているのではないか．

　第1に，経済成長率の高さに比べて家計収入の伸び率が低い．2000年以来の10年間，GDPは年平均10.7％伸びたのに対して，1人当たり家計収入は都市世帯で9.7％増，農村世帯で7.0％増にとどまった．

　第2に，都市と農村間の所得格差は2002年に3倍を超えた後も拡大し続け，09年に3.33倍となった．総人口の3分の2を占める農家の1人当たり年収は11年で6977元（約9万円）にすぎない．

　第3に，家計貯蓄率（可処分所得に占める貯蓄の割合）は都市と農村を問わず，過去30年間上昇し続け，2010年には共に30％近くとなった．これは日本の家計貯蓄率がピーク時の水準より10ポイントも高い．社会保障制度の貧弱さゆえに，収入の少ない人も将来への不安に備えて，貯蓄に励まざるをえない現実があるのだ．

　不動産価格が高騰しているのに住宅ローン制度が十分に整備されていないのも問題だ．都市に住むわが子のために，マイホームの購入資金を必死に貯めようとする農家も多い．

　毛沢東の計画経済期（1953〜78年）には重工業化戦略が採られ，生産のための生産が繰り広げられた．成長率だけを見るなら，6％近い当時の年平均水準は決して低いものではなかった．だが，国民生活の改善を軽視したことが同戦略が行き詰まる一因となった．

　経済大国として存在感を強めた2000年代以降の中国では，家計消費の拡大ペースが著しく鈍化し，投資拡大で高成長をキープしていこうとする成長の自己目的化が目立つ．

　中国は今後，労働分配率を引き上げ，都市農村間の格差を是正し，社会保障制度を充実化することに一層努力し，経済成長の質的向上を目指すべきである．それこそが胡錦濤政権の追い求める「和諧社会（調和社会）」への近道ではないだろうか．

（『週刊東洋経済』，2012 年 6 月 16 日）

5　中高速成長の可能性，いまなお

　中国の2015年の実質国内総生産（GDP）の伸び率は6.9％と，政府予測の 7 ％前後に近かった．しかし25年ぶりの低水準に，昨年来の上海総合指数の下落や人民元安も加わり，中国経済の先行きへの懸念が高まっている．

　1980年以来30年余り，中国は年平均10％近い高度成長を遂げ世界第 2 位の経済大国となった．それに伴い産業構造が高度化し，経済成長を支える基礎的条件も大きく変貌した．中国政府はこうした状況変化を踏まえ，経済成長の減速を新常態（ニューノーマル）と捉え，制度改革やイノベーションにより持続的成長の実現に自信を持っているようである．2015年10月に開かれた中国共産党の中央委員会第 5 回全体会議（5 中全会）で，第13次五ヵ年計画（2016〜20年）の大枠が決定された．そこで，2020年のGDPおよび 1 人当たり所得を10年比で倍増する目標（年平均実質成長率6.5％以上）が改めて示された．

　しかし，米利上げ，原油価格暴落，日欧経済低迷など不安要素が影響し合う中で，中国政府の見立てをストレートに受け止める市場関係者が少ない．労働力人口が減少に転じ，不動産バブルが崩壊し，人民元安がさらに進むようでは，経済成長が失速しかねないという不信感が拭えないからである．

　中国の 1 人当たりGDPは2015年に約8000米ドルに達した．世界銀行が定義した中所得国の中の上層に属するが，高所得国の入り口とされる 1 万 2 千米ドルには大きな距離がある．20世紀後半以来，中所得国を経て高所得国入りした日本や韓国は非常に稀なケースだ．中南米諸国のように，中所得国の仲間入りを果たした後，一層の経済発展に失敗した国が多い．中国はこうした「中所得国の罠」を回避できるのか．

　ここで中国経済の構造変化を表す 4 つの指標を取り上げる．第 1 に，経済成長に伴い，就業人口およびGDPの産業別構成比は，第 1 次産業から第 2 次産

表 1 - 1　中国経済における基礎的状況の変化

単位：%

		1990年	2000年	2010年	2014年
就業者構成比	第 1 次産業	60.1	50.0	36.7	29.5
	第 2 次産業	21.4	22.5	28.7	29.9
	第 3 次産業	18.5	27.5	34.6	40.6
GDP構成比	第 1 次産業	27.1	15.1	10.1	9.2
	第 2 次産業	41.3	45.9	46.7	42.7
	第 3 次産業	31.5	39.0	43.2	48.1
最終消費のGDP比		63.3	63.7	49.1	51.4
資本形成のGDP比		34.0	33.9	47.2	45.9
15～64歳人口比率		66.7	70.1	74.5	74.2
都市常住人口比率		26.4	36.2	49.9	54.8
都市戸籍人口比率		20.9	25.4	34.3	34.9

出所：国家統計局『中国統計年鑑』より作成.

業に，さらに第 3 次産業へと重点がシフトした．中国の経済構造はこの間大き
く転換し，就業人口では1994年，GDPでは14年に，第 3 次産業が第 2 次産業
を上回り経済成長をけん引する主エンジンとなった（表 1 - 1 ）．経済成長に対
する第 3 次産業の貢献率は90年代初頭の 3 割程度から近年の 5 割近くに上昇し
た．中国経済の動向を観察する際，非製造業の景況指標に目を配る必要がある．

　第 2 に，30年以上も続いた 1 人っ子政策で，急ぎすぎた少子高齢化がもたら
された．全人口に占める15～64歳人口比率の上昇により経済成長が促されると
いう人口ボーナスは早くも人口オーナスに転じた．1990年に66.7％だった生産
年齢人口割合は2010年に74.5％とピークを迎えた後に低下し，生産年齢人口数
も14年から減少し始めた．

　第 3 に，農村から無尽蔵に供給された安価な労働力は2000年代に入ってから
増加速度を落とし，労働市場での売り手の交渉力が強まりつつある．1980年代
に年平均1.2％，90年代に同3.1％だった農民工（出稼ぎ労働者）の実質賃金伸び
率は2000～14年の間では10.3％に上昇し，同じ期間の経済成長率を上回った．
中国経済は労働力の供給が一巡する「ルイスの転換点」を通過したといわれる
ゆえんである．

　第 4 に，都市農村間の経済格差が所得水準の向上と共に，拡大 → 横ばい →
縮小という「クズネッツの逆U字型」を示している．都市・農村住民間の所得

格差は2009年の3.33倍をピークに下がり，2014年には2.93倍となった．所得の不平等を示すジニ計数（1に近づくほど不平等）も，08年の0.491をピークに14年には0.469に低下した．

　中国経済は多くの難問も抱えている．第1に，2008年のリーマンショック後の景気対策を契機に最終消費，特に家計消費のGDP比が下がり，資本形成を中心とする投資主導型の成長モデルが形成された．鉄鋼，セメントなど重厚長大を特徴づける伝統的産業の生産能力が過剰となり商品住宅の在庫が激増している．

　第2に，GDPに占める非農業部門の割合は2014年に9割を超えているのに，非農業部門で働く就業者の割合，都市部に常住する者の全人口比はそれぞれ7割，5割程度しかない．暮らす都市の戸籍を取得できずにいる農民工を除いた場合の都市戸籍人口は全人口の3分の1にすぎない．農民への戸籍差別のため都市化が立ち遅れ，労働資源の有効利用や家計消費の拡大に大きな負の影響を与えている．

　第3に，所得格差の縮小傾向は見られるが，地域間，階層間，都市農村間の格差の絶対的水準は依然大きく，人々の不満が高まっている．

　第4に，金融，電力，石油，鉄道，通信など主な産業の国有企業による支配が変わっておらず，融資，新規参入などで民間企業に対する規制が厳しい．2008年以降，国有企業の総資産利益率が企業全体の平均より低く，赤字経営を続け改善の見通しもないゾンビ企業が数多くある．GDPの2割超を占める国有企業の改革は喫緊の課題となっている．

　2015年10月の「5中全会」で，習近平指導部は創新（イノベーション），協調，緑色（エコ），開放および共享（発展成果の共有）を新常態下の基本理念に掲げ，規制を緩和し効率と公平の両立を追求すべく制度改革の加速を決めた．中心内容は① 資本技術集約型産業の育成に力を注ぎ，産業構造のグレードアップを実現し，安い労働を武器とした成長モデルから脱皮する，② 制度改革を深め経済成長の新たな源泉を発掘する，ことだ．

　具体的には，安い労働力で成長したアパレル産業が東南アジアへのシフトを続ける中，中国政府は今後の経済成長をけん引する支柱産業として高速鉄道，原子力発電，造船，航空宇宙などを支援している．鉄鋼やセメント産業の過剰な生産能力はアジアインフラ投資銀行（AIIB）の支援で消化するとしている．

　また，北京，上海のようなメガ都市を除き，戸籍の転出入を完全に自由化し，

都市戸籍人口を基とする都市化率を高めることが決まった．農民工の市民化を急ぐことで，労働市場における需給ひっ迫が緩和できるだけでなく，家計消費の拡大，地方都市における住宅の過剰在庫の削減にも寄与できるとしている．

　商業，サービス業に適用される営業税を廃止し「増値税（付加価値税）」を導入するという実質的な減税で第3次産業の成長を促進する税制改革や，中央と地方政府がもつ多くの許認可をなくし政府の過剰な市場関与を是正する行政改革も本格化している．

　世界経済の先行きが不透明感を増す中で株価や人民元相場は当面乱高下するであろう．しかし中長期的な人口動態，人的資本の蓄積，先進国との技術的ギャップを総合的に考えれば，中国経済に中高速成長の可能性が潜むといえる．その潜在的可能性を現実のものとする能力を今の中国政府が持っているかと問われれば，答えはおそらくイエスであろう．先進国の優れた経験や失敗の教訓を常に学習して独自の道を切り開こうとする，中国モデル自体が進化しており，社会秩序の安定維持を優先しつつ，国内外の状況変化に柔軟に対応する執政能力も向上し続けているためだ．

（『日本経済新聞』，2016年2月24日）

6　温州モデルのいま

　温州市は浙江省の東南沿海部に位置する小さな地方都市だが，中国の内外で知名度はきわめて高い．温州モデル，温州商人，温州村（温州出身の商売人が密集する大都市の中の居住区），温州人による「炒煤団」＝山西省の石炭開発に参入する温州の民間資本，「炒房団」＝全国各大都市の住宅売買を繰り広げる業者，「炒股団」＝株などの投資に熱中する者のように，中国では温州や温州人につながる流行語も多い．

　著者は1993年，2000年と11年と3回温州を訪れ，温州の社会経済の実態と変化について調査したことがある．毎回の現地調査は数日と短いものの，行政機関，企業を訪問し，役人，経営者，従業員から多くの1次情報を入手した．本節では，今回の現地調査で知り得た事情を基に，「温州モデル」のいまをリポートする．それに先立ち，温州モデルとは一体どのようなものだったかについて述べる．

（1）　温州モデルとは何だったのか

　21世紀に入るまでの約20年間に，農村工業を主体とする郷鎮企業は，農村経済の成長を牽引する機関車として重要な役割を果たしたが，それには集団所有制を特徴づける蘇南（江蘇省南部地域）モデル，外資系企業が中核となる珠江モデル，および自営業・私営企業が主体となる温州モデルがあると大別された．なお，私営企業とは個人の投資で設立され，8人以上雇っている企業は私営企業，雇用者7人以下は自営業（個体戸）とされる．国有・集団所有企業と対比して，自営業・私営企業，私有制の株式会社および有限責任会社が併せて民間企業と呼ばれることも多い．

　珠江モデルはともかく，温州モデルは1990年代前半までの長い間に，蘇南モデルと対比されながら，その抱える問題はよくマスメディアの批判する的となった．密輸入の横行，偽物の氾濫，地下金融の暗躍，市場の無秩序と政府の無為等など．公有制優位という時代背景の下，温州モデルに対する学界の評価も比較的慎重だった．

　温州モデルは，郷鎮や村の集団所有制，大規模な工場生産，地方政府との強い関係で特徴づけられる蘇南モデルとは確かに対照的な存在であった．1970年代までの計画経済期には，台湾の対岸にあって戦争に備える必要性から，温州に対する中央政府の投資が少なかった．人民公社体制下の「社隊企業」は温州ではほとんど生成せず，少ない耕地で飯も食えない貧しい農民は，政府による懲罰の危険を冒しながら，全国各地を歩き回り，修理屋，布団屋，担ぎ商人など，潜在的ニーズがあるのに供給が十分でない様々な仕事に従事せざるをえなかった．改革開放が始まると海上での密輸に手を出した者も多かったといわれる．

　こうした中，温州の人々は商売の才覚を身に付け，物不足時代の市場ニーズをいち早く把握できた．改革開放が進む中，温州人は行商や密輸で稼いだ資金を事業の規模拡大，新しいビジネスの展開に投入し，また，成功した者は周りの模範となり，類似する業種は同じ村，郷鎮で急速に形成し拡大する．最初は主に日常生活用品を家庭工場で生産するのだが，何をどれくらい生産し，製品をどのくらいの値段で誰に売るかについては，もちろんすべてが個人や経営者自身の判断で決定され，地方政府からの指示はあまりなかった．

　明確な財産権を背景に，激しい市場競争に晒される家庭工場と私営企業は，幾度もの淘汰，吸収合併を余儀なくされながら，家庭工場 → 親戚・知人によ

る協同経営 → 株式協同経営 → 株式会社 → 企業集団へと進化した．このような企業形態の変遷過程は，先進資本主義経済の歩んだ道が圧縮されたようなものといっても過言ではない．

1990年代末に至ると，国有・集団企業の所有制改革，つまり公有制から私有制への改革が強力に進められたのに伴い，蘇南モデルでも郷鎮企業の私有化が進み，株式会社など近代的企業制度が導入されるようになった．ここにきて，蘇南モデルは自滅し，進化を遂げ続けた温州モデルと同じ方向に収斂した．

さらに踏み込むと，温州モデルも蘇南モデルも2000年代に入ってからもはや存在しなくなり，株式会社に成長した大企業がある一方で，数多くの中小企業や家庭工場が大企業の傘下に参入し，あるいは，互いに依存しあうような産業構造が出来上がるようになったというべきである．

（2）　私有制経済の進化と壁

2010年に，温州市は3区8県市からなる市級の行政単位である．787万人の戸籍人口を有するが，実際の常住人口は912万人に上る．温州市内3区の常住人口も300万人を超えている（2010年人口センサス）．人口規模から見ると温州市はすでに大都市の部類に入っている．

1人当たりの年間所得では，2010年の都市住民，農村住民はそれぞれ3万1200元，1万1400元と全国平均の1万9100元，5900元より63％，93％高い．ま

表1-2　温州市と全国における企業法人数・構成比の比較

	企業数		内訳（%）	
	全国（万社）	温州（社）	全国	温州市
国有企業	14.3	685	2.9	1.2
集団企業	19.2	1,344	3.9	2.4
株式協同企業	6.4	3,797	1.3	6.8
混合経営企業	1.1	36	0.2	0.1
有限責任会社	55.1	2,274	11.1	4.1
株式会社	9.7	578	2.0	1.0
私営企業	359.6	45,666	72.5	82.4
その他企業	11.9	142	2.4	0.3
外資系企業	18.6	919	3.8	1.7
合計	495.9	55,441	100	100

出所：国家統計局「第2次全国経済普査主要数据公報」より作成．

た，平均値では語れない大金持ちの企業経営者や自営業者も温州には数多くいる．現地調査の際，外国産の高級車が市内のあちこちで目に付くのはその１面であろう．

　家庭工場から出発した温州市の民間企業だが，企業法人の形態別構成で見るとその特徴が顕著に現れる．例えば，2008年第２回経済センサスによれば，同年の温州市に企業法人が５万5000社余りあるが，そのうちの８割強を私営企業が占める．これは全国より10ポイント高い．対照的に，国有・集団所有の企業法人も，香港・台湾・マカオを含む外資系の企業法人も比較的少ない（**表1-2**）．

　表には示されていないが，第１回全国経済センサス（2004年）以来の４年間で，温州市の私営企業は93％増え，全国の81％を大きく上回る．その他企業および外資系企業もそれぞれ80％，30％増えた．それに対して，国有・集団所有などの企業法人は１万2000社減少した（４割減）．2008年に，様々な経済活動に従事する非農業の自営業者が温州市に46万社ある．

　他方，第２・３次産業企業法人の資産総額で見ると，私営企業は全体の３分の１程度にとどまり，企業数ではわずか１％の株式会社は資産総額の24.1％，法人企業数４％の有限責任会社も資産総額の14％を占める（**図1-4**）．異なる企業形態の間に資産規模の格差が大きい．国有と外資系の割合を足しても２割程度しかないのも温州市ならではの特徴といえる．

　また，2008年企業法人投資総額のソース別構成比を見ると，個人が76％，国有が12％，集団が４％，外資系が９％と，やはり個人による投資が圧倒的に多いことが分かる．

　要するに，今日の温州経済は，私有制をベースとし，大規模な株式会社を中核としつつ，数多くの中小企業と自営業がその傘下に参入し，それぞれが事業展開し支え合うような資本主義的経済構造を持つに至った．これは前述の温州モデルが発展的消滅を果たした後の温州市場経済の姿ということもできよう．

　私有制主体の温州経済は，全国経済の市場化とグローバル化が進む中，更なる進化を続ける一方，そこに制度的慣行的壁が立ち塞がる側面も目立ってきている．

　域内の土地制約から脱却するため，多くの大手会社は本社を上海，杭州などに移転し，珠江デルタなどで新たな投資を行い輸出向けの生産基地を作るといった経営戦略の調整を進めてきた．それで，多くの私有制株式会社はローカ

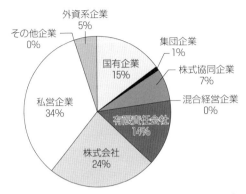

図 1 - 4　温州市第 2・3 次産業企業法人の資
　　　　　産総額 (2008年)

出所：表 1 - 2 に同じ.

ル企業からナショナル企業へと躍進し，事業の全国展開に成功している．また，
製品の特性に応じて，温州商人のネットワークに乗っかって販路を拡大し成長
した（製販 1 体制の）電工・電機産業もあれば，市場ニーズに敏感に反応し適切
な対処法を講じなければならない各地の地元企業と協力しながら，自前のブラ
ンドを育てて成功を収めたアパレル産業もある．激しい市場競争に高い適応能
力を持つ民間企業は，主力製品の選択と集中，本社や生産基地の戦略的配置調
整，製品の特性に適した製販体制の再構築などで，進化と成長を遂げることが
できたのである．

　ところが，温州の企業には私有制ゆえの悩みもある．大手国有銀行が私有制
企業に対して積極的に融資をしたがらないのはその典型例である．温州では大
企業に成長したものも含め，従来自己資金に頼って経営活動を行うものは多い．
家族や知人の間での資金の貸し借りが珍しくない．中には高金利の闇金融も存
在する．2011年に入って，欧州・北米など海外市場に依存した民間企業では，
輸出が不振に陥ったため，資金繰りが苦しくなり，高利貸に耐えられず夜逃げ
した経営者は百人を超えたと報じられている．背景に私有制企業に対する国有
銀行の差別的扱いがあり，金融システムが全体として機能不全であることがあ
るといわれる．

　温州では，民間企業の経営者は，そうした制度的差別に対処するため，地縁，
血縁，業縁に頼って様々な仲間集団を作ったりしている．現地調査では，企業

の経営者も地方政府の役人も度々「抱団」という言葉を口にし，温州で見られるこの現象およびその必要性を説く．しかし，「抱団」は近代的市場経済の公開・対等と相いれない性質を有し，長い目で見れば，温州経済の健全な発展にとって有益な慣行とはいえないだろう．

（3）　政府のなすべきこととは

　私有制の企業法人が地域経済の大部分を占める温州では，地方政府の経済活動に対する関与は比較的少なかった．温州モデルが持てはやされた時期には，政府の無為がかえって民間企業の成長と地域経済の活性化に寄与したとして温州市における無政府主義がポジティブに語られた．しかし今となっては，数少ない国有企業を除けば，中国のどの地域でも，ほとんどの企業法人は私有制と株式制の性質を併せ持つ近代的な組織形態を採るようになっている．それに併せて，政府と市場の友好的関係をどのように築き上げ，政府の機能をいかに転換させるかについては盛んな議論が繰り広げられている．

　温州でも政府はかつての無為主義を改め，民間企業の経済活動を側面からサポートし，都市と農村の一体化建設を進め，様々な公共サービスの供給拡大に力を入れようとしている．その典型例として「農房改造，宅地置換」というものが挙げられる．

　近年，中央政府は農地の転用を厳しく規制している．地方政府は，既存の耕地を工業団地の造成などに転用する必要が生じた場合，同じ面積以上の耕地を他の方法で確保しなければならないとされている．温州市では，域内の土地不足を克服すべく，市政府は「農房改造，宅地置換」という新政を打ち出し，中央の規制を交わそうとしている．

　具体的に以下のようなやり方である．① 地方政府は都市部で集団住宅を建設し村民の都市移住を勧誘する，② 村民の都市移住で空いた村の宅地を行政村が回収し農地に改造する，③ 新たに出来た耕地と引き換えに，地方政府は都市周辺の耕地を工業団地の造成に転用する，④ 国内外から工業団地への投資を募る，というものである．

　江蘇省南部や浙江省北部でも試みられているこのやり方だが，農家の積極的な協力が得られず，実態は政府の期待通りにはなっていない．温州市でも前途多難だと見られる．政府が十分な資金力をもって村民の満足する集団住宅を提供できないためだけでない．ほとんどの自然村が同姓世帯によって形成され，

村人の血縁関係は強い．村の中に先祖を祭る祠堂があり，世帯ごとの都市移住
は現実的問題として難しい．

　この1例から分かるように，温州市の地方政府では自らの果たすべき機能と
は何かについて，十分に理解しているようには思えない．かつての無為主義を
是正しようとしているが，結局，他の地方政府と同じことしかやれないところ
に大きな限界がある．温州市への戸籍転入が認められていない300万人もの外
来人口が常住しているにもかかわらず，彼らの就業，子どもの学校教育，住ま
い，医療などの社会保障に関する政策支援はきわめて不十分なままである．常
住人口の3分の1を占める外来人口と地元住民の間に戸籍による分断があるに
もかかわらず，制度改革でそれを無くす努力もほとんど見られない．これでは，
温州の経済は今後もいくらか発展し続けるだろうが，自由で平等な市民社会は
到来しないだろう．

　改革開放30年の前半において，温州市は他地域と全く異なる方式で急速な経
済発展を実現し，しかも，その方式が後に他地域の発展方向を指し示すモデル
として，重要な役割を演じた．株式制と協同組合制を混合して出来た株式協同
制や，民間金融の合法化，農民自らの投資による都市建設など1980年代の農村
改革に重大な影響を及ぼした諸制度改革は，すべて温州に起源を持つもので
あった．

　ところが，21世紀に入ってからの温州では，企業も政府も全国の改革にデモ
ストレーション効果を示したものは皆無に近い．際立つのは悪いニュアンスの
「炒」ばかりだ．余剰資金が産業資本に転化されず，不動産の転がし，さらに
株式などへの金融投資に群がる温州人が結果的に世間の不評を買ってしまった
のは否めない事実である．

　今後の温州にとっては，民間企業の健全な発展を妨げる制度的壁を取り払い，
戸籍による社会の分断を解消することは喫緊の政策課題であり，それがうまく
実現できれば，温州は再び全国のよい意味での模範になるかもしれない．

　そのために，無為を善とする考えを捨て，政府の機能転換を前提とした政府
と市場の健全な関係の構築を急がなければならない．

(『アジ研ワールド・トレンド』，2012年2月)

7　華南経済圏の新段階，および香港への影響

　香港，珠海およびマカオを結ぶ世界最長の「港珠澳大橋」が2018年10月に開通した．新しい交通体系の下，香港と珠海の時間距離が大幅に短縮し，経済発展が相対的に遅れた珠江の西岸地域や，香港とマカオにも更なる経済発展のチャンスが期待できる一方，域内経済の一体化が「一国二制度」に及ぼす影響も懸念されている．

　1990年代初頭の日本では，香港と珠江デルタからなる華南経済圏をめぐる研究が盛んに行われた．経済特区である深圳市と珠海市を含む華南と香港の関係が議論され，89年の「天安門事件」や，97年の香港返還が控えていたことも影響し，香港の「中国化」か，華南の「香港化」か，といった問題提起に大きな関心が集まった．以来，四半世紀が経過したが，華南経済圏の変貌ぶりを振り返ってみると，感慨深いものがある．

　2018年3月，香港および珠江両岸の複数の都市を見学し，各方面の研究者と学術交流を行い，行政や企業の関係者にインタビューもした．改革開放の最前線とされたこの地域の社会経済の現況，および今後の可能性への理解を深め，華南経済圏の行方に関するかつての議論が不毛ではないことも改めて感じさせられた．

　深圳市はいま，中国のシリコンバレーとも呼ばれ，華為などグローバルな事業展開を行うIT企業を数多く抱え，イノベーションの盛んな経済都市として知られている．改革開放が始まった1980年頃，周辺の農村地帯を含む居住人口はわずか30万人超だったが，2017年には1250万人を有するメガシティに成長し，1980年代から，北京，上海，広州と並んで中国の若者が憧れる新天地となっている．17年の1人当たり域内総生産（GRP）は香港の6割ほどにとどまるが，GRPでは深圳市が香港をやや上回る水準にまで増大した．香港のGRPは1980年に深圳市の160倍だったが，90年に20倍，2000年に6倍へと両者間の開きが縮まった．広東省の経済規模に比べてみても，香港の存在感が著しく下がっていることが分かる．広東省の1.7倍だった1980年の香港のGRPは近年25％ぐらいで推移している．この間，香港の人口は46％増えて750万人となっているが，日本の人口規模に匹敵する広東省から見れば，香港はあまりにも小さい．

　香港と珠江デルタの経済関係が逆転したのだから，かつてあったように，華

南の香港化ひいては中国全土の香港化，つまり資本主義化に対する当局の懸念は当然ながら不要となっている．それどころか，今や香港の中国化に対する香港住民の不安が深まっている，という皮肉な現象すら見られる．香港，珠海市およびマカオを結ぶ「港珠澳大橋」の開通で，香港の中国化が加速するのではないかといわれているためである．

　2018年10月の正式開通が決まっている港珠澳大橋は，海上架橋と海底トンネルでできた55kmに及ぶ世界最長のものである．10年近くを費やして建設されたこの大橋は，当初は香港の企業家から提案されたプロジェクトだったが，後に香港政府と中央政府の支持を受け，深圳，東莞，佛山，珠海など珠江デルタに分布する9都市と香港，マカオの一体的開発を目指す「大湾区発展戦略」の要と位置付けられた．大湾区発展戦略は直近の党大会および全人代で国家プロジェクトとして決定しており，順調に進めば，香港もマカオもこの中に飲み込まれていくだろうと見られている．

　2018年3月20日の全人代大会後の李克強総理の記者会見で，香港の記者から，港珠澳大橋の開通に伴って大湾区発展戦略が香港に及ぼす影響について意味深長な質問があった．趣旨はこうである．香港，マカオを取り込んで，デルタ地域と共に発展させるのがよいが，このやり方では香港が自らの特色や存在感を失い，ひいては「一国二制度」も形骸化しかねないと懸念する香港住民もいる．これに対し，李総理は正面からの回答を避けつつ，同戦略のメリットを以下のように強調してみせた．香港，マカオおよび珠江デルタはそれぞれ比較優位を持ち，それらを補完的に結合することにより，新たな世界級の港湾経済区が形成できる．香港・マカオの住民に仕事や教育で内国民待遇を与え，デルタ地域との間を行き来する者は内地の経済発展と共により多くのチャンスを享受できるだろう，と．

　確かに，香港に隣接する深圳市や東莞市と違って，珠江河口の西岸に位置する各都市の経済発展は相対的に遅れている．例えば，同じ経済特区として改革開放を進めてきた珠海市の1人当たりGRPは，2000年に深圳市の86％にとどまり，17年にはさらに81％に下がっている．大橋の開通に伴い，珠海市は香港との陸ルートの時間距離が今までの3時間から30分ほどに短縮し，隣接するマカオとの行き来もより一層便利となる．新しい交通体系の下，珠江西岸の広大な地域と香港，マカオとの経済的結びつきが緊密化し，経済成長の新たな源泉が創出されるのであろう．

　大湾区発展戦略に対する中央政府の力強い支援も広東経済の新たな飛躍を後押ししている．左側通行の香港とマカオ，右側通行の広東の車が大橋を通行するための調整や，出入国と同じ扱いの通関検査などどれを取ってみても，地方だけでは解決できない問題が多い．1990年代以降，広東省トップを務めた4人のうち，3人が政治局常務委員に昇格し（汪洋氏は現役），直近の胡春華氏もいま政治局委員で国務院副総理を兼務している．2017年3月の全人代開会期間中，習近平国家主席はわざわざ広東省代表団の会合に参加し，広東省のより一層の経済発展を求めただけでなく，他地域の発展をけん引する先頭に立つように指示もした．1990年代に入ってから江蘇省，浙江省などをも凌駕する最大の経済規模を誇る一級行政区としての広東省，そして，珠江デルタに広州市，深圳市という2つのメガシティが世界金融センターとしての香港と隣り合わせていることを考えれば，華南経済圏に対する中央政府の高い関心があって当然といえる．

　2000年代半ば以降，農村労働力の供給制約により一般労働者の賃金が急上昇している．それを受け，珠江デルタでは労働集約型から資本・技術集約型への構造転換が進められ，熟練労働者を養成する職業学校が拡張され，高度人材を破格の条件で国内外から集めることも行われている．予想外の災厄が起きない限り，珠江デルタまたは広東省の経済成長は当面持続する可能性が高い．人口1億人余りを抱えながらGRPが日本の28％にすぎない（17年）ことからも，広東省の更なる経済成長の可能性が大きいといえる．そうした中，香港もマカオも経済的に広東省との結びつきが強まり，香港・マカオの中国化，または内地との一体化が避けられないことは明らかだろう．

　ところが，それをテコに香港・マカオの政治体制を変え，いわゆる「一国二制度」を変質させることは得策ではない．集権的な中国政治を批判する勢力が確かに香港にはあるが，中国共産党を与党として見るなら，そうした野党的批判勢力の存続で，中国政治がより健全な形で進化できると思われるからである．

（『東亜』，2018年7月）

第2章

経済格差の実態と形成要因

1　目立ち始めた中国経済の歪み

　ここ20年余りの中国経済は年平均10%近くの高度成長を遂げた．パイは大きくなっているが,国民の間におけるパイの分け合いは急速に不平等化している．近年，所得と富の両極分化が加速し，それが原因で社会の安定が脅かされ，経済の持続的発展が妨げられる情勢は一段と強まっている．「世界の工場」として注目されている中国経済の歪みがここに来て目立ってきたのである．

　中国の経済格差はいったいどこまで広がっているのか，格差が何によって生み出されたのか，平等社会から格差社会へ移行した中国は今後格差を是正して持続的発展を続けられるのか．本節ではこの3点に焦点を絞って検討してみる．

（1）　階層格差の拡大

　毛沢東時代には，平均主義的な分配政策が採られたため，都市部または農村部の中では高い所得階層と低い所得階層の間には格差が小さかった．所得分配の不平等状況を示すジニ係数（0と1の間で変化する統計指標である．ジニ係数が0に近付くほど所得の分配が平等化する．逆に1に近付くほど不平等状況が悪化する）でみると，1978年に都市部，農村部はそれぞれ0.16，0.21と異常に低かった．

　近年のジニ係数の推移を示す図2-1に基づいて階層格差の実態を明らかにしよう．

　農民間の所得格差は1985年までほとんど変わらなかった．集団農業から家族農業への農業改革が行われたものの，各地域の産業構造は依然高い類似性を持っていたためである．しかし,その後農村工業を中心とする郷鎮企業の生成・発展は各地域で全く異なる様子を見せた．沿海地域や大都市の周辺農村では大勢の非農業企業が作られた．農家の余剰労働力は非農業に従事するようになり，農家の収入が急増した．実際，農民1人当たり純収入の不平等に農家所得に占

める賃金収入比率が大きく寄与している.

　都市民の所得格差も1984年まで安定していたが，85年以降急速に拡大した.
1984〜94年の10年間でジニ係数は0.14から0.30へと倍以上も上昇した.

　改革開放当初の状況と比べて，農村内部または都市内部の所得格差は確かに
拡大した.しかし，ジニ係数で見る限り，それは大きな問題ではない.問題な
のは，人口・労働移動が自由化している今，都市と農村を切り離して議論する
ことが無意味となっていることだ.

　中国全体のジニ係数は1978年に0.3強であった.戦後日本の所得格差を示す
ジニ係数が0.24〜0.30であったことを考えると，それは「均富論」を掲げた社
会主義時代の中国のイメージとは程遠い.計画経済時代の中国も平等な社会で
はなかったのである.

　1980年代前半には，農家収入が急増したため，中国全体の所得格差が幾分か
縮小した.しかし，85年以降ジニ係数は上昇し続けた.90年代半ば頃にそれは
ついに0.4という警戒ラインを超え，2000年には0.458に達した.20年間でジニ
係数が0.15も増えたことはきわめて希な現象である.

　中国の経済格差は国際的に見ても高い水準に達している.世界銀行の推計結
果によれば，中国における所得分配の不平等状況はアメリカとほとんど同じ水
準にあり，西欧諸国，日本，カナダなどの先進資本主義国より著しく劣り，ロ
シアを除く東欧・旧ソ連の体制移行国のそれよりも悪い.アジアでは，階層社

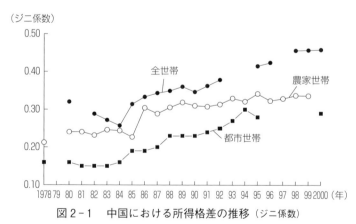

図2-1　中国における所得格差の推移 (ジニ係数)

出所：① 農家世帯と都市世帯は国家統計局の推計値.② 1996年までの全世帯は佐藤誠（新
　　　潟大学）が世界銀行のデータを利用しての推計値,98年以降のものは各種新聞より作成.

会といわれるインドや同じ体制移行国のベトナム，インドネシアより悪く，フィ
リピン，タイ，マレーシアの不平等状況に近付きつつある．

（2）　所得と富の両極分化

改革開放の初期段階では，悪平等を象徴する「均富論」が否定され，個人の
能力や努力が賃金などで報われるという「先富論」は広い支持を集めた．個人
間の所得格差がある程度拡大しても，すべての社会階層はそれなりの収入増を
実現できさえすれば，それでも仕方がないと考える世論があったからである．
1980年代の状況はほぼそのようにはなっていた．しかし，90年代に入ってから
そうではなくなりつつある．貧しい者は相対的により貧しく，富める者はいっ
そう富めるようになっている．所得や富の両極分化が急ピッチで進んでいる．

国家統計局の家計調査によれば，都市世帯では第10分位（所得の上位10％世帯）
対第1分位（下位10％世帯）の所得倍率は1985年の2.9倍から90年の3.2倍，95年
の3.9倍，さらに2000年の5.0倍へと高まった．また，農業部の農家調査を用い
た推計によれば，第5分位（純収入の上位20％世帯）対第1分位（下位20％世帯）の
純収入倍率は1990年に6.3倍，95年に7.6倍，2000年に9.5倍であった．都市民に
比べて，農民の両極分化の度合いがはるかに高いことが分かる．

両極分化の進展は階層別所得上昇率の格差に裏付けられる．所得階層別・期
間別所得上昇率を示す表2-1によれば，1985年以降の都市世帯では，所得の
高い階層ほど，所得の上昇率が高いという現象が見られる．例えば，1985～
2000年の間に第10分位の年平均所得上昇率は7.4％で，第1分位の3.6％の倍以
上であった．

農家世帯では，1990年代前半の階層別所得上昇率には格差があるものの，各

表2-1　所得階層別1人当たり可処分所得の伸び率（都市部）

単位：％

	下位10％	中の下20％	中の20％	中の上20％	上位10％
1985～1990年	1.0	1.8	2.1	2.3	3.0
1990～1995年	5.5	6.5	7.2	7.8	9.7
1995～2000年	4.4	6.5	7.5	8.4	9.7
1985～2000年	3.6	4.9	5.6	6.1	7.4

注：都市部消費者物価指数で実質化した．
出所：国家統計局『中国統計年鑑』より作成．

階層の農民はそれなりに所得を増やした．しかし90年代後半，階層別所得上昇率に異変が生じた．農家世帯の所得上昇率は全体として都市世帯のそれより低く，中でも低所得層の所得水準が絶対的に下がった．第5分位の所得上昇率は3.1％であったのに対して，第1分位のそれはマイナス1.5％に転落したのである（図2-2）．2000年には，上位1％の高所得農家は総純収入の9.6％を占め，下位20％農家世帯の占める割合（5.6％）よりも高い．また，上位1％農家世帯の1人当たり，1世帯当たりの純収入はそれぞれ下位20％農家世帯のそれの37倍，34倍に相当する．近年，経済の発展は主として高所得層を潤したのである．

　所得上昇率格差の累積は必然的に金融資産や不動産の不平等を生み出す．中国では，預貯金，証券取引，不動産の登記はいまだ実名制が採られていない．そのためもあって，資産の分布状況は本当のところよく分からない．1999年8月に，財政部次官は利息所得税について中央電視台記者のインタビューを答えた中で，上位10％の預金者が預金残高の66％を占めているという推計結果を紹介した．また，北京市では2000年に上位20％世帯の資産総額は下位20％世帯の11倍にも相当し，先進国の6〜7倍を大きく上回ったことが伝えられている．

　国家統計局は2000年に都市部における高所得者層の職業別構成を調査したが，行政機関・非営利機関（大学や研究所）・企業の責任者が全体の31％，専門家・技術者は全体の25％，をそれぞれ占めたことが判明した．また，高所得者の順位では，私営企業経営者は第1位，専門投資家は第2位を占めた．高所得者の主流部分は，権力，物的資本，人的資本のいずれか，もしくはその2つ以上を

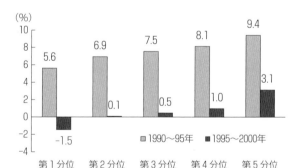

図2-2　農民1人当たり純収入の階層別年平均実質上昇率

注：農村部消費者物価指数で実質化した．
出所：農業部農村固定観察点資料に基づいて作成．

持っているという共通点を持つ.

（3）　格差が拡大し続けた要因

　格差拡大の原因はいったい何なのであろうか. 以下の5点が挙げられよう.
　第1の原因は分配政策の変化である. 毛沢東時代には,「働かざる者は食う
べからず」原則が徹底された. 資本や土地のような本源的生産要素の私的所有
は認められず, そのすべてが国有または集団所有とされた. 賃金以外の資産収
入は制度的に不可能であった. また, 教育特に高等教育に対する投資が主に国
によって行われたために, 個人が教育を受ける過程で身に付けた人的資本は当
然のように社会資本として扱われ, 賃金などの面での優遇はそれほど与えられ
なかった.
　ところが, 改革開放以降, 状況は大きく変わった. 自営業や私営企業の存在
が合法化された. 都市, 農村を問わず, 大勢の自営業・私営企業が生成し成長
した. これらの企業の経営者は労働収入のほかに, 莫大な投資収益を手にする
ことができた. 1990年代以降, 市場化の深化に伴い, 株式投資などの資産運用
収入や家賃収入も重要な収入源となっている. そこで, 資産を持てる者と持た
ざる者との間に所得の格差が急速に広がった. 労働価値論の実質上の否定に伴
う所得源の多様化は階層格差の拡大を促したのである.
　第2の原因は市場原理の浸透効果である. 市場原理の浸透に伴い, 個々人の
持つ学歴, 技能, 経験などの人的資本に対する評価が著しく高まった. 大学な
どで高等教育を受けた高学歴者,国有企業などで特殊熟練を身に付けた技術者,
あるいは党政機関に広い人脈を持つ元役人は, 希少な人的資本を売り物にして
私営企業や外資系企業へ転職し, 平均賃金の数倍から数十倍, 場合によっては
百倍以上もの高給を受け取っている. 1990〜2000年の10年間, 自営業・私営企
業・外資系企業で働く従業員は700万人余りから4000万人強に急増し, 都市部
の総従業員に占めるその割合は4.4％から19.0％へと3倍強上昇した. 国有企業
などから多くの優秀な中間管理者・技術者・熟練工は賃金の高い私営・外資系
企業へ転職したのである.
　他方, 人口・労働移動の自由化に伴い, 内陸の農村部に蓄積していた膨大な
余剰労働力は無限に近い状態で沿海部・都市部の下層労働市場に供給し続けて
いる. それに下層労働市場における労働組合組織の不在もしくは機能不全も加
わって, ブルーカラー従業員の平均賃金は1990年代以降ほとんど上昇してい

ない.

　この間の中国における階層間所得格差の拡大に市場の力が強く働いたのだ.

　第3の原因は差別政策・規制の市場介入である. ところが, 今日の階層格差はすべて市場原理の浸透に起因したものとは考えられない. 様々な差別政策や規制が格差の拡大にも大きく寄与している. まず「先富論」の指導下で, 1970年末以降, 経済特区, 沿海開放都市, 外資系企業に対して, 税の減免など様々な優遇策が与えられた.

　次に戸籍制度をはじめとする差別政策によって職業選択・移住の自由が厳しく制限された. 都市民は政府の手厚い保護を受けて農民との就職競争をしなくてよいことになっていた. 都市部の労働市場では新規参入に対する厳しい制限によって高い賃金水準が維持された. そして, 参入規制を受けている金融・保険業, 独占の性格を持つ電気・ガス・水道部門, 交通・電信部門では賃金水準は競争産業より速く増加してきた.

　第4の原因は法・市場秩序整備の立ち遅れである. 個人所得のうち, いわゆる違法収入の割合が相当高いといわれている. 東南沿海地域における密輸の横行, 自営業・私営企業の脱税, 証券のインサイダー取引, 輸出税還付の詐欺, 都市開発・再開発過程における不動産の不正売買, 偽ブランドの生産・販売, 党行政幹部の不正収入（賄賂, 権力の濫用など）がそれである. この部分の収入はブラックボックスに入っており, 統計上把握されにくいが, 相当大きいことは間違いない.

　第5の原因は政府能力の弱小化である. 経済格差は市場経済に付き物である. 自由競争の中で勝者もあれば敗者も必ず現れる. また最初から競争に参加できないハンディギャップを持つ者も存在する.

　日本などの先進国で, ミクロ的経済効率の追求が制度的に保障される一方で, マクロ的社会公正への追求も怠っていない. 累進所得税, 相続税, 贈与税の導入・施行, 医療・年金などの社会保障制度の確立, 義務教育制度の普及はその現れである.

　それとは対照的に, 中国では様々な経済格差を是正し, 国民に平等の機会を保障しようとする制度がほとんど作られていない. 第1に, 高所得者に対する累進課税の制度は1981年に制定された. しかし実際には, 一般大衆から税金がほとんど徴収されておらず, 高所得者の脱税も多い. 所得税が適度に徴収されなかった理由として, 源泉徴収がごく一部でしか導入されていないこと, 徴税

システムの整備・強化が遅れていること，国民の納税意識が希薄であること，税率や徴税基準が適切でないことが挙げられる．

　第 2 に，相続税制度は存在しているが，ほとんど執行されていない．銀行預金や証券などの金融資産，家屋などの不動産の登記，取引は実名制で行われていないからやりようがない．固定資産税，贈与税という税目は中国にはない．そもそも偽名による登記がほとんどなのだから，贈与という所有権の移転は議論にも値しない．

　第 3 に，上述の税制の問題もあって，政府は財政の運用で様々な格差を是正する力を持っていない．国内総生産に占める税収総額の割合は2000年に15.0％しかなく，アメリカの 3 割強の半分にも及ばない．

（4）　格差是正の課題と展望

　中国社会における所得と富の不平等が急速に拡大しただけでなく，不平等の多くは制度差別による機会の不平等や権力の腐敗に由来している．格差是正の最も重要な課題は，すべての国民に教育，移住，就職の平等な権利を制度的に保障することである．

　第 2 の課題は政府による格差是正の能力を高めることである．そのために新しい税制・財政の枠組みを構築する必要がある．また，国民の基本的権利がどのように保障されるか，所得と富の格差がどこまで容認されるべきかについては，結局のところ，国民の意思に従って決定されねばなるまい．政治民主化の問題である．

　第 3 の課題は格差の実態を正しく反映する統計調査の信憑性を高めると同時に，統計データの公開をさらに推進することである．現存の家計調査だけでは所得と富の分布状況が正しく反映されないからである．

　中国の経済格差は今後どのようになっていくであろうか．以下の 3 点を重視する必要があると思われる．第 1 に，WTO加盟後経済の国際化が加速している．上層労働市場と下層労働市場の 2 重構造は賃金格差をいっそう広げるだろう．第 2 に，改革の深化に伴い，市場原理が独占産業などにも徹底されていくだろう．参入が規制された多くの産業や業種に労働の供給が増え，その結果，産業間の賃金格差が縮まると考えられる．しかし，学歴別賃金格差が拡大するだろう．収入源の多様化も格差の拡大を促すと考えられる．市場経済は不平等の拡大を内包する性格を持っていると認識すべきである．

　将来の中国はどうなるのか．日本，韓国，台湾のように発展と平等のバランスが取れた東アジア型になっていくのか，それとも，ある程度の発展はするものの，所得と富の両極分化，腐敗の横行が当たり前のような世界に陥るか．今のところ，それを判断する材料は足りないが，後者にならないためには，政府は格差是正の必要性を正しく認識し，自らの能力を高めていく必要がある．

（『世界週報』2002年10月1日，『経済セミナー』2005年6月）

2　個人所得税法の改正，格差解消に踏み込まず

　中国は2011年9月1日より新しい個人所得税法を施行する．控除費用基準の引き上げと，低所得者に適用する税率の引き下げで，中位以下の給与所得者の税負担が軽減する．しかし一方で，高所得者への適用税率が据え置きとされ，税による所得再分配の効果は限られるものとなった．広がり続ける所得格差をどう是正するか．重い課題は残ったままだ．

　2011年4月20日，全人代常務委員会は個人所得税法修正案を審議した．控除費用基準を月当たり2000元から3000元に引き上げ，給与所得の税率構造を9段階から7段階に調整すると同時に，低いランクの税率5％と10％の適用範囲を広げることは主な変更点だ．

　修正案が公布された直後から，マスメディアは専門家の意見を紹介しながら，修正案の当否を盛んに討議し，納税者もインターネットを通して意見を表明し，控除費用基準や税率の再修正を求めた．

　6月30日に，全人代常務委員会は各方面の意見を参考に個人所得税法の改正を決定した．7段階の税率構造は修正案のままだったが，控除費用基準はさらに500元アップの月当たり3500元に，最低ランクの税率は5％から3％に改められた．この法改正で全国の納税者は8400万人から一気に2400万人（給与所得者の7.7％）に減り，2010年の個人所得税の46％に相当する1600億元は給与所得者の減税となる．

　わずか2ヵ月の議論で，広範囲で大規模な減税改革が実行できた背景に高い物価上昇率があり，中国共産党創立90年を迎える前日の改正決定に政治的な意図も作用したと思われる．腐敗などに対する国民の不満を和らげるため，共産党政権は成長の果実の一部を庶民に還付する必要があると判断したのであ

ろう.

　ところが，今回の法改正にいくつかの問題点も指摘される.

　第1に，高所得者の税負担が増えず，税による所得再分配の機能は期待できない．7段階の最高ランクに45％の税率が適用されるが，日本の住民税のようなものはない．1983年までの日本では，最高所得税率が75％だった．中国における高所得者の税負担は日本の半分程度しかない．金持ち優遇の税制が改められていないのだ.

　第2に，現に所得税を納めずにいる低所得者や広大な農村住民は，今回の法改正の恩恵を享受できない．元々所得税を納める能力すらないからだ．しかし，彼らも物価上昇で出費を増やさずにはいられない．この不公平をどう調整するかは大きな課題として残る.

　第3に，消費税に当たる増値税に対する改正の動きはない．中国では最終消費財に対して17％の増値税が徴収される．所得の低い人ほど実質税率の高い消費税が適用されるのだから，所得格差の是正に逆の効果がある.

　第4に，現行の分離課税方式も維持されたままだ．2ヵ所以上から給与を得，あるいは資産収入なども得ている者はそれぞれの基準で納金を納めるものの，確定申告のような総所得に対する課税制度が普及していない．その結果，複数の収入源を有する高所得者は比較的低い税率で優遇される．ただし，2006年から年収12万元以上の給与所得者を対象に総合課税方式が試行されてはいる.

　今回の税法改正は政治的色彩を思わせるような要素をもったものの，納税者がインターネットを通して意見を述べ，法改正の中身に影響を与えたことは事実である．2ヵ月間で8万人余りから23万件の税法改正に関する意見が書き込まれ，その83％が月当たり3000元の費用控除基準に不満を表明したと報じられている．納税者の積極的な発言で，全人代の改正案が大幅に修正されたことは興味深い.

　ところで，今回の法改正は所得格差の是正にどう影響するのか．ここ30年間，中国の所得格差は拡大し続け，格差の度合いを表すジニ係数は，1978年の0.317から2004年の0.465に上昇し，近年0.5に達しているとの試算もある．これは4分の1の高所得者が全所得の4分の3を占めることを意味する．しかも，これは税金や保険料（医療・年金・失業保険および住宅積立金の合計で給与の23％）を除いた可処分所得で算出されたもので，いわば再分配後の格差状況を表すものである.

　改正所得税法では，月当たり給与4545元以下の人は納税する必要がなく，月当たり3万8600元以下の所得層もすべて減税となる．月収1万元前後の階層の減税効果が最も高い(480元減)．これは給与所得者の可処分所得の増加を意味し，結果的に1人当たりの平均年収が5919元（2010年）しかない農村住民との格差を広げることになる．

　税法改革は階層間の利権を再分配するものであり，ゼロサムの性格を有する場合が多い．それゆえ，トップダウンの税法改革に限界が大きい．所得税の持つ再分配機能をより強く発揮させるために，ボトムアップの民主主義による改革も欠かせない．地域間，階層間，都市農村間に横たわるいびつな利権関係を是正するのに，国民の直接投票はより有効だが，今の中国では無理だろうか．

（『週刊東洋経済』，2011年8月27日）

3　固定化される所得格差，体制内改革は限界に

　中国が格差社会だといわれて久しい．2013年1月18日に前年の主要経済統計を発表した際，国家統計局はこの数年公表してこなかった収入のジニ係数を発表した．それによると，胡錦濤政権下の10年間に，家計可処分所得のジニ係数は0.48前後に高止まりしていた．

　一般にジニ係数が0.4を超えると，騒乱の発生など社会的リスクが高まるとされる．国家統計局の馬建堂局長（当時）は記者会見で，「所得分配の改革や所得格差縮小は差し迫った課題だ」とコメントした．

　中国では家計調査で高所得者が網羅できないという先進国でも見られる問題が存在するだけでなく，不正収入の隠蔽や雑所得や一時所得の過少申告も多い．そのため，本当のジニ係数は公式統計より大きい．

　日本を含め市場経済を基本とする先進国の多くでも，当初所得のジニ係数は0.5を超えている．しかし，行きすぎた格差を是正する力として民主主義が機能し，税制や社会保障制度を通じた再分配が行われ，国民間の平等性もある程度保たれる．市場経済と民主主義がセットとなってはじめて経済効率と社会公平が共に実現可能になるのである．

　中国は市場経済を目指して改革を進めてきた．その意味で，経済格差の拡大は当然の帰結であり，効率向上を優先する発展戦略の代価ともいえる．問題は，

民主主義の導入が進まず，経済発展の果実を特権階級が過分に強奪していることである．

　中国共産党による実質的な一党支配の下では，一般民衆の意思が政策に反映され難い．共産党および政府の各級組織，大学・研究機関・メディアなどの事業組織は，現体制を構成する基盤であり，そこで働く者の多くは共産党員でありエリートである．体制内に身を置く彼らは，自らの既得権益を守るために都合のよい制度や政策を作ったりもする．

　所得分配制度に関する改革案が8年前から関係機関で検討され続けてきたが，2013年3月5日にその基本方針がようやく公表されたばかりだ．今の中国には贈与税も相続税も固定資産税もない．所得税はあるものの，それを納める者は給与所得者のわずか7％にすぎず，その内の9割が税率5％適用の低所得層だ．一方で，消費税に当たる増値税の税率は17％に上る．現行税制は再分配機能が弱く，金持ちに優しい．

　汚職で摘発される役人の犯罪報道を見ると，十何件もの不動産を所有する者が少なくない．特権により安値で購入した者もいれば，不正な手段で入手した者もいる．

　大学教授やメディア関係者の中にも，莫大な財産を築いた人が珍しくない．そのため，固定資産税などの議論では詭弁が横行する．一般市民も固定資産税には反感を抱くから，一部の学者はそれに便乗して税制改革に抵抗する．基礎控除のアイデアは語らず，一般市民の増税への嫌悪感を煽るといったやり方だ．

　中国には，家計の金融資産や不動産に関する全国調査がなく，国民間の資産格差を示すジニ係数も存在しない．資産とはある時点までのストックであり，普通，個人間の資産格差はフローの収入より大きい．日常生活の中で，同じ収入を得る人でも，それぞれの持つ資産の多寡によって全く異なる暮らし方がある．中国の人々が所得格差以上の不公平感を持っているのはそのためでもあろう．

　機会の不平等に由来する国民の不満も非常に大きくなっている．都市農村間で教育予算の格差が数倍もあり，生れた地域や家庭によって受けられる教育の量と質がまるで異なる．例えば，北京大，復旦大のような名門大学に入学する確率は，地元都市の生徒が他地域出身者に比べて数十倍ないし百倍以上も高い．就職，医療，年金，住宅購入などでも，都市戸籍をもつ住民と農民の間に巨大な開きが常態化している．

　中国の経済格差の原因を市場での競争だけに求めることはできない．腐敗，特権，差別といった中国固有の要素も格差拡大に強く寄与している．このままでは社会の安定が脅かされ，経済の成長維持も困難だろう．

　調和的社会を目指し，諸改革を行った胡錦濤政権であったが，体制内改革はもう限界だ．政治改革を敢行し民主主義で格差を是正するほかに道がないなら，ためらう余裕はない．中国はいま岐路に立たされている．

（『週刊東洋経済』，2013年2月23日）

4　中国の住宅バブルのトリック

　中国の住宅市場は政府，不動産業者，特権階級に莫大な利益をもたらす歪な構造をもつ．中央政府は不動産業を経済成長のエンジンに据え，地方政府は土地譲渡で財源を確保し，特権階級は不動産投機で蓄財する，というものだが，なかには3者の庶民に対する制度的搾取の構図が見え隠れする．

　中国都市部の住宅空室率は国際的に見て非常に高く，2015年に20％を超えた．それにもかかわらず，住宅価格は2000年代に入ってからほぼ上昇の一途をたどり，住宅バブルが深刻だという指摘は10年以上前からある．全国70大中都市の住宅価格は05年後半から18年前半にかけて，82％に当たる127ヵ月で上昇し，マイナスとなった間も小さな下げ幅にとどまった．省都や地方都市でも新築住宅が世帯平均年収の9倍の価格で販売され（日米などが6倍前後），北京，上海，広州では1平米当たり10万元の物件も珍しくない．

　物件はたくさんあるのに，なぜ住宅を建て続けることが可能なのか．不動産バブルが叫ばれて久しいものの，なぜ崩壊しないのか．いびつな住宅市場は社会経済にどのような結果をもたらすのか．

　1980年頃，都市住民1人当たりの居住面積はわずか3平米程しかなく，大都市の居住環境は特に劣悪であった．高度成長が続き，家計所得が増えるにつれ，住宅への需要拡大も自然に発生する．また，90年代後半，内陸農村から沿海都市に移動する出稼ぎ労働者が急増し，新たな住宅需要が形成された．2000年代に入ってから戸籍制度改革が加速し，移住規制が緩和され，農村から都市への移住がより一層容易となっている．ここ40年間，都市人口比率は17.8％から58.5％に上昇し，都市人口は6.4億人も増えた．経済史上稀にみる都市化の急進

で，住宅に対する需要も急速に拡大している．

　一方の住宅供給で，政府は国有の住宅用地を一元的に管理し，住宅の供給量と販売価格に強い影響力を与えている．1980年代以降，中国は住宅制度を漸進的に改革し，98年に実物配給制から市場取引への全面移行，すなわち「商品化住宅改革」を断行した．以来，住宅市場は次第に以下のような基本構造を持つに至った．

　第1に，中央政府は1990年代初めに上海で試行された住宅積立金制度を都市部全体に導入し，住宅建設資金を就業者およびその勤め先から貯蓄させている．給与の10〜24％に当たる住宅積立金は本人と勤め先が一定の割合で負担し，加入者は住宅購入の際に低利子で融資を受けることができる．ただ，雇用形態や戸籍で厳しい加入要件が課され，同制度の恩恵を享受できる者は，党政機関，大学や研究機関などの事業体，国有企業に勤める正規雇用が多い．実際，2014年の加入者は1億1877万人と都市部全就業者の30.2％にすぎず，そのうちの60.3％も党政機関・事業体・国有企業の就業者であった．住宅建設の資金が潤沢に調達できているため，住宅産業はこの間順調に拡大し，今や国民経済を支える支柱産業にまで成長している．17年の国内総生産に占める住宅産業の割合が6.5％に上ったことはそれを物語る．

　第2に，地方政府は旧市街地，または近郊農村から徴収した土地をいったん国有化した上，住宅開発業者に転売し，土地使用権の譲渡金を予算外の財政収入に組み入れる．土地使用権の取引で，政府は唯一の売り手として譲渡金の相場を決定する優位な立場にある．農地の宅地転用が厳しく規制され，住宅の潜在的需要が大きい中，地価が上昇しやすい仕組みとなっている．住宅販売価格のうち，3〜5割が土地使用権の取得費用，1割超が諸税，3割程度が建材費や人件費となっている．主要都市では，土地譲渡金が税金など予算内収入の過半，ないしそれを上回る状況も広く見られる．地方政府の指導者は，土地財政をもって域内の社会経済を発展させることで，上層部の評価を獲得し出世もしやすくなるので，住宅建設に概ね積極的であり，住宅価格の上昇を歓迎する傾向が強い．

　第3に，不動産業者は，地方政府から土地を仕入れ住宅開発を進める一方，そのコストを不動産神話に熱狂する投資家に転嫁する．また，希少な土地を有利な条件で獲得するために，不正な手段が使われた腐敗事件も数多く摘発されているが，氷山の一角だといわれる．贈収賄で膨れ上がった土地価格も最終的

に住宅を購入する者の負担になっている．ただ注意を払うべきは，住宅購入者の多くが値上がりを期待する投資家であり，彼らが諸制度の恩恵を享受できる特別な階層だという事実である．今や，党政機関・事業体・国有企業で働く正規就業者もしくは都市戸籍を持った住民の相当部分は，自宅のほか複数のマンションを所有するのが一般的である．不動産価格が必ず上昇するという神話を信じ，ありとあらゆる機会を捉え不動産を買い続けた彼らは，手持ちの物件を賃貸に出し家賃収入をローン返済に充てると同時に，価格上昇によるビルドゲインも享受する，いわば「大衆資産家」なのである．

　このように，中央は経済成長をけん引する目的で住宅産業の成長拡大を後押しし，地方は行政実績を積み上げるために土地財政の維持・拡大に精を出し，建設業者は大衆資産家の投機心理に迎合し住宅を建て続ける．住宅積立金制度を利用し少額のローンを頭金に充てて住宅を購入し転売することで莫大な収益を手にする大衆資産家層にしてみれば，住宅価格の下落は財産の減滅であり，それを認めるわけにはいかない．地方政府としては住宅価格の下落が土地財政の圧縮をもたらし，行政の実績作りを難しくするため，それを回避したい．中央政府としても経済成長や金融システムの安定のため，住宅バブルの崩壊を必死に防ごうとする．

　ところが，政府，業者，特権階級に莫大な利益をもたらす住宅市場が構造的な問題を抱えていることも紛れのない事実である．世代間や階層間で資産格差が拡大し不平等が深刻化している．1970年代までの生まれで党政機関などで働く正規就業者は全体として多くの不動産を持ち，早くも富裕層への仲間入りを果たしている．それとは対照的に，農民工と呼ばれる人々や90年代以降生まれの農村出身大卒者の多くは，大衆資産家から高い家賃で住まいを借りて貧しい生活を余儀なくされるか，親や祖父母の貯蓄を総動員し頭金を捻出してマイホームを購入せざるをえない．圧倒的多数を占める普通の都市住民は大きな負債を抱え，ローン返済で日々の生活を切りつめざるをえない状況にある．また，金融機関の融資残高に占める住宅関連の割合が2018年前半に56％に上り，その影響でほかの産業への投資不足も問題視されている．

　このような住宅市場に対し，中央政府もさすがに座視できなくなった．購入，転売，融資などで規制を強化し大中都市における住宅バブルの鎮静化を図る対策を次々と打ち出している．ところが，最も重要な対策と目される固定資産税や相続税の導入は特権階級の強い抵抗で，いまだ実現できていない．中国の住

宅バブルははたしてソフトランディングできるのか．世界経済にも大きな影響
を及ぼしかねないだけに，その動向を注視し続けたい．

(『東亜』，2019 年 1 月)

第3章

貧困削減の政策と課題

1 「制度的差別」で取り残される「絶対的貧困」

　日本は，格差という用語法が悪いニュアンスで使われることが多い．皆が平等であるべきだという潜在的意識が根強くあるからだろう．しかし，個々人の間に能力や意欲が一様ではなく，所得などで差が生じても仕方がない．人々の勤労意欲を高め，経済効率を良くし，所得の底上げを実現するには，程ほどの格差は悪くもない．

　格差を議論する際により大事なことは，格差が何によってもたらされたか，能力が欠けたり，不運に遭ったりして貧困に陥ってしまった人々にどのような救済措置が講じられるべきか，である．潜在的な能力があり，努力もしたいと考えている人に対して，成功するチャンスが制度的に保障されなければ，また，様々な事情で貧困ラインを下回っている貧困層に対して，公的援助による人間生活が維持できるようにしなければ，社会経済政策に改善の余地があるといえよう．

（1）　広がる経済格差の姿

　個人の経済的豊かさは定期的に入ってくる所得と，ある時点まで蓄積された資産の多寡に依拠する．経済格差は所得や資産の所有状況を様々なグループの間で比較して現れるものである．格差の度合いを測る物差しとして，ジニ係数がよく使われるが，それは0〜1の値を取る統計指標であり，通常，0.3台であれば，努力が報われ社会も活力を保ちうるが，0.4超だと社会が不安に陥りやすいと考えられている．

　市場化改革以来の中国では，所得の不平等化が急速に進んでいる（図3-1）．国家統計局の家計調査に基づいたジニ係数の推計値は1970年代末に0.3を下回った．国営企業と人口公社体制の下できわめて平等な分配制度が施行され，

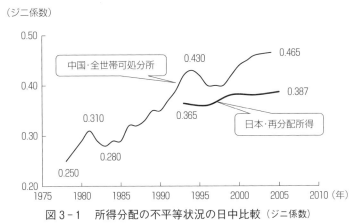

図 3-1　所得分配の不平等状況の日中比較（ジニ係数）

出所：M. Ravallion and S. Chen (2003), Measuring Pro-Poor Growth, *Economics Letters*, 78（1）, 厚生労働省「平成17年所得再分配調査報告書」より作成.

地域間，職業間で大きな所得格差が生じないようになった．能力の有無を問わず，やってもやらなくても，結果が同じだという悪平等的な分配政策が採られ続けた結果，経済運営の非効率が常態化した．所得分配の平等は一応実現されたものの，実態が貧しさの共有でしかなかったのである．

　1980年代以降，家族農業が復活し，国有企業も改革された．能力や努力に応じてより多くの収入を手にすることが出来るようになった．また，個人で企業を起こすことも可能となり，生産手段の私有制および資産の運用収入が合法化された．収入源の多様化である．しかし他方では，市場競争が激化し，単純労働に従事する者の賃金は上昇しにくい構造となっている．それに，権力の乱用による不正収入の増加，農民に対する制度差別の存続などもあって，所得階層間の開きが急速に拡大していった．1984年から94年までの10年間で，ジニ係数が0.29から0.43へと48％も上昇した．その後，格差はいったん縮まったが，2000年以降さらに拡大し，2004年に0.465という国際的に見てもトップクラスの水準に達してしまった．日本の再分配所得のジニ係数も近年上昇傾向にあるが，中国のそれを大きく下回っている．格差社会と叫ばれている日本に照らしてみれば，中国はまさに超格差社会とでもいうべきである．

（2） 良い格差と悪い格差

　経済発展を追及し市場競争を是とする以上，経済格差の発生は仕方のないことである．中国では平等主義を排除し能力主義を唱えたからこそ，高度成長が実現され，世界の工場，そして，世界の市場としての地位が築かれたのである．能力や努力に由来した格差はむしろ評価されてしかるべきだ．問題は，制度的差別のため，いくら努力してもどうにもならないような差別に起因した格差が実際に存在していることである．戸籍制度による農民差別はその典型例である．

　日本でも広く知られるように，中国の農民は職業というよりも実質的な身分である．農民戸籍をもつ人は如何なる職業に就き，都市部に住んでいても，農民と呼ばれ続けてきた．都市民に較べて，農民は移住，職業選択，教育，医療，年金などあらゆる側面で不利に扱われ，それゆえ，二等国民と呼ばれることもある．

　「一国二戸籍」政策が長年採られ，都市と農村が別々の制度で統治された結果，中国社会は都市と農村の2つに分断され，二重構造化していた．また，近年農民出稼ぎ労働者（農民工）の都市流入に伴い，都市の中に都市民と「農民工」からなる新しい二重構造も出来つつある．いまの中国には都市と農村，そして都市内の市民と「農民工」という2つの二重構造が歴然と存在しているのである．

　農民または農民工に不公平な規制を押し付けて生じた格差は悪いものとしかいいようがない．日本では農家の所得水準は都市勤労世帯のそれより多く，農家を含む全国民は教育，医療，年金などの公共サービスを受けられる．しかし，中国では都市と農村の格差が大きい．

　1980年代前半を除くほぼすべての年次において，都市民の可処分所得が農民の純収入より速く伸びていた．結果，両者の格差が広がり続け，農民を1とした都市民の所得は83年の1.84から2006年の3.28に上がった．農家の純収入の中に生産資金が含まれ，都市民に対する実物給付が可処分所得から除外されていることを考え合わせると，両者の実際の格差は5，6倍に膨れ上がると指摘されている．この悪い格差を取り除くため，様々な政策努力が払われているが，効果が現れるのに時間がかかりそうだ．

（3） 格差是正，貧困撲滅への挑戦

　2003年に発足した胡錦濤・温家宝政権は，調和的社会の実現を掲げ，具体的

な格差是正策を打ち出している．① 農業諸税および様々な負担金に関わる徴収制度を廃止する，② 中卒までの義務教育費を国が負担する，③ 財政投入を梃子に農民を対象とする合作医療制度を普及し病気で貧困化することを防ぎ，絶対的貧困世帯に対して最低生活補助を行う，④ 食糧農家に対する生産補助金を支払い，農機購入資金の利子を補助する，⑤ 戸籍制度を改革し農民の移住，就業に対する規制を緩和する，⑥ 経済的理由で大学などへの進学が難しい学生に対して奨学金制度を充実化し，学資ローンに対する利子補助を拡大する，等．

　こうした努力が功を奏し，ここ数年農民の収入は高い伸び率を保持し，都市民との格差拡大のペースも鈍っている．経済成長が続く限り，圧倒的多数の人たちは収入の絶対額を増やすだろうし，また，気候条件をはじめ多様性に富む中国では日本社会にあるような均一性，平等性を追求することに限界もある．

　中国にとって最も重要な課題は，衣食もままならぬ絶対的貧困層を早く減らし撲滅することであろう．ここ30年近くの間に，農村部の絶対的貧困人口は2億5千万人から2千万人余りに激減している．大きな成果といえよう．しかし，中国政府の貧困ラインは国連の基準（1人1日当たり1.25ドル）を大きく下回っており，2006年のそれが1人当たり年収693元（約100ドル）とされた．しかも，残されている絶対的貧困人口の大部分は自然環境の悪い辺境地域に密集する少数民族である．ぎりぎりの生活を強いられている彼らは自然災害や病気に対して非常に脆弱である．企業改革でリストラされた一部の都市民，農村から流入している農民工の一部も絶対的な貧困に近い．

　グローバル化と情報技術の浸透に伴い，経済格差は世界的に拡大している．中国で広がっている格差はそうした背景と深く関係しており，どうしようもない側面はある．しかし，制度的差別による悪い格差の是正，そして，高成長下の貧困撲滅は最大限の努力で取り組まれていかなければならないであろう．

（『リベラルタイム』，2007年11月）

2　新たな局面を迎えた中国の農村貧困と経済格差

　広く知られているように，世界銀行は，古くから衣食住といった人間の基本的需要を満たすのに最低限必要な収入を貧困線とし，貧困線を下回る収入で暮

らす者を絶対的貧困人口と定義している．貧困人口を減らし貧困発生率（全人口に占める貧困者割合）を低下させていくことは長年，国連ならびに多くの途上国政府の掲げた大きな開発目標である．

（1）　自助努力を支援する形での貧困削減

　中国政府は1980年代初め，限られた資源が支援の最も必要な人々に使われるべきだという考えに基づいて，1日1人当たり消費支出が1.25ドルという国際貧困線を大きく下回る独自の貧困線を設定し，その下で農村部における絶対的貧困の削減に取り組んだ．独自基準では30％程度だった当時の貧困発生率は，国際貧困線に照らすとなんと97％に上がるが，ここ40年間の高度成長を背景に，農家の実質収入は年平均7％で伸び，圧倒的多数の農村人口は衣食すらままならぬ絶対的貧困から脱している．

　中国は基本的に開発型アプローチで貧困削減に当たった．つまり，援助されるべき対象を定めた上，住民がプロジェクトに参加する形で地域の経済開発を進め，所得増加を通して貧困脱却を実現するというものである．

　1980年代と90年代，世銀の助言を受けつつも，中央ならびに各省・自治区政府は，1人当たり収入を基準に国家級貧困県，省級貧困県を認定し，当該地域における道路，水利，農業基盤整備などに財政資金を投入し，地域住民はインフラ建設に参加し収入を得ることで貧困からの脱却を可能にした．政府は専らの救済でなく，住民の自助努力を側面から支援する形で即効的貧困削減を実現したと同時に，社会経済の発展に必要な基礎的条件を改善し恒久的貧困脱却をも可能にしている．

　2000年代に入ってからは，政府は豊かとなった貧困県を援助対象から外す一方，開発援助の適用単位を貧困県から貧困村に絞り込み，貧困削減の効果を上げようとした．この段階では，中西部地域への財政投入は全体として大きく増え，従来の貧困削減政策から漏れていた豊かな地域の中の貧困村も恩恵を受けられるようになった．また，少数民族が多く居住する西南・西北地域や自然条件の厳しい山間部に対しては，中央政府は重点的に資金投入を行った．その結果，2011年に独自の貧困線が国際基準を上回った水準の1人当たり年収2300元に引き上げられた中で，農村貧困発生率も大きく低下した．

　習近平指導部発足後，中国は建党百周年を迎える2021年に「全面的小康」の実現を政権目標に掲げ，農村部の絶対的貧困の撲滅を重要な政治的任務に位置

付けた．それを受け，従来の貧困削減政策から恩恵を受けられにくい身体障害者や重い病気を患う者，読み書きできず出稼ぎで収入を増やすことも難しい者など，計8000万人余（13年末）を対象に，各々の実情に応じて貧困脱却の処方を施す，という「精準扶貧政策」が打ち出された．以来，中央および地方政府は大規模な財政投入を行い，年々1000万人余の貧困削減に成功したと報じられている．2018年 3 月初めの全人代開会期間中，関係代表が頻繁にメディアに登場し，「精準扶貧政策」とその実績を熱く語りながら党政府の功績を称え，絶対貧困根絶の目標達成を誓ったテレビ映像が印象深かった．

（2）　重要性を増す相対的貧困と格差問題

　ところが，精準扶貧政策は政治的な任務であり，対象世帯の農業経営，就業，子どもの就学，医療，住居修繕など多岐にわたる資金支援，さらに基層幹部の人的支援強化があってはじめて，貧困世帯の収入増ひいては貧困脱却が実現可能となった．裏を返していうなら，精準扶貧政策は持続可能性が乏しく，上からの力強い行政指導がなくなれば，処方の多くは有効性を失い，貧困に立ち戻ってしまう者が多いと予想される．

　病気や障害を抱えるという理由で貧困に陥っているのだから，このような農村住民に対し，開発型貧困対策では限界が大きい．都市部で施行されるような最低生活保障制度を彼らにも用意することは貧困撲滅の根本的対策であろう．

　豊かな社会となっていく今後の貧困政策の方向転換に併せ，相対的貧困の実態把握と問題解決への取り組みも重要性を増す．近年の戸籍制度改革で農村から都市への移住者が急増し，それに伴い貧困問題が農村から都市に移っている．戸籍制度の影響もあり，ニューカマーの多くは都市部の社会保障制度に加入できずにいる．収入，資産では新旧住民間の格差が非常に大きい．経済格差が全体として広がりつつある中，相対的貧困の深刻化は新しい時代の重要問題として浮上したのである．

　相対的貧困という概念は主にOECD諸国で使われているもので，世帯所得が当該国の等価可処分所得（世帯の可処分所得を世帯の人数の平方根で割ったもの）の中央値の半分に満たない状態を指し，豊かな社会の影で困窮した暮らしを送る者を支援する目的で作られた統計指標である．中国では今のところ，この指標が導入されておらず，当然ながらそのデータも存在せず，日本で広く使われるような全世帯，女性，子ども，高齢者における相対貧困率に関しては実態が把握

できていない.

　絶対的貧困とは，収入が貧困線以下の階層に着眼し，その発生状況を把握し対策を考案するために必要な概念だが，相対的貧困とは，階層社会における低所得者の立ち位置を相対化してみるものであり，経済格差はその核心をなすものである．前者と後者はそれぞれ途上国と先進国の抱える基本問題であり，問題解決に際してのあるべき基準はそれぞれ，所得増の底上げ効果を期待しての成長重視・効率優先と，税制・財政の再分配機能を強化しての調和重視・公平優先，ということができる.

　中国政府は絶対的貧困との戦いで，開発型貧困削減政策を採り大きな成果を上げたと国際社会からも高く評価されているが，やがて中所得国を卒業し高所得国への仲間入りを果たす今後の中国にとっては，国際的に見ても大きすぎた経済格差との戦いでより一層の成果を上げることはきわめて重要な政策課題である．そうした中，中国も相対的貧困という概念を導入し，既存の家計調査などに基づいた実態把握を急がなければならない.

　中国は，富強・民主・文明・調和の美しい社会主義現代化強国の実現を建国百周年（2049年）の奮闘目標としているが，社会福祉政策をより一層充実化し，税制・財政による所得再分配機能を健全化していくことも必要不可欠な条件であろう．貧困政策の大きな方針転換が期待されている.

（『東亜』, 2019年10月）

第II部　農業・農村・農民（三農）問題

第4章

三農問題と農政の転換

1 中国の農業と農政

　中国は1978年に改革開放を開始した．1998年までの20年間，国内総生産は10％近くの高い成長率を保持した．そうした中で，国内総生産，とりわけ就業者の産業別構成比には大きな変化が発生し，農村人口の対総人口比率も大きく下降した．ところが，人口の7割位が農村部に住み，就業者の半数がいまだに第1次産業で働いている事実から，中国は全体として農業型または農村型の社会構造を持つ発展途上国である，といえよう．

　ここ20年間，農家の所得水準がかなり上昇し，自給自足的な生活パターンが大きく変わった．農家人口1人当たりの年間名目純収入は1978年の133元から98年の2162元へと16倍も増大し，物価指数で実質化した純収入は同期間中4.57倍増えた（年率8.8％）．また，農家純収入に占める第1次産業の比率は1978年の85.0％から98年の57.2％に低下し，第2，3次産業のそれは同期間中7.9％から37.1％へと大きく上昇した．これは主として農家の就業構造の変化に起因したものである．労働部が1995年に行った4000農家世帯の就業調査によれば，農業所得が唯一の収入源である専業農家は全農家の32.2％を占めたのに対して，すべての収入が非農業部門に依存する農家は全農家のわずか2.4％にすぎず，圧倒的に多かったのはいわゆる兼業農家であり，その比率は65.4％にも達した，ということが分かった．しかし，農民と都市住民の所得格差が依然として大きく，前者は後者の4割程度にとどまっている．また，農家間の所得格差を表すジニ係数が示すように，農家間の不平等化が進んでいる．

　一方では，家族営農体制の下で，穀物，植物油脂，果物，肉類，水産物などほとんどすべての農産物は改革開放以来，総生産量で大きな増産が実現されただけでなく，1人当たり保有量も2億8500万人が純増した中でかなり増えたのである．また，中国人の1人1日当たりのカロリー摂取量は1994年以降およそ

2800kcalという高い水準を保持し，量的には日本のそれに近づいている．

　中国の食糧貿易については，各年の輸出入量の起伏は大きいものの，1980年から98までの19年間を通算すれば，年平均純輸入は550万t程度と少ない．中国における食糧の自給率はきわめて高く，1980年代以降のそれは98.9％に達し，6〜70年代の98.3％よりも高かった．

統分結合の二重経営

　「農業法」（1993年）は「統分結合の二重経営」を中国農業のもっとも基本的経済制度と規定している．それは土地の集団所有を前提とし，家族単位の個別経営と郷・村レベルでの協同経営の二重経営体制を意味する．協同経営の主体は郷・村の集団経済組織であるが，その主なねらいは，個別農業経営の限界を協同化によって克服しようとするところにある，とされている．

　中華人民共和国建国（1949年）以来，土地の所有関係と農業の経営方式を以下の3段階に分けることができる．第1段階は土地私有制下の家族経営→協同経営（1949〜55年），第2段階は土地公有制下の協同経営 → 人民公社による集団経営（1956〜80年頃），第3段階は土地公有制下の家族経営 → 農家と郷・村合作組織による二重経営（1980年代以降），である．

　1980年代以降の中国農業では，農家が村の所有する土地を請け負い，それを自主的に経営する，いわゆる「農業生産請負制」が完全に定着している．ただし，農民1人当たりの耕地面積は1980年に0.14ha（日本の35％に相当），94年に0.11ha（日本の17％）ときわめて狭い．そのうえ，村の耕地は当初入札や競りで，農家間で請け負われたのではなく，圃場の遠近や耕地の土質を考慮して，個々の圃場が世帯人数に応じて均分されたのである．こうして形成された家族営農体制は，規模が零細で，しかも極端に分散する（1世帯の経営する耕地は数ヵ所ないし10ヵ所以上）特徴を帯びることになった．

　ところが，市場経済化を目標に掲げた体制改革の深化に伴い，農家単位ではできないこと，あるいはできるにしても経済的には非効率であることが次第に目立ってきた．農業機械の共同利用，灌漑管理，生産資材の購入と農産物の販売などがその典型例である．また，重要性を増してきた広域市場への参加にも個別農家の限界が露呈し始めた．こうした中で，村レベルに家族営農体制の持つ上述の限界を克服すべく経済合作社が作られるようになった．1990年代に入ってから，「農業生産請負制」に基礎を置きながら，合作経済組織の再建と

機能強化を内容とする「統分結合の二重経営」体制が形作られようとしている．郷と村レベルにおける連合社と合作社の組織率は1996年以降それぞれ 6 割強と 9 割に上ったものの，実態では農家と集団の補完関係が期待されているほど確立されていない．

　一方で，東部沿海の先進農村と大都市の近郊農村を中心に，農家労働力の大半が非農業部門に従事していること，農家所得が主に非農業収入に依存していること，農業経営の比較劣位が際だっているなどが原因で，家族営農体制が大規模な農場化経営または企業化経営により取って代わられつつあり，経営方式の集団への回帰現象さえ一部では見られる．

（『農業と経済』，2007年 7 月）

2　中国農業，大転換が必要

（1）　豊作貧乏で不安定化進行

　中国は世界の工場になったという文句が日本の新聞などで目に付く．主要工業製品の生産量や世界の市場に占めるシェアからすれば，そういえなくもない．

　だが他方で，中国が世界最大の農民国家であるという事実も指摘されなければならない．総人口13億人の 7 割が農村地域に住み，経済活動人口の 5 割が農業に従事しているからである（2000年）．数字上それは70年も前の日本農業の姿と重なる．

　20世紀初め，農民の貧困を目の当たりにしていた若き毛沢東は，飯を食うことが中国の最大課題であると論じ，革命による社会変革を力説した．

　新中国に入ってから，その問題の解決は重要な政策課題として取り組まれたが，国民の大多数が満足に食べられるようになったのは農業改革が行われた80年以降のことだ．

　鄧小平の農業改革によって，様々な農産物が大増産した．郷鎮企業と称される農村工業などの非農業も飛躍的に成長した．農民の収入は増え，まずまずの生活を過ごせる農民は沿海地域と大都市の近郊農村を中心に急増してきた．ここ20余年間の中国では，年平均10％弱の経済成長が遂げられたが，背景には農業の増産，農民の増収，そして農村の繁栄があった．

　ところが，90年代末以降の中国では，デフレが進行し，消費需要の伸び悩み

が目立つようになった．農産物の生産過剰は市場価格の暴落を引き起こし，郷鎮企業の成長速度が大幅に落ち込んだ．国有企業の一時帰休労働者の急増で都市へ流出する農民出稼ぎ労働者の増加も減速した．さらに世界貿易機関（WTO）加盟に伴って安い農産物の輸入増が確実視され，農業の体質増強が急務となっている．

　中国農業は今いったいどのような発展段階に到達しているか．半世紀以上にも及ぶ食糧増産への努力によって，食糧の生産能力は５億トンという高い水準で安定している．中国農業の中心問題はいまや増産というよりも，いかにして増収と競争力の向上を実現するかという転換点に差しかかっているように思われる．

　ここ数年の中国農業では「豊作貧乏」のメカニズムが強く働いた．農民の収入増が減速し農民と都市住民（市民）の所得格差が拡大している．このままでは，農民の購買力が伸び悩み，経済の高度成長を支える消費需要の拡大も期待できなくなる．また，農民の相対的貧困が続くことになれば，社会の安定維持が困難となるだろう．

　そうした状況を根底から変えるには，以下の政策課題を早急に解決する必要がある．すなわち農民の収入増ならびに農村都市間の所得格差の是正をどのように実現し，競争力の強い農業をいかに育成していくか，ということである．

（2）「農民」「市民」事実上の身分

　農民と市民の所得格差は毛沢東の時代にも問題視されていた．1980年代前半の短い間に縮小したことがあるが，以来つねに２～３倍の格差を保ち，近年さらに高まる傾向にある．ほとんど市民だけが享受できる社会保障（医療，失業保険，年金等）という要素も考慮すれば，都市農村間の格差は４～５倍に拡大する．

　農民の低収入がもたらされた背景には客観的な資源制約と人為的な制度差別がある．中国の国民１人当たり可耕地は日本の３倍である．しかし，農業就業者１人当たり可耕地は1998年に0.24haで，日本の５分の１にも及ばない．中国の農村には膨大な過剰人口が滞積しているというわけである．５割の就業人口を占める農業が総生産のわずか２割しか生産していない状況を考えれば，農民の低収入はやむをえない側面がある．

　しかし，中国全体の過剰人口のほとんどを半ば強制的に農村部に閉じ込めてきた諸制度が，農民の相対的貧困状況を悪化させたことは否定できない．都市

と農村は長年にわたり戸籍制度という目に見えざる「鉄のカーテン」によって
分断され,「農民」と「市民」という実質上の社会身分が作られた.

毛沢東の時代は富国強兵のために国家の工業化が必要とされ,そのための資
本蓄積は農業からの資本移転で実現された.鄧小平の時代に入ってから「先富
論」が正当化され,資本などの資源の配分が沿海部と都市部へ傾斜することと
なった.

国は改革後も農産物価格を操作して農民を収奪し続けた.税制や金融チャン
ネルを通して多くの資金が農村から流出した.農村の教育をはじめとする様々
な公共事業や社会保障は村民の自治範ちゅうだという理由で,すべて農民自身
に委ねられている.

都市農村の二重社会構造が頑固として存在している中,農民は市民になりに
くく,農民の挙家離村が非常に少ない.その結果,農家世帯数は経済の成長に
伴って減少せず,労働生産性のきわめて低い小規模の家族農業が延々と営まれ
ざるをえない.

中国農業の抱える基本問題を解決するには,2つの大きな構造転換が必要で
ある.1つは都市農村の二重社会構造を打破し,閉鎖的な身分社会から開放的
な市民社会への転換であり,もう1つは食糧増産第一主義から増産・増収・競
争力の向上の同時実現への農政転換である.

農民は市民と同じように法によって守られている国民である.国民の享受す
るすべての権利は農民と市民の間で対等でなければならない.中国に進出して
いる外資企業に内国民待遇を与えているのに,農民の国民としての権利を制限
する理由はない.村長選挙でしか自らの意思が表示できない現状下では,農民
は自らの利益を政策の形成過程に反映させることができない.

現存する様々な人為的な制度差別がなくなれば,農村人口も農家世帯も都市
への移動で大きく減少するはずだ.そうすると,農業の過剰就業が幾分軽減さ
れ,大規模経営の農家や農場も出現する.そういう状況がさらに進行すると,
農業の競争力の向上や農家の収入増を十分に期待しうる.

もちろん,大勢の農村人口が都市に入ったことで,都市住民の生活水準が若
干下がるかもしれない.労働市場における供給制約が小さくなれば,賃金水準
は全体としてあまり上昇しなくなると考えられるからである.

しかし,それはそれで仕方がないだろう.農民の犠牲を制度的に強要したこ
との下で達成されている市民の豊かさはそもそも公正を著しく欠いているから

である.

　他方で,食糧の増産を第1目標にしてきたこれまでの農政の基本方針を変え,適地適作の原則に基づいた生産構造の調整と,農産物貿易の自由化に備えての大規模農業経営の育成が必要である.

（3）　経済の持続的成長の条件に

　上述の2つの転換は実際にすでに動き出しており,一部では段階的な成果が挙げられつつある.多くの中小都市では戸籍制度による移動制限が緩和され,農民たちは自らの意思で職業を選択し住居を決められるようになりつつある.ただし,北京や上海などの大都市では,農民に対する制度的な差別が依然存在している.

　農業の構造調整は1999年以降,政府の強力な指導下で進められている.例えば沿海地域の農村では比較優位性を失った食糧の生産が大幅に圧縮され,野菜や養殖などが拡大している.同時に土地の経営権が農家間で流動し,大規模の農場経営が増えている.しかし,安定的な非農業就業機会が少ない大多数の農村では農地の流動はまだごく少数にとどまっている.

　こうして見ると,巨大な中国だけにこの転換過程は相当時間がかかると予想される.しかし,構造転換なくして,農業の基本問題は解決されず,経済の持続的な成長も危うくなる,という点だけは間違いないであろう.

（『日本経済新聞』,2002年4月12日）

3　中国における農業組織化の展開プロセス

　1950年代初めの中国では,共産党政権の強力な指導下で農地改革が行われた.それにより土地所有の両極分化が是正され,均一的な自作小農が全国で作られた.その直後に,新たな農民層の分化を防ぐなどの目的で,農民たちが組織され始めた.互助組,農業合作社を経て,1958年に人民公社という集団営農組織がすべての農民を吸収するようになった.農業生産請負制が導入される1970年代末までの20数年間,農業の生産,農産物の流通や価格などほとんどのすべての意思決定は生産隊—生産大隊—人民公社という系統組織の中で行われた.農業は完全に組織化されたのである.

　ところが，人民公社は如何なる高い理想の下で作られたにせよ，結果的に農業から工業への資金移転を保障する1つの制度装置でしかなかった．原始的な資本蓄積を制度的に実現可能にしたのはこの人民公社にほかならないからである．農民のためというよりも国家工業化のために農民たちの犠牲を強要し続けたこのような組織化は成功するはずもない．制度の疲労を極めた1980年前後に，農民たちは生産隊から離脱し集団所有の土地を請け負って家族営農を始めた．上からの農業の組織化が破滅し，伝統的な家族農業が甦った．

　家族営農では，農民の経営自主権が拡大し，努力すれば収入が増えるというインセンティブ・メカニズムが働くようになった．しかし，問題もある．市場化が進み，組織されない家族農業の限界が大きい．市場へのアクセスは難しく，価格などの交渉力も弱いからである．そこで，家族経営を前提とする再組織化の必要性が認識された．その際に日本の農協組織に対する関心が非常に高かった．1980年代後半以降，人民公社時代の組織資源を生かし，総合農協のような「地域性合作経済組織」，あるいは専門農協のような「専業協会」が政府の指導下で作られることになった．集団所有の土地を農家が経営する一方，集団でやったほうが経済的によい，または集団でなければやれないことは合作社が遂行するとされた．これはのちに「統分結合の双層経営」という名称で「農業法」に盛り込まれ，中国農村の最も基本的な経済制度となった．

　統計上，地域合作経済組織の普及率は相当高く，ほとんどの村，郷鎮にはそういう組織がある．しかし，政府からの財政支援が少なく，地域の集団経済も弱いところでは，「合作経済組織」はほとんど有名無実と化している．比較的成長しているのは果実，畜産，野菜，花きのような施設農業を経営している農家で出来た「専門協会」である．

　こうした実態を踏まえて，1990年代半ば以降，農業の産業化が新たに提起された．農家と市場の間に農業関連の企業が入る．企業は市場の需給動向を把握して農家と生産契約を結ぶ．それにより農家の生産と収入の安定化が図られるとされている．こうした企業は「竜頭企業」と呼ばれ，様々な面において行政から指導，支援を受けている．ただし，「竜頭企業」は企業である以上，利潤の最大化を追求するのも当然である．今のところ，「竜頭企業＋農家」というモデルは施設農業を中心にある程度の効力を発揮しているが，土地利用型の農業では，大きく期待出来ないのが実情である．

　過去半世紀以上，中国は農業の組織化，再組織化を模索し続けてきたが，い

まだ成功できずにいる．上からの人民公社は失敗した．「統分結合の双層経営」
という日本型の組織化もどうやら有形無実となりつつある．いま実践中の「農
業の産業化」つまり「竜頭企業＋農家」というモデルも一部でしかその有効性
が期待できないようである．

（『農林業問題研究』，2005年3月）

4　中国は三農問題を克服できるか

　2000年代初頭の中国では，農業の豊作貧乏と食糧生産の不安定，農民の相対
的・絶対的貧困，農村における公共サービスの供給不足という三農問題がある．
その背景に農業搾取，農民差別，農村軽視の開発戦略が長年採られたことが指
摘される．今後，高度成長を持続するには，旧来の諸政策を転換させ三農問題
を解決していくことが求められる．

（1）　農民の収入増は持続成長のカギ

　2002年に，中国政府は2020年までの20年間で国内総生産を2000年の4倍に増
大させる長期計画を発表した．これは年平均7％の成長率が20年間持続するこ
とを意味する．1人当たり国内総生産が04年にようやく1000ドルを超えたばか
りで，1億5000万人の農業余剰労働力，10％程度の都市年失業率が現にあるこ
とを考えると，当分の間は高度成長が必要だといえそうである．

　ところが，投資，輸出の拡大によって牽引されたこれまでの高度成長に陰り
が見え始めた．莫大な設備投資で生産過剰が顕在化し，また，輸出特に対米輸
出の急速な拡大で貿易摩擦も生じているからである．生産過剰，貿易摩擦を回
避しつつも，高度成長を持続する必要があり，そのためには，消費主導の内需
拡大への方向転換が要求される．

　問題は消費主導の内需拡大がどこまで実現できるかである．北京，上海など
の大都市や先進的沿海地域では，家電製品の普及率が高く，飽和状態に達する
ものも多い．例えば，カラーテレビ，冷蔵庫，洗濯機，エアコンの百世帯当た
りの保有台数は2004年の都市部でそれぞれ133台，90台，95台に達した．マイカー
やマイホームへの需要がこれからも増えようが，限りがある．

　それとは対照的に，農村部ではカラーテレビ，冷蔵庫，洗濯機など代表的な

電気製品の普及率は2004年にそれぞれ75台，18台，37台しかない．実際，多くの工業製品が供給過剰に陥っているのは農民の購買力が弱く，収入が低いからにほかならない．総人口の6割以上を占める8億人の農民が収入を上げることができれば，消費主導の内需拡大が依然大きく期待できる．そこで，農業，農民および農村という3つの「農」にまつわる問題，つまり三農問題を解決し農民の収入増を実現することは重要な政策課題になる．

（2）　三農問題とは何か

　まず，農業問題について述べよう．中国では，農業が国民に食糧をはじめとする様々な農産物を安定的に供給する役割を担わされている．13億人の胃袋が国際市場に委ねられない客観的な現実があるからである．しかし今日の中国農業はそういう供給体制を整えた状況にはなっていない．過去10年くらいの需給変動がそれを物語ったのである．

　「誰が中国を養うか」という中国の食糧脅威論が喧伝された1990年代半ば以降の数年間に，中国政府は脅威論を払拭するために行政主導の増産対策を次々

表4-1　農業および農村経済の成長と構造変化

	食糧作付面積（万ha）	対前年比（%）	食糧生産量（万t）	対前年比（%）	農産物生産価格の伸び率（%）	農家所得の伸び率（%）	所得増への1次産業寄与率（%）	都市・農村間の所得格差（倍）	経済成長率（%）
1993	11,051	−1.6	45,649	1.7	13.4	3.2	33.3	2.80	13.5
1994	10,954	−0.9	44,510	−2.5	39.9	5.0	63.9	2.86	12.6
1995	11,006	0.5	46,662	4.8	19.9	5.3	60.4	2.71	10.5
1996	11,255	2.3	50,454	8.1	4.2	9.0	56.3	2.51	9.6
1997	11,291	0.3	49,417	−2.1	−4.5	4.6	45.8	2.47	8.8
1998	11,379	0.8	51,230	3.7	−8.0	4.3	−41.5	2.51	7.8
1999	11,316	−0.6	50,839	−0.8	−12.2	3.8	−121.2	2.65	7.1
2000	10,846	−4.2	46,218	−9.1	−3.6	2.1	−102.0	2.79	8.0
2001	10,608	−2.2	45,264	−2.1	3.1	4.2	25.7	2.90	7.5
2002	10,389	−2.1	45,706	1.0	−0.3	4.8	2.4	3.11	8.3
2003	9,941	−4.3	43,070	−5.8	4.4	4.3	13.0	3.23	9.5
2004	10,161	2.2	46,947	9.0	13.1	6.8	54.3	3.21	10.1

注：①農産物価格は2000年以前が買付価格，01年以降が生産価格，である．②都市農村間の所得格差は農家1人当たりの年間純収入を1とした都市民可処分所得の倍数．
出所：国家統計局『中国統計年鑑』，中華人民共和国農業部『中国農業発展報告』（中国農業出版社）より作成．

と打ち出した．作付面積の拡大，買付価格の引き上げ，省長責任制の導入などがその典型例である．応急的な施策が功を奏して，食糧の年生産量は1999年までの4年間に5億トン前後の高い水準を達成した（**表4-1**）．

しかしその直後に，食糧の流通が完全に自由化したこともあって，供給過剰による価格の暴落が起こった（食糧の価格は90年代後半に4割程度下落した）．増産がゆえに農家の農業収入がかえって減少するという豊作貧乏が顕在化した．その反動で2000年以降の数年間，農家は食糧の作付面積を大幅に減らした．それで食糧の生産量も年々減り，03年には史上最多の1998年に比べて8000万トンも少なくなった（**表4-1**）．90年代後半の生産過剰で出来た在庫がこの間に消化され尽くし，国内市場の食糧供給は一気に不足気味となった．

このままでは大規模な食糧不足が避けられないという認識が政府内でも広まった．危機意識の向上もあり2004年に増産への取り組みが再開された．価格政策のほかに食糧生産農家への直接支払い制度，農業税の減免制度が新しい増産対策として導入された．それで04年，05年の食糧生産量が幾分か取り戻された．

問題は，上述の「需給逼迫 → 増産対策の強化 → 豊作貧乏 → 生産量の激減 → 需給逼迫」というサークルがそれ以前の中国農業にも度々見られ，旧来の対策だけでは悪循環のチェンが断ち切れないのではないか，ということである．

次に農村問題についてだが，これは農村における義務教育，医療を中心とする公共サービスの供給が都市部に比べて著しく不足しているところに現れる．中国でも中学校卒業までの9年間は義務教育とされる．しかし，ここでいう「義務」は誰が履行するものであり，そのための財源をどう確保するかについては，都市と農村に異なる基準が適用されている．都市部の教育費は主として国などの財政支出で賄われるのに対して，農村部のそれは農民からの教育賦課金を基本としている．そのために，所得の低い内陸や辺境地域では学校に通えない子供が大勢いる．貧しい農民は過重な賦課金を課されたことでいっそう貧困な状況に陥ることが多い．また，農村地域には医療保障制度がなく，病院に行けない農民が多い．農村に対する国の公共投資が非常に限られているため，農村の道路，通信，文化施設，生活用水施設などが貧弱な状況にある．

最後に農民問題であるが，これは2つの側面における農民の貧困化を内包するものである．1つは農家所得の相対的，絶対的低さに由来する経済的貧困であり，もう1つは二等国民扱いの政治的権利の貧困である．高い経済成長率ま

たは都市住民の所得増加率に比べて，農家収入の伸び率が著しく低い．また，少数民族の密集する辺境地域や農山村を中心に農家の実質収入が減少していることも家計調査などで明らかになった（図2-2）．その結果，都市農村間の経済格差が拡大し続け，都市民対農民の年収比が1997年の2.42倍から2005年の3.25倍に上昇した．医療，年金など社会保障に存在する両者間の格差も考慮するなら，実質的格差が5〜6倍に上るといわれている．

　これだけの経済格差が長年存続した背景には農民の政治権利が厳しく制限されたことが挙げられる．1958年公布，施行の「戸籍登記条例」により農村から都市への人口移動が1980年代初頭まで非常に難しかった．90年代以降内陸農村を中心とする後進地域から大勢の出稼ぎ労働者が沿海の都市部に移動できるようになったものの，戸籍の転換および地域間での転出入が制限されたため，求職，就業，賃金，失業・医療・年金などの社会保障において農民戸籍の出稼ぎ労働者が酷い差別を受けている．都市部の農民出稼ぎ労働者は二等国民でしかないのである．

　また，1995年の改正「選挙法」では，県以上の各級人民代表大会（議会）の代表選挙に当たって農民の1票の重みを都市民の4分の1とすることが定められている．いくら民主主義の政体を採っていない中国のことといえども，これはあまりにも農民差別を公然化した悪しき制度といわざるをえない．移住，職業選択の自由が制限され，就職や社会保障で差別を受けさせられても，それを変えるための政治行動が取れないということこそが農民問題を生み出した最大の要因であろう．

（3）　三農政策の転換

　2005年末開催の全人代常務委員会で，1958年公布の「農業税条例」が06年1月1日より廃止することが表決された．土地を耕す農民から地租を徴収するというやり方は中国では2600年前から存続してきたといわれる．土地が少なく人口が多いというアジア的小農の特徴をもつ中国農業では，過重な税負担の結果，農業の発展が立ち遅れ，農民が貧困から抜け出せなかった．封建的性格を色濃く持つ農業税条例が廃止されたことの意味は非常に大きい．これは胡錦濤・温家宝政権の採った農政改革の象徴であり，同政権が発足した2003年以降，農業から工業へ，農村から都市への資本移転を制度化したそれまでの開発戦略を180度転換させようとする一連の改革の成果でもある．

　2003年初めの農村工作会議で，三農問題の解決が党の最重要課題に位置づけられ，三農に対して「多めに与え，少なめに取り，規制を緩めよ」という方針が決定された．

　この政策方針を受けて，2004年に具体的な農村支援策が打ち出された．「二減免三補助」はその１つである．一部の地域を対象に農業税または牧業税，特産税を減免し，食糧生産農家に対して生産補助金を直接に支払い，良種と農機を購入する農家に対して利子補助金を交付するというものである．

　2005年３月の全人代政府活動報告では，「国民経済の発展段階に応じて，工業が農業を，都市が農村を支援する方針を採取し，都市農村間の所得格差を是正し農業，農村の発展をより多く支援する」ことが初めて述べられた．農村の義務教育や合作医療など公共サービスに対する財政投入をさらに強化していくことも明記された．

　2005年11月開催の共産党中央第16回大会５中総会で，「社会主義の新農村建設」を推進することが決定された．「生産発展，生活寛裕，郷風文明，村容整潔，管理民主」を内容とする「新農村建設」の実施計画は，第11次五ヵ年規画（06年３月の全人代で審議，決定）に盛り込まれることになった．

　上述した政策転換に併せて，都市農村間の移住を制限した戸籍制度改革にも大きな前進が見られた．2001年３月に，国務院・公安部は「地方都市における戸籍管理制度の改革に関する意見」を公布し，県または県レベルの市政府所在地への移住規制を緩和した．固定の住所，安定した職業または収入源があれば，戸籍の転入が許可されることになった．また，2003年１月に，国務院は「出稼ぎ農民の就業，生活支援に関する通達」を出し，農民出稼ぎ労働者の就業，失業・医療・年金，子どもの学校教育などに現存する差別をなくすように地方都市に指示した．

　胡錦涛・温家宝政権が三農問題の解決に向けて多大な努力を払っていることは事実である．しかし，三農問題の深層にある農民差別を制度化した「戸籍登記条例」や「選挙法」には改革のメスが入っていない．二等国民扱いされてきた農民に都市民と同じような権利を付与してはじめて，三農問題の根本的な解決が可能となる．さらなる改革が待たれている．

（『公庫月報』，2006年３月）

5　中国の農業，農村と農民問題

（1）　三農問題と三農政策

　中国は日本の26倍の国土を有する巨大な国であり，自然条件に左右されやす
いこの国の農業を語るのは容易いことではない．2008年の中国では，総人口13
億2800万人の53.4％が農村部に住み，総就業者7億7500万人の39.6％が農業を
初めとする第一次産業で働いていた．数字上，第1次産業就業割合は1955年頃
の日本農村の姿と重なるが，改革開放が始まった30年前に比べると，それぞれ
が30ポイント，28ポイント下がった．ほぼ1年1ポイントの低減というのは経
済史上にも稀な現象であろう．しかし，絶対数では，この30年間で，農村人口
が6879万人しか減少せず，第1次産業の就業者は逆に2336万人増えた．中国は
依然巨大な農村人口を抱える農民国家なのである．

　中国の長い歴史において，王朝が繰り返し交代されたが，そのきっかけはほ
とんど例外なく農民の蜂起であった．役人の腐敗や農民に対する収奪が横行す
る中，大規模な天災が起こると窮地に追い込まれる農民は暴力で抗争し，時に
は王朝を打倒してしまった．毛沢東率いる中国共産党は農民革命を基本とし，
農村から都市を包囲するという戦略で勝利を収め政権を樹立した．鄧小平の改
革開放も農村から開始され，農業の増産，農家の増収，農村の繁栄を実現させ
た1980年代前半があっての話である．農村を制する者は中国を制するのだ．

　1980年代の後半に入ると，体制改革の重点が農村から都市へ移され，農業，
農村，農民問題の重要性に対する認識は比較的低下した．従来の農業搾取，農
村軽視，農民差別が存続した結果，食糧を初めとする農業生産が不安定となり，
学校教育，医療といった公共サービスの供給が不足し農村の疲弊，荒廃が目立
ち，農家の所得増が減速し都市住民との所得格差が拡大し続ける．2000年代に
入ってからこうした問題が顕在化するにつれ，三農問題の解決なくして持続的
な経済成長がありえないという認識は，共産党中央を含め広く共有されるよう
になった．新しい局面を開くため，中国は再び農村に目を向けざるをえなく
なった．

　2003年に胡錦濤・温家宝政権が発足すると，中央政府は三農問題の解決を最
重要な政策課題に位置づけた．翌年から7年連続で三農問題に関する政策文書
を「中央1号文件」として発布した．共産党中央と国務院（内閣府）との連名

で発布される「中央 1 号文件」は当年の最重要政策課題を扱うものとして慣例
化され，中央政府の社会経済政策に対する基本姿勢を知るシグナルとして社会
的に認知されている．改革開放初期の1982年から86年にかけての 5 年間にわ
たって，「中央 1 号文件」のいずれも農業経営の体制改革，農産物の流通や価
格に関する政策文書であり，農業改革の方向付けに重要な役割を果たし，農業
改革の大成功を導いたものとして高く評価された．ところが，後の17年間に，
三農問題を「1 号文件」で扱うことは一度もなかった．三農問題の深刻化・顕
在化は，その意味において，必然的な帰結であり，三農を軽視したつけが回っ
てきただけだといってもよい．

　著者は大学院生時代から，中国における農村と都市の二重構造の実態を分析
し，それを形作った戸籍制度の弊害を厳しく批判し，中国農業の構造転換を強
力に進めていく必要があると主張してきた．拙著『農民国家の課題』（名古屋大
学出版会，2002年）はその集大成であり，同書のエッセンスを日本経済新聞の「経
済教室」で発表した（本章第 2 節）．2004年初め新たに発表された，農民の収入
増加促進を主題とする「中央 1 号文件」を読んだ時の感動はいまも覚えている．
3 つの農があるのだから，農業関連の 1 号文件は 3 年間続くだろうと思ってい
たら，なんと 7 年間続いた．中央政府は三農問題の解決に本気で取り組もうと
する強い決意の現れであろうが，同時に，三農問題の解決がいかに難しいかも
窺われる．

　もっというと，総人口の 3 分の 2 を占める農民の収入を底上げし個人の消費
拡大で経済の高度成長を実現していく必要性があり，農村都市間の所得格差を
是正し安定した社会秩序を維持することも経済成長にとって必要不可欠の条件
である．これは農政の大転換を求められた重要な時代背景である．

　胡・温政権ができて 7 年余り経過し，新しい三農政策が次々と打ち出された．
個々の政策の中身と効果はどのようなものであろうか．以下，主なものについ
て述べる．

（2）　農業の成長と構造変化

　新しい政権が発足してからの 7 年間で，中国農業が安定的な成長を遂げたと
同時に，生産構造と貿易構造に大きな変化も見られる．

　第 1 に，食糧の生産量は持続的な増産傾向にあり，2007年に1990年代末の最
高水準に回復した後も，記録を更新し続け，09年に 5 億3082万トンとなった．

それ以前の数年間に，食糧流通の市場化改革が行われ，豊作ゆえの貧乏が農家を襲った．その反動として耕作放棄が急増し大規模な減産が起こった．ところが，人口が増え続け消費構造も高度化する中，食糧の安定的供給は社会安定の必須条件であり，そのために食糧生産能力の迅速な回復と増強が喫緊の課題となった．農家の生産意欲を高めるため，新政権は農家の重い負担となっていた様々な名目の課徴金，農業諸税を廃止しただけでなく，食糧農家に生産補助金を支給し，さらに，良種・大型農業機械・農業生産資材の価格補助をも行うことを決定した．農家に対する直接支払および間接的価格補助は，農業経営の収益増をもたらし，食糧の大増産につながったのである．

　第 2 に，中国政府は世界貿易機関（WTO）に加盟した2001年以降，農業の国際競争力を意識しての構造調整を強力に推進している．従来の適地適作に基づいた作物の配置を見直し，経済的合理性つまり比較優位論に立脚した産地形成，農産物貿易の拡大を目指すことがその主な内容である．例えば，上海や広東といった先進的な沿海地域は，同時にコメ等の食糧生産に適す自然条件にも恵まれている．かつては人件費や地価といった要素をあまり考慮せず，食糧生産を最優先する政策が採られた．しかし近年，こうした沿海地域で輸出向けの野菜や花きの生産，養殖に資源を集中し，土地利用型の食糧生産を中西部地域，東北地域で行うといった国内での産地移動，主産地の形成が急速に進んでいる．

　農業の構造調整を受けて，農産物貿易にも大きな変化が表れた．国内の土地と水資源の制約を緩和し国際貿易の不均衡を是正することも意識され，野菜，果物のような労働集約型農産物の輸出が拡大しているのに対して，大豆，植物油といった土地利用型農産物の輸入が急増している．2004年以降，中国は数十億ドルから100億ドル以上の農産物貿易赤字を出している．

　過去30年間の中国では，食糧生産は数年おきに増産，停滞を繰り返し，2000年代初めの大幅落ち込みも見られたものの，全体として大きな成長を遂げた．この間，人口が 3 割増えたが，食糧はそれ以上の伸びを達成した．その結果，1 人当たりの食糧保有量が増え，食糧自給率は95％以上を保持している．発展途上国で見られがちの食糧不足という農業の基本問題は，今の中国で基本的に解消していると見てよい．しかも，予想外の災厄が起きない限り，このような食糧の基本自給が今後も実現できるだろう．

（3）　新農村建設の展開

　中国の農村社会は血縁・地縁関係の上に成り立っており，限られた範囲内で
は相互扶助の原理が働き，共同体的な生活がある程度できるようになっていた．
しかし，学校教育や医療，道路のような生活インフラ，文化施設など現代社会
にとって必要不可欠な公共サービスの供給は村民同士の力だけでは不十分であ
る．人民公社が解体した1980年代以降，村民に最低限の医療サービスを提供す
る合作医療制度が消滅した．94年の税制改革をきっかけに，農村教育への財政
投入が激減し，農村部の教育はもっぱら農民からの賦課金に依存せざるをえな
い．ほかに，道路の建設費も農村幹部の給与や事務経費まで農民が負担しなけ
ればならなかった．村民自治という名の下で農村は高度成長の外に放り出され
たのである．

　その結果，高い教育費の重圧に耐えきれず子供を学校に行かせなくなった農
民が続出し，高い医療費を支払えず病気にかかっても必要な医療を受けられな
い，あるいは，病気や天災でたちまち貧困に陥ってしまう現象も珍しくない．
学校教育や医療といった公共サービスはきわめて貧弱な状態にあり，農村の荒
廃，疲弊はだれの目にも明らかであった．

　2006年に，中央１号文件の表題に「新農村建設」が躍った．①農村部の小
中学校を対象に授業料・教材の無償化を実施し，貧困地域では寮生活を送る生
徒に生活補助金も支給する．②農家人口を対象に新しい農村合作医療制度を
導入，普及する．また，制度の有効性を高めるために，農家の納める保険料を
安くし，中央と地方政府が保険基金の主要部分を負担する．③農村の道路，
図書室など生活インフラの整備を加速し必要な財源を中央と地方政府が分担す
る．この３点は新農村建設構想のポイントといってよい．

　高度成長が続き，中央の財力が強大化したこともあって，新農村建設の成果
に目を見張るものがある．中卒までの９年義務教育が全国農村で（2008年から都
市部でも）完全実施され，農家は子供の教育費の重圧から解放された．医療保
障において，地域間の格差が大きく，入院患者の医療費のみを対象とする地域
も多いが，９割以上の農家人口が新型合作医療制度に加入し，病気で一気に貧
困化してしまうことは少なくなっている．９割超の自然村まで舗装された道路
が開通し，上水道，図書室，医務室などの普及率も大幅に向上している．

（4）　農民の収入と政治的権利

　農民を農業，農村と並べて三農と呼ぶのは中国固有の事情と関係する．本来農業従事者にすぎない農民は，中国では身分のような意味合いを併せ持つ．半世紀前の1958年に戸籍登記条例が制定され，農業に携わる農村住民が農業戸籍者，非農業従事の都市住民が非農業戸籍者として，公安行政で登記され，また，戸籍の転出入や抹消等も行政の管理下に置かれる．モノ，カネ，ヒトを計画的に管理する計画経済期には，農村から都市への人口移動が厳しく制限され，農業戸籍者と農民はほとんど同じ主体であった．

　1980年代以降，農村工業の発展で多くの農業戸籍者＝農民が工場で働き，90年代以降，都市への出稼ぎで数多くの農民が離村するようになった．ところが，離農しても離村しても，当人の戸籍の転出入や農業から非農業への転換が認められず，農民という用語法は次第に実態からかけ離れ，ある種の身分と化してしまった．農民工は，非農業戸籍の都市住民が享受する教育，医療・年金等の社会保障を受けられないばかりでなく，この不公平さを変えるための意思表示も十分には出来ずにいる．人民代表大会という権力機関はあるものの，各レベルの代表を選ぶ際に，農民と都市民の間に大きな不平等が横たわっていた．1995年までの13年間に農民の一票は都市民の8分の1，2010年までの15年間に4分の1に制限されていたからである．

　改革開放の30年間，農家の所得は7倍増大し（年平均では7.2%の伸び率），農村部の絶対的貧困人口は1978年の2億5000万人から2007年の1500万人程度まで減少した．高度成長が広大な農村住民にも多くの果実をもたらしていることは紛れもない事実である．

　しかし他方，都市と農村の間に所得格差が広がり続け，胡・温政権発足時には3.2倍となった．絶対的貧困人口も，世界銀行の基準で測るなら，いまだ1億数千万人に上っている．農民の相対的，絶対的貧困は依然として深刻な問題であり，背景に農民の政治的権利に対する制度的差別がある．農民の経済的貧困はその政治的権利の欠乏に由来し，農業問題も農村問題も実にこの農民問題に帰すべきだといっても過言ではない．

　近年，非農業戸籍の都市住民を対象としていた諸制度を農民にも適用しようとする動きが広がっている．例えば，①2004年より一定の所得を下回る農民に最低生活保障制度を適用し生活費の補助を行うこと，②08年より都市部で働く農民工に労働諸法の適用を徹底し，採用，賃金等で農民差別をなくすこと，

③09年より定年（女性55歳，男性60歳）を迎えた農民に新型農村養老保険制度を新設し，国民皆保険を実験的に始めたこと，④2010年より80年代以降生まれの新世代農民工の都市定住を促進し，そのための制度改革を加速すること，などである．

　要するに，中国政府は，長年置き去りにされた農民の国民としての権利回復をようやく意識し，そのための努力を払おうとしている．作られた差別を正すのに人為的な努力が必要ということであろう．胡・温政権発足後の7年間，農村都市間の所得格差が拡大し続けており，問題の根深さも窺われる．しかし，農家所得の伸び率が向上し，格差拡大のペースも鈍っている．近い将来，格差縮小への転換が期待できそうである．

（5）　三農問題のゆくえ

　中国は今後も食糧の基本自給を保持できる見通しだ．問題は農村都市間の格差是正がどこまで実現でき，どれぐらいの年月を要するかである．農民は，今まで国から搾取され続けただけに，近年の農政転換を歓迎し，いまのところ，増収と権利拡大の歓喜に浸っている．

　ところが，2010年3月の選挙法改正で，農民と都市民の政治権利が同じように改められている．高い教育を受けた農民は今後，自らの政治権利に目覚め，自分たちの貧困状況が実に長年の制度差別に起因したものだと気づくようになれば，その喜びは一転して社会への不満に変わるかもしれない．特に，高度成長が終わり，パイが増大しなくなると，現状への不満が何らかのきっかけで一気に噴出する危険性もある．中国政府は様々な事態を想定し，問題の発生・拡大を未然に防ぐことができるのか．共産党政権の真価が問われている．

（『経済セミナー』，2010年8・9月）

第5章

農産物貿易と食糧問題

1　どうなる今後の農産物の対中輸出

　安倍首相（2007年当時）は就任後の施政演説で日本の農産物輸出額を5年間で
倍増させることを表明した．それを受けて，農水省，地方自治体，農協などで
様々な取り組みが試行されている．高度成長が続く中国，特に上海，北京，広
東などの富裕層をターゲットに，農産物の輸出拡大も図られようとしている．
本節では，①中国における農産物貿易の動向およびそれを取り巻く社会経済
環境の変化，②日中間農産物貿易の推移と特徴，③対中農産物輸出拡大の可
能性，について分析する．

（1）　急増する中国の農産物貿易

　表5-1は2000年以降の中国における農産物輸出入の推移を表すものである．
同表から以下の点が指摘できよう．第1点は農産物輸出入の規模が急速に拡大
したことである．輸出入総額は2000年から08年までの8年間で3.67倍に増大し，
年率に換算すると17.7％に上る．これは同期間中の経済成長率を上回ったもの
である．第2点は輸出よりも輸入の伸び率がいっそう高く19.1％にも達したと
いうことである．その結果，農産物貿易の収支は2004年を境に黒字から赤字に
転じてしまった．第3点は農産物の輸出入が共に拡大しているが，対前年比が
年次により大きく変化していることである．中でも輸入総額の変動が激しい．
これは食糧自給率が高く農産物の輸入が不足する分を補う性格を持つことを示
唆する．

　中国農業は日本農業と同じように厳しい土地制約を受けている．小麦，大豆
のような土地利用型農作物の国際競争力は，北米や中南米のそれに著しく劣っ
ているが，豊富な労働力資源を武器とした労働集約型の野菜，果樹などが比較
的強いということができる．例えば，食用植物油，菜種，大豆の貿易赤字は

表 5-1　中国の農産物貿易の動向

単位：億ドル，％

年次	輸出入	輸出	輸入	貿易収支	対前年比		
					輸出入	輸出	輸入
2000	269.5	157.0	112.5	44.4	23.4	15.4	36.7
2001	279.1	160.7	118.4	42.3	3.5	2.4	5.2
2002	306.0	181.5	124.5	57.0	9.6	12.9	5.2
2003	403.6	214.3	189.3	25.0	31.9	18.1	52.1
2004	514.2	233.9	280.3	−46.4	27.4	9.1	48.1
2005	562.9	275.8	287.1	−11.4	9.5	17.9	2.4
2006	634.8	314.0	320.8	−6.7	12.8	13.9	11.7
2007	781.0	370.1	410.9	−40.8	23.0	17.9	28.1
2008	991.6	405.0	586.6	−181.6	27.0	9.4	42.8
2000〜08年平均伸び率	17.7	12.6	22.9				

出所：中国農業信息網（http://www.agri.cn/　2009年12月11日閲覧）より作成.

2005年にそれぞれ76億ドル，70億ドル，26億ドルに達した．それとは対照的に，野菜，水産物，果物の貿易黒字は同年にそれぞれ44億ドル，38億ドル，14億ドルに上る．

　このような動きの背景に中国の農業政策が大きく転換したことがある．中国は2001年に世界貿易機関（WTO）に加盟した．その前後から農産物の国際競争力を高めるための農業構造調整が進められている．主な内容は農地の流動化による大規模経営の推進，比較優位に立脚した主産地の形成促進，農業の企業化経営に対する支援などと多岐にわたるが，政策転換の基本方向は市場原理の貫徹と国際競争への参加で経営効率を上げることである．

（2）　不均衡が深まる日中間の農産物貿易

　日本は中国にとって最大の農産物輸出国ではあるが，15番目の農産物輸入国である（2006年）．表 5-2からも確認できるように，日中農産物貿易の不均衡が著しい．例えば，06年に中国の対日輸出総額は82億ドルに上り，対日輸入総額の約20倍である．しかも，この開きが増大する傾向にある．こうした構図が形成された最大の原因に両国の農産物価格差があると考えられる．

　ところが，中国の農産物貿易全体の伸び率に比べて，対日本のそれがかなり低い．2000年から08年までの間に，対日の農産物輸出と輸入の年平均伸び率は

表5-2　中日農産物貿易の推移

単位：億ドル，％，倍

年次	対日輸出			対日輸入			対日輸出／対日輸入
	総額	対前年比	対全体比	総額	対前年比	対全体比	
2000	54.2	14.3	34.6	3.0	−5.9	2.7	18.1
2001	57.3	5.6	35.7	2.8	−7.3	2.4	20.6
2002	57.2	−0.1	31.5	2.6	−5.3	2.0	21.8
2003	60.5	5.7	28.0	3.0	12.9	1.6	20.4
2004	74.0	22.3	31.7	3.0	1.4	1.0	24.5
2005	79.4	7.2	28.8	3.0	−5.9	2.7	26.5
2006	82.3	3.7	26.2	4.2	14.5	1.3	19.7
2007	83.7	1.7	22.6	4.0	−4.1	1.0	20.9
2008	76.9	−8.1	19.0	4.0	0.2	0.7	19.2
2000〜08年平均伸び率	4.5			3.7			

出所：表5-1に同じ.

それぞれ4.5％，3.7％にとどまり，全体伸び率の35.7％，16.2％であった．

　また，日中間の農産物貿易が年次によって大きく変化したことも大きな特徴として挙げられる．対日輸出では，日本政府の取った政策は大きな影響力を持ったと思われる．2001年に中国産の生しいたけ，白ねぎ，い草に対して非常に高い関税が適用されたこと（セーフガードの発動），05年に輸入食料品安全基準がいっそう厳格化されたことがその例である．いずれも国内の生産農家を保護するための措置と中国では受け止められている．

　ここ数年，膨大な外貨準備高と貿易黒字を獲得した中国では，貿易摩擦を回避する意図もあって，農産物を含むあらゆる工業製品，原料，資源の輸入拡大に力が傾注されている．農産物を輸入して国内の水不足や重い環境負荷の軽減を図ろうとする思惑もある．しかし残念なことに，日本は拡大し続けている中国の農産物市場に食い込むことができずにいる．

（3）　対中農産物輸出拡大の可能性と条件

　今後の対中農産物輸出はどうなるのか．よくいわれているように，中国の沿海部を中心に数千万人の富裕層が暮らしている．彼らはブランド指向的な消費行動をとりやすく，良質で有名なものであれば，桁違いの値段でもそれを買ってしまうといわれている．日本産の米やリンゴなどの果物の味が良いことは中

国でも知られており，そうした農産物を中国で高い値段で販売することは不可能ではない．ただし，以下の条件が必要である．

　まず，現行の日本産農産物に対する輸入規制を中国政府に働きかけて緩和，解除してもらう必要がある．病虫害の進入防止を理由に輸入禁止となっていたコメの対中輸出は近く解禁される見通しとなっているが，ほかの農産物に関してはその作業が残っている．

　次に，中国人の消費習慣，消費心理をよく調査し，新しい製品の開発も重要である．高い値段で売っていこうとすれば，中国産またはアメリカ産とどこがどう違うかという点を宣伝し，理解してもらわなければならない．

　第3に，米国などの農産物も中国市場で販売されているので，品質競争だけでは限界がある．生産・流通コストを削減し，良質の商品を安い値段で売っていく努力を続けることも市場拡大の鍵である．

　中国経済の高度成長に伴い，人民元レートの切り上げは今後も続くと見られる．これは日本産農産物の中国国内での販売価格が長期的に見て安くなることを意味し，日本の対中農産物の輸出拡大にプラスに作用するはずである．

　ところが，当面の間は，上述の条件がそろっていてビジネスとしての対中農産物輸出が成り立ったとしても，それが必ずしも日本農業の振興につながるとは思えない．近年の両国間における農産物貿易の動向からもそれが明らかである．もう一点指摘したいのは，政府の強力なバックアップで推進される農産物輸出の倍増計画がはたして市場原理に符合しているかということである．

（『農業山形』，2007年6月）

2　日中農産物貿易における戦略的互恵関係の構築を急げ

（1）　日本の対中農産物輸入

　この頃の日本では，中国産食料品の安全問題は悪名が高い．スーパーの店頭にかつて溢れるほどあった中国産野菜がほとんど姿を消していることがそれを物語る．中国産というだけで毒が入っているようなイメージは消費者の間で定着している．テレビのワイドショーや大衆向けの週刊誌で「中国の毒」「毒菜」といった過激な表現で中国産輸入食料品が繰り返し報道され続ければ，こうなるのも当然であろう．マスメディアによる見事な排除作戦は功を奏したのであ

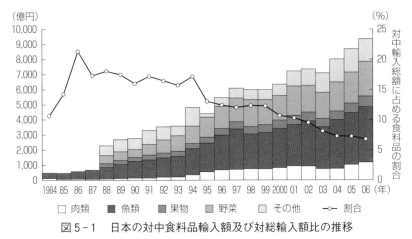

図 5-1　日本の対中食料品輸入額及び対総輸入額比の推移

出所：財務省税関統計より作成.

る（2007年当時）.

　ここ 2，30年間，中国経済の高成長に伴い日中間の貿易が著しく拡大している．輸出入総額は大陸だけでも2005年にそれまでの首位であった米国を抜かした．輸出入に占める食料品の割合は1990年代以降低下の一途をたどった（1990年の15.7％→2006年の6.8％）ものの，金額ではほぼ一貫した増加傾向が見られ，2007年は 1 兆円に迫る見通しだ（図 5-1）.

　安い中国産野菜などの輸入急増で国内の農家が打撃を受けたことを理由に，2001年に，日本政府はWTOのルールに則って中国産の白ネギ，生椎茸などに対する緊急輸入制限措置（セーフガード）を発動した．しかし，日中間の生産費格差，開発輸入を進める国内業者の躍動，そして，担い手不足など日本農業の抱える構造的問題もあって，対中農産物輸入の増加ペースがその後も緩むことはなかった.

　そうした中，2006年 5 月に日本政府は食品の安全・安心を歌い文句にしたポジティブリスト制度を導入し，食品衛生法で残留基準の設定されていない農薬や食品添加物が残留する食品の販売などを禁止することにした．それを契機に，輸入農産物の安全性に厳しい目が向けられ，そして，一番の輸入相手・中国の生鮮食料品は真っ先に槍玉に挙げられ，マスメディアの集中砲火を浴びせられた．使用不可の抗生物質が入っているウナギ，基準を超えた農薬の含まれる木耳，等．それと歩調を合わせたかのように，中国製のドッグフードや玩具もア

メリカで問題となったとか．中国製品の安全問題は一時ワイドショーの上位ラ
ンキングにまで入ったりした．

　人間というものは健康や安全に不安を抱きやすい．「貴方の食べているもの
に毒が入っているかもしれないよ」といわれて，全く動揺しない人は少ない．
これは人情というものだ．ワイドショーの視聴者は主に主婦層だという事実を
考えると，台所を預かっている彼女達に中国製イコール危ないという観念が形
成されれば，もうどうしようもない．

　昔から出る杭は打たれるといわれる．低迷が続く日本では，出過ぎてしまっ
た中国が世界中から非難されるのを見て，ある種の快感が得られるのも確かで
ある．しかし，必要以上に人々の不安を煽り立てることの意味はどこにあるの
だろう．専門家の話によれば，食品の安全基準には健康を損なうものと法律で
定めるものの2通りがあるという．前者は毎日一定の量を摂取しても身体的な
被害が出ない水準であり，後者は人為的に設定されるものである．両者の間に
数倍ないし数十倍の差があったりもする．言い換えれば，前者は科学的なもの
であるのに対して，後者は主観的に必要に応じて変えられるものなのである．
実際，ポジティブリスト実施後，問題となった輸入食料品のほとんどが法律で
定めた安全基準の近辺に位置し，健康とは直接に関係しないものばかりといわ
れる．ちなみに，農薬などの残留基準をクリアしていない輸入食料品の割合は
中国産よりもアメリカ産のほうが高いとの統計もある．

　ところで，2006年5月以降の対中食料品の輸入はどうなっているのか．中国
から生鮮野菜などの輸入に携わる知人によると，税関検査の所要時間と費用が
大幅に増え，輸入の数量も確実に減っているが，単価が上がったため，金額は
それほど変わっていないという．財務省の税関統計を調べてみると，その話は
裏付けられる．**図5−2**が示すように，季節変動を除くと，主な輸入食料品の
価額に目立った変化がなく，全体としては増える傾向すら見られる．

　それでは，対中輸入の食料品はどこで使われているのだろうか．この頃，産
地の偽装表示が厳しく取り締まられる中，中国産を国産と偽って販売するのは
もはやできない．とはいえ，中国産をありのままで店頭に並べて安売りするわ
けにもいかなくなっている．結局，大量の中国産輸入食料品は産地表示の義務
を負わない外食産業で使われることになるだろう．高くなった中国産でも国産
より割安なのだから．農家は政府の実質的な保護政策の下で高価格の維持や所
得の安定という恩恵を受け，消費者は「安心」のために高い出費を余儀なくさ

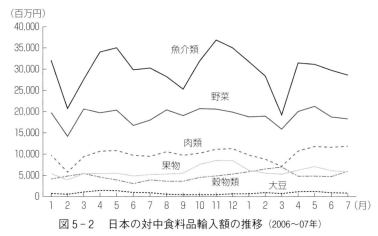

図 5 - 2　日本の対中食料品輸入額の推移 (2006〜07年)

出所：図 5 - 1 に同じ.

れている．これはいまの対中農産物輸入の姿ではないだろうか.

　一方の中国では，ポジティブリスト制度はどのように捉えられているのか.
1999年に，中国はWTO加盟を控えて農業の構造調整を始めた．その一環とし
て労働集約型の野菜，花き，果実といった園芸農産物の生産・輸出の拡大が目
指され，近隣の日本は有力な市場として高い関心を寄せられた．ここ数年，中
国の対日農産物輸出はほぼ順調に拡大してきた．年次によっては大幅な変動も
見られたものの，日本は常に中国の最大の輸出相手である．ただし，中国の農
産物貿易全体の拡大に較べて，対日輸出入の伸び率は比較的低い．それは，中
国が日本との深い関係を保ちつつ，他国との貿易促進も怠っていないことを意
味しよう．実際，中国では日本が法定の安全基準をテコに実質的な農業保護を
行っているのではないかとかねてから指摘されている．ならば，全方位的な国
際貿易を展開するのは賢い選択になる.

（2）　中国の食糧需給について

　1994年に，アメリカの環境学者，レスター・ブラウンは「誰が中国を養うの
か」という論文を発表し，中国の高成長と将来の食糧危機について警鐘を鳴ら
し，世界的関心を呼び起こした．日本でも「中国の食糧脅威論」はマスメディ
アなどで随分喧伝された．ところが，よく考えてみると，日本があれほどブラ

ウンの問題提起に関心を持ったのはほかならぬ「誰が日本を養うのか」という
より切実な問題を連想したからであろう.

　近年，日本は魚類，穀物，エネルギーなどあらゆる商品の国際市場で中国の
存在を意識せざるをえないようになっている．国際市場での食料争奪に中国が
参戦したことで，日本の食糧安保が脅かされるのではという漠然とした不安が
あるようだが，実態は必ずしもそうではない．**表5-3**にあるように，1990年
以降の中国では，コメとトウモロコシはほぼすべての年において純輸出であっ
た．小麦はちょうど逆で純輸入の年がほとんどであったが，純輸入の数量は減
少する傾向にある．増大し続けてきたのは大豆などいくつかの副次的な品目に
とどまっている．

　その結果，食糧全体の自給率はたえず100％近くの高水準を維持した．これ
は2005年頃1億t以上の穀物を純輸入せねばならぬというブラウンの予測（予
言）を見事に裏切った数字だが，当然の結果だろう．13億人以上の胃袋を供給

表5-3　中国における主要農産物の輸出入および対国内生産量比の推移

単位：万t，%

	コメ		小麦		トウモロコシ		大豆	
	輸出－輸入	対生産量比	輸出－輸入	対生産量比	輸出－輸入	対生産量比	輸出－輸入	対生産量比
1990	27	0.1	−1,253	−12.8	304	3.1	94	8.5
1991	55	0.3	−1,237	−12.9	778	7.9	111	11.4
1992	94	0.5	−1,058	−10.4	1,034	10.8	54	5.2
1993	135	0.8	−616	−5.8	1,110	10.8	27	1.8
1994	103	0.6	−706	−7.1	875	8.8	78	5.0
1995	−159	−0.9	−1,140	−11.2	−515	−4.6	8	0.6
1996	−50	−0.3	−773	−7.0	−21	−0.2	−92	−7.0
1997	59	0.3	−146	−1.2	667	6.4	−270	−18.3
1998	350	1.8	−127	−1.2	444	3.3	−303	−20.0
1999	253	1.3	−34	−0.3	425	3.3	−411	−28.9
2000	271	1.4	−73	−0.7	1,048	9.9	−1,020	−66.2
2001	158	0.9	−3	0.0	596	5.2	−1,368	−88.8
2002	175	1.0	35	0.4	1,167	9.6	−1,101	−66.7
2003	236	1.5	207	2.4	1,639	14.2	−2,045	−132.8
2004	14	0.1	−617	−6.7	232	1.8	−1,988	−114.3
2005	16	0.1	−293	−3.0	864	6.2	−2,618	−160.1
2006	52	0.3	90	0.9	303	2.1	−2,788	−174.6
2007	86		297		488		−3,035	

出所：中華人民共和国農業部『中国農業発展報告』，中国農業信息網より作成.

する余力がこの地球上のどこにも存在しないことは中国自身が最もよく知っており，いままでも，これからも，中国は自らの力で自分自身を養っていくという基本戦略を採り続けるだろう．私見では，予想外の災厄が起こらない限り，それは実現可能だと思われる．したがって，中国は日本の食料安保に大きな影響を与えないと考えられる．

　そうした判断を下したのは主に３つの理由による．第１に，向こう２，30年間の中国では，人口増加の減速と高齢化の進展に伴い，食糧に対する総需要は想像されているほど拡大しない可能性がある．第２に，都市化，産業構造の高度化が進むにつれ，人力による農作業などは動力によって取って代わられ，たとえ動物性カロリーの消費割合が上昇しても，１人当たりの消費する総食糧はさほど増えない可能性が高い．第３に，農業技術の進歩による増産の潜在的可能性は依然として高い．

　2001年末，中国はWTOに加盟し，輸入農産物の関税率を引き下げると同時に，穀物の輸入割当枠を導入するなど農産物貿易の自由化を急ピッチで進めてきた．同時に，比較優位論に立脚した国内の産地形成と農産物貿易の促進にも大きな力が傾注された．表5‒1に示された輸出入の急増はその一端を表しているように思われる．農産物輸入の拡大は貿易の不均衡を是正するための一手段として使われた節もあったといわれるが，残念ながら，日本は開放されつつある中国の農産物市場から大した恩恵を受けずにいた（表5‒2）．

（3）　日中の戦略的互恵関係にむけて

　日中間の経済関係を考えるときと同じように，両国の農業分野にも共通の利益が多くあるはずだ．日本には優れた農業技術，食品の安全管理やマーケティングのノウハウがあり，中国には豊富で安価な労働力，恵まれた気候条件，良質の農業資源がある．中国産食料品に問題がある事実を指摘し，それを改善していく対策を共に考え，より安全で良質の食料品を安定的に供給できる体制を構築することは，中長期的に見れば，中国のためだけでなく，日本の食料安保のためにも有益であろう．いたずらに人々の不安を煽るような喧伝は相互の不信感を高めるだけで，建設的なものにはならない．

　互いに協力していけば，日本産農産物の対中輸出も増えていくだろう．まず第１に，日本産のコメ，リンゴなどの果物がとても美味しいというイメージは，中国の消費者の間でも浸透している．来日の中国人観光者数が年間100万人を

超えるいま，それは口コミでますます広がっていくに違いない．

　第2に，中国の経済成長に伴う所得水準の上昇，人民元の切り上げによる購買力の増強が期待されるので，いまは割高の日本産農産物でも近い将来の中国で相当の厚い層が消費できるようになる．対中輸出増だけで日本農業が蘇るとは思われないが，攻めの農業を唱える現政権の政策目標を達成するにはそれが欠かせない．もちろん，前提条件は要る．中国バッシングと受け止められるような報道合戦は中国の疑心暗鬼を引き起こしかねず，また，中国の対日不信も深まれば，日本産農産物の輸入に対する様々な理由での規制も十分にありうる．

　昨秋以来，日中両政府の間で「戦略的互恵関係」の構築を推進することは共通の認識となっているが，農産物貿易の分野でもそれが急務ではないだろうか．

（『地域農業と農協』，2007年12月）

3　中国農業の基本問題を考える

　日本では，一般読者向けの中国関連本や週刊誌では，しばしば，三農問題，農民工暴動，農民の反乱，食料脅威，農村崩壊といった言葉を目にしたりする．情報が溢れるいまの時代に，嘘をつき，事実を歪曲して物書きをすることはさすがに少ない．しかし，中国の全体像をある程度分かっている読者でなければ，偏った断片的な情報で，実態とかけ離れたイメージを作り上げてしまうことが多いことも否めない．例えば，過去30年の中国では，食糧が大きく増産し，食糧の自給率を95％以上維持しているのに，中国が世界市場から食糧を買い漁り，それが原因で，食糧の国際価格が高騰し，日本の食糧安全までが脅かされるといったイメージが日本では広く存在する．中国の農業・農村が停滞し，農民が苦しんでいる．これは一般の人々が持つ中国三農の印象であろう．しかし残念ながら，それは全体像ではない．

　ここでは，農業経済学の考えを援用して中国農業の基本問題を考えてみたい．

（1）　農業問題の捉え方

　代表的な農業経済学のテキストによれば，農業問題は世界各国あるいは同じ国の異なる発展段階で多様な形で現れるが，最も基本的なものといえば，それは対照的な2つの類型に集約されるという（速水佑次郎『農業経済論』岩波書店，

1986年）．すなわち，人口が急増する途上国では食糧をいかに増やすかは至上の政策課題であるのに対して，工業化がある程度実現した中進国では都市と農村間の所得格差を是正することは政治的に重要性を増す．前者のいわば食糧不足の問題を解消するために，農業技術の改良・普及や耕地の転用規制，食糧価格の保障など増産促進政策を採る必要がある一方，都市と農村間の格差を縮めるために，農地の流動化・集約で大規模経営を実現し，農村から都市への人口移動を促し，比較優位論に立脚する生産構造（作物等の選別）と立地構造（適地適作）を調整するといった農業構造政策が求められる．農業問題の基本問題は経済の発展と共に食糧増産から格差是正へとその重心が変わっていくというわけである．実に，戦後の日本を含む東アジアでは上述したような農業における基本問題の移り変わりが明らかに観測されるのである．

　それでは，中国農業の基本問題はここ30年間でどのように変容したのであろうか．結論を前もって言うと，1970年代末の農業改革で食糧をはじめとする農産物が大増産し，食糧不足という途上国型の農業問題は90年代以降ほぼ解決されており，21世紀に入ってからは，都市と農村の間に横たわる所得・教育・医療・公共サービス等の格差拡大をいかに食い止め，縮小させていくか，という食糧不足問題と本質の全く異なる新しい政策課題が顕在化したのである．

（2）　食糧の基本自給

　改革開放以来の30年間（1978〜2008年）において，中国の総人口は3億6500万余人増加し，増加率が38％に上る．一方，コメ，小麦，トウモロコシなど主要食糧の生産量は74％増えて，5億2870万tとなった．全国民1人当たりの食糧保有量は同期間中320kgから400kgへと25％増大した．ほかの主要農産物でも1人当たりの保有量が飛躍的な増産を見せた．例えば，綿花が45％増，植物油脂が3倍増，果物が20倍増，水産物が6倍増，という具合である．豚肉，鶏肉，牛肉など肉類の生産統計が利用できないが，1人当たりの年間購入・消費量で見ると，都市住民が1990年の25kgから2008年の32kgへ，農村住民が13kgから18kgへといずれも大幅な伸びを示した．

　農業の成長で，コメとトウモロコシはほとんどの年に数十万tから千万tを超す純輸出を続け，輸入が多かった小麦も2000年代に入ってから純輸出に転じている．野菜，果実，水産物，花き，など労働集約型の農産物輸出が急速に拡大している．純輸入が急増し，国際市場にも大きなインパクトを与え，輸入依

存型の日本への影響が懸念されているのは大豆および植物油ぐらいであろう．実に，大豆の輸入拡大は，貿易の不均衡を是正し，国内の環境負荷を軽減しようとする中国政府の構造政策がもたらした結果に過ぎず，主な輸入先も日本と競合しない新大陸のブラジルだといわれる．近年，大豆の自給率が３分の１程度にまで下がったのは確かだが，中国が自力で主要食糧の基本自給を実現していることは紛れもない事実である．

　食糧をはじめとする農産物の大増産が実現された背景に制度改革の効果も大きいが，単収の上昇に表れる生物・化学技術を主とした農業技術の進歩がきわめて重要であった．耕地の転用規制が厳しく農業の生産基盤が固められた点も挙げられよう．

（3）　都市・農村間の格差拡大

　ところで，農業の発展は農家の経済にどのような結果をもたらしたのであろうか．国家統計局の家計調査によれば，過去30年の間に，農家人口１人当たりの年間純収入は実質で６倍超の増加となった．年率に直すと７％に達する．また，経済成長の中で，衣食が足りず，社会的に必要な栄養水準を保つのに必要な収入を得られていない，いわゆる絶対貧困人口は，1978年には２億5000万人と農村人口の３割超を占めるが，2007年には，それぞれが1480万人, 1.6％となった．改革開放は農村，農民に多くの果実をもたらしたということができる．

　他方，経済成長の恩恵が都市民と農民の間に等しく行き渡っていないのも周知の事実である．改革開放当初に，都市民の所得は農民の2.6倍だったが，農業改革の成功で1.8倍に縮まった時期もあるが，1990年代後半以降拡大の一途をたどり，2002年に３倍を超えてしまった．胡錦濤・温家宝政権が発足した03年以降，農業・農村・農民を支援する政策が打ち出され，農家の収入は高い伸び率を見せたものの，肝心な農民と都市民の所得格差が拡大し続けており，縮小への転換点はまだ見えてこない（2008年に3.3倍）．

　いったい何が原因で，このような都市・農村間の格差構造ができてしまったのか．このような構造問題の解決に向けて，どういう障害を取り除かねばならないのか．

（4）　三農問題と三農政策

　新中国成立後から1990年代末までの長年にわたって，農業搾取，農村軽視，

農民差別が制度化された．農産物の国定価格が低く設定され，農村の教育・医療・保障・文化・道路などへの財政投入が少なかった．戸籍制度による農民の移住と職業選択の自由も厳しく制限された．こうした制度差別が続く中，農業の低生産性，農村の荒廃，農民の貧困という三農問題は90年代後半に入ってから表面化するようになった．食糧の生産能力が減退し，農家の収入が伸び悩み，低所得層では実質収入の減少すら見られる．また，中西部の農村を中心に，義務教育，医療，道路，文化施設といった公共財の供給が著しく不足していた．

　三農問題がクローズアップされ，中央政府がその解決に真剣に取り組み始めたのは胡・温政権が発足した2003年以降である．持続的な経済成長を実現するために，消費主導の内需拡大が必要であり，社会の安定を脅かす格差の拡大を抑制することも必要だというのが主な時代背景である．

　2002年開催の第15回党大会で，20年間で国内総生産を 4 倍増させる目標が掲げられたが，その実現に固定投資と輸出の拡大だけでなく，総人口の 6 割超を占める農民の収入を底上げすることもきわめて重要である．また，都市・農村間，地域間，階層間の所得格差が拡大し，しかも，その格差は機会の不平等，制度差別に起因したものが多い．格差の是正がなければ，社会の安定が維持困難となり，それで経済成長の土台も崩れることになる，と認識された．

　胡・温政権は2004年より 6 年連続で，三農問題に関連する政策文書を各年の最重要テーマに位置づけ，三農政策の大転換を進めてきた．三農問題の解決への具体的な施策として下記のものが挙げられる．① 様々な農民負担金および農業税の廃止，② 工業を以って農業を促進し，都市を以って農村を牽引するという新方針の決定，③ 直接支払い制度の導入（食糧農家，良種・農機・農業生産資材に対する補助金の支給），④ 義務教育の無償化，農村部小中学校の教材も無料，貧困地域の寮生への生活費補助，⑤ 農民を対象とする医療保障制度の導入，⑥ 農村の道路，図書室など生活インフラの整備の推進，⑦ 農村住民に対する生活保障制度の適用，などである．

（5）　食糧の基本自給と格差の今後

　中国は1997年に食糧の自給率を95％以上とする国際公約を出している．ここ10余年の実績をみれば，この約束が守られている．今後はどうなるのか．大方の研究によれば，予想外の災厄が起きなければ，その目標の達成に大きな問題がないといわれる．耕地の転用規制，農業技術の進歩と普及，人口増加の減速，

都市・農村人口の構造変化，消費パターンの合理化などが主な理由として列挙できる．

　例えば，1998年から2006年までの8年間で，中国の農地が780万ha減少した．ところが，耕地面積の減少速度は日本など東アジアの工業過程で見られたものよりはるかに遅い．また，耕地面積の減少は主として生態環境を回復するためのものであり，農業の構造調整で転用された耕地も多い．

　中国農業の基本問題はやはり都市・農村間の所得格差を是正することである．農家の低所得は農業の低生産性に由来し，低生産性の原因を農業の過剰就業に求めることができる．過去30年間に，第1次産業就業者の割合は30ポイント下がって40％程度となっているが，就業者数は逆に3000万人増えた．また，農家の世帯数は同期間中45％増の2億5000万戸である．これは戸籍制度による移住と職業選択の制限の結果にほかならないが，問題はこの不当な制限を農民が投票などを通して取り払うことができないことである．民主主義の政体ではない上，人民代表を選ぶ権利は農民が都市民の4分の1に制限されていることも無視できない．戸籍制度や選挙法の改正が必要だという認識はあるものの，急進的な改革が社会の不安をもたらしかねないことから，時間をかけて諸改革を行う必要があるとも指摘される．結果，都市・農村間の格差拡大を抑止し，さらに縮小の方向へ転換させるのに長い年月を要すると予想される．

（『オルタ』，2009年9・10月）

4　食糧は足りているのか，信頼性を欠く農業統計

　中国統計年鑑によると，中国の食糧生産は2004年より7年間にわたり大幅な増産を続け，10年には5億4641万tと最高記録を3年連続更新した．国家統計局は先日今年の小麦と早生のコメ生産も前年比で2.5％，4.5％増えたと発表した．国内の食糧生産はきわめて順調のようである（食糧はコメ,小麦,トウモロコシ,大豆のほか，イモ類も含む．ただし，5単位イモ類は1単位食糧に換算）．

　他方，政府発表に疑念を抱かざるをえない材料も同時に出ている．食料品の消費者物価は2010年に7.2％上昇し，今年上半期には前年比で11.8％も上った．大豆の輸入増加が止まらず，10年に5463t，今年は6000万t近くに上ると見込まれる（これは日本の大豆輸入量の10倍，世界大豆貿易の6割に相当）．純輸出してい

たトウモロコシも小麦も昨年から輸入超過に転じている.

　人件費や肥料など中間投入財の価格上昇で,食料品の価格は押し上げられた部分が多く,生産を上回る消費の拡大に起因したものではないと政府当局は主張する.

　だが,全国民1人当たりの食糧生産が400kgと史上最高の水準を保ち,消費構造も急激に変化していない.なのに,食糧輸入が急増しているのは,やはり国内の供給がそれほど増えておらず,需給ひっ迫がある程度発生していると見るべきだろう.言い方を換えれば,実際の食糧生産は政府の発表した数字より少ない可能性が高いということである.

　中国の食糧統計は制度上きちんと整備されている.国家統計局は主要作物の主産地で2,30万戸の農家を無作為に抽出し,各農家の作付面積,単位面積当たりの収穫量(単収)を専属の調査員が測量,記録する.国家統計局は実地調査から得られた原始データを集計し,各地の対象作物の単収を算定し,さらに,各地の作付面積を基に総生産量を推計する.

　ところが,以下のような事情で作付面積の業務統計が過大評価になっている可能性が高い.

　工業化,都市化が進む中,地方の中小都市ないし農村部でも多くの優良農地が工業団地や宅地に転用されているにもかかわらず,業務統計では,それが現れてこない.地方政府は様々な手口で,中央政府の農地転用規制を逃れているためである.

　例えば,地方政府は自然村の統廃合を進め,村民を街に移住させ,空いた村の跡地を耕地に造成し,それを以って転用で減った耕地面積を穴埋めする.こうして,帳簿上の耕地面積は減らないようになる.だが,新たに造成された耕地の中に使い物にならないものも多い.

　農家の若い人は都市部へ出稼ぎに行き,農業従事者の高齢化・女性化が進んでいる.労働力不足で,農業経営が粗放化し,耕作放棄も珍しくない.政府から補助金をもらうために,種まきはするものの,経営には力を注がないとの証言もある.

　要するに,食糧の価格高騰と輸入急増は国内の需給ひっ迫の現れであり,政府発表の生産統計は実態から乖離している可能性が高い.

　一時,誰が中国を養うかをめぐって大きな議論が巻き起こった.中国政府は世界一の人口大国の胃袋を自らの努力でしか満たすことができないと強調し,

1997年に95％以上の食糧自給率を国際公約した．以来，耕地転用を厳しく制限し，自給率目標の達成に必要とされる，1億2000万haの耕地を死守すると宣言している．

　しかし現実は厳しい．都市化に伴う土地の需要増大はある一方，内陸農村で労働力不足に起因する耕作放棄も深刻だ．このままでは国際公約を履行する基礎的条件が危うくなる．

　いまのところ，主要穀物の自給率は依然95％以上を維持しているが，輸入する大豆や食用植物油を，国内で生産した場合に必要とされた作付面積を加味しての食糧自給率はすでに80％を下回っている（2010年）．

　輸入大豆の6割近くはブラジル，アルゼンチン等中南米産が占めており，対米輸入が主の日本に及ぼす影響は限定的である．農産物の輸入拡大で貿易不均衡を是正し，国内の土地や水の制約を緩和したいという中国政府の思惑もある．

　ところが，食料品の輸入は今後も拡大し，しかも，トウモロコシ，小麦にまで及ぶと，国際市場の価格高騰，途上国の食糧不作が誘発されかねない．

　中国は食糧自給率目標を堅持することは，自国の食料安保をより確かなものにすることができるだけでなく，途上国の食料不足を緩和する上でも大きな意義を有しよう．

　目標達成のために，以下の3点は欠かせない．① 農地転用の実態把握に努め，無駄な土地利用を防いで食糧生産の基盤を固めること，② 農地や灌漑施設の整備に財政投入を増やし，天候に左右されにくい生産体制を築くこと，③ 農業技術の研究開発・普及にいっそう力を傾注し単収を高めていくこと，である．

　中国では，向こう20年間に1億人以上の人口増が見込まれる．経済発展に伴う消費構造の高度化も続く．増え続ける国内の食糧需要にどう対処していくか．大国の動向が注目される．

（『週刊東洋経済』，2011年10月1日）

5　「爆食」は脅威にあらず，食糧自給の可能性は高い

　2012年6月下旬，中国の温家宝首相は，国連持続可能な開発会議（リオ＋20）への出席に合わせて，ブラジル，アルゼンチンなど南米4ヵ国を訪問し，各国首脳と農産物を含む貿易・投資の規模拡大や資源開発の協力強化に向けて協議

した.

　日本では，南米を新たな食糧調達拠点とする中国の戦略に高い関心がある.
中国は大豆の純輸入国に転落した1996年以降，輸入を増やし続け，2011年の輸
入量は5264万ｔと国際市場の6割を占める. その調達先はアメリカ43％，ブラ
ジル39％，アルゼンチン15％と分散し，年間300万ｔ前後の輸入大豆の7割以
上をアメリカに依存する日本との間で，一応のすみ分けはできている. しかし，
大豆の自給率がわずか6％しかない日本から見れば，中国が日本の輸入確保を
脅かす存在に映ってしまうことも容易に想像できる.

　ほかにも理由がある. 中国は2004年を境に農産物貿易で赤字を出し，その金
額は11年に341億ドルに膨らむ. 同年の日本の食料品貿易赤字700億ドルには及
ばないものの，輸入額が00年代には年平均21.4％ずつで拡大した. 近い将来，
中国の赤字額も日本に追いつくことだろう.

　2010年頃，中国は毎年ビールの原料となる大麦を数百万ｔ，食用植物油を
700〜800万ｔ，菜種を200〜300万ｔ，それぞれ輸入している. 長年，国際市場
に数百万ｔ，ないし1000万ｔ以上のトウモロコシを輸出していたが，2010年か
ら輸入国に転じている. 肉類の消費が増えるにつれ，トウモロコシの輸入量は
今後一層拡大すると見られている.

　かといって，中国の食糧戦略は必ずしも日本の食糧安全を脅かすものではな
い. 1990年代後半,「誰が中国を養うか」として世界の食糧需給に関する中国
脅威論が喧伝された. 中国政府はそれを払拭すべく，97年の国連食糧農業機関
（FAO）総会で，食糧の95％以上を自力で賄っていくこと（基本自給）を宣言した.
中国はいまもこの国際公約を堅持すると明言している.

　環境変化に適応するための微調整も確かにある. 2001年に世界貿易機関
（WTO）に加盟した中国は，農業分野を含む全産業の貿易自由化を迫られ，比
較優位論に立脚した農業の構造調整を余儀なくされている. 土地利用型農産物
を輸入して国内の水不足を緩和し，国際収支の大幅な黒字を是正しなければな
らない現実も，この動きを後押ししている.

　そうした中で，中国は，労働力の安さを武器に労働集約的な野菜，果物，水
産の生産と輸出を拡大させる一方,大豆や食用植物油を国際市場から調達する，
新たな食糧戦略を打ち出したのである.

　最近は,「自給率95％以上」という文言に関する解釈で,「食糧」が「穀物」
に置き換えられる場合が増えている. 学界では，自給率目標の意義を否定する

向きすらある．国際市場から必要な食糧を調達する十分な購買力を持っていれ
ば，国内の乏しい資源を無理に利用する必要はないという主張である．

　著者の考えもそれに近いが，中国は今まで通りの戦略でも食糧の基本自給を
達成しうると見ている．2003年以降，中国は8年間連続して食糧の大増産を実
現した．農地の転用が厳しく制限されていること，農業投資の増大や技術進歩
で土地生産性が上昇しつつあること，農家への補助金支給で増産するインセン
ティブが高まっていることが背景にあるが，これらは今後も続くだろう．

　食糧に対する需要の拡大は比較的緩やかである．肉類の消費増で飼料穀物の
需要が拡大する一方，都市部に居住する人口は2011年にようやく全体の半分を
超えたばかりだ．人力に頼った農業労働に比べて，都市部での労働は，消費す
るカロリーがかなり小さい．都市人口割合が上がるにつれ，消費の高度化に伴
う食糧の需要増が都市化のもたらす需要減によって相殺される可能性が高い．

　1人っ子政策の影響で人口増加が減速し，ピークを迎える20年後にでも中国
の総人口は今より1億人程度しか増えない．一方，65歳以上の高齢者割合は
16％に達すると予測される．高齢化は1人当たりの食糧需要を減らす効果を有
し，人口増による食糧の需要増を吸収する．

　中国の食糧戦略に過度に反応する必要はない．日本はいままで以上に，中国
の持つ豊かな自然，安い労働力，土地，空間距離の近さを生かし，中国からの
輸入を進めてよい．将来的には，東アジアにおけるコメの共同備蓄といった食
糧安保体制の構築も検討してよいだろう．

（『週刊東洋経済』，2012年7月21日）

第6章

新三農問題のゆくえ

1　中国の新三農問題とその根源

　20年ほど前の中国で，農業の不安定，農村の疲弊，農民の貧困が大きな社会問題となった．この三農問題を解決すべく努力が払われ，一定の成果も上がったが，近年，家族経営の非効率，農村の凋落，農民の被差別という新三農問題が浮上している．様々な取り組みは始まったが，問題の根源が深いだけに，持久戦となるだろう．

　2017年11月に開かれた中国共産党第19回大会で，習近平総書記は「科教興国」「人材強国」など7つの国家戦略の4番目として「農村振興」を初めて提起し，改正党規約にもそれが盛り込まれた．農村を振興し数千万人もの農民を絶対的貧困から脱却させることなくして，全面的小康社会の実現もありえない，という情勢認識があるようだ．

　それを受け，2018年初め，党中央・国務院は「農村振興戦略の実施についての意見」を「中央1号文件」として発表し大きな関心を集めている．「中央1号文件」とは文字通り新しい年に入って最初に出された政策文書であり，党政府が認定したその年の最も重要な政策課題を具体的に示すものである．2004年以来の15年間にわたり，すべての「中央1号文件」が農業・農村・農民（三農）問題のいずれかを扱っており，党政府が三農問題の解決を諸活動の要だと位置づけているところに，大きな関心が集まった理由が求められよう．

　広く知られるように，三農問題とは，食糧をはじめとする農産物の生産不安，教育・医療・文化など生活インフラへの財投不足による農村の疲弊，経済成長の果実を十分に享受できない農民の相対的貧困の深刻化，を指していう用語法である．2000年代に入ってから，党政府の政策文書やマスメディアに登場するようになった三農問題だが，多大な政策努力により，問題の多くは解消し，または緩和しているのが紛れのない事実である．

　2000年代初頭，江沢民・朱鎔基指導部は三農問題の深刻さを認め，問題の解決に手を打ち始めた．03年の胡錦濤・温家宝指導部の発足を契機に三農問題への取り組みもいよいよ本格化した．その翌年から，農民の収入増加，農業生産能力の増強，新農村建設，など毎年1つのメインテーマが設定され，財政措置を伴う具体的な施策が実行に移されている．

　代表的な三農政策として以下のものが挙げられよう．農業税および農民分担金制度の撤廃，小中学校教育の完全無償化，新型農村合作医療制度および農村養老保険制度（国民皆保険制度）の設立・普及，食糧農家に対する直接支払制度および農業機械・生産資材の価格補助制度，食糧価格保証制度の施行，農村・都市間の労働移動に対する規制緩和，等である．

　ところが，高度経済成長が続く中，「三農」を取り巻く環境が変わり，農業，農村と農民にまつわる新たな問題も現れている．第1に，直接支払制度などの支えで食糧生産が増大し続けたが，人件費の高騰も相まって，中国の食糧価格は国際価格を上回るようになっている．民間企業は国際市場から安い大豆やトウモロコシなどを輸入し市場に投入する一方，政府は農家から買い付けた食糧のコストが高く，市場販売が難しい．結果，生産過剰，在庫増加，輸入拡大という歪んだ農産物の需給体制が形成されてしまった．小農経営ゆえの非効率は新しい農業問題となっている．

　新農業問題が生み出された要因の1つとして，家族による小農経営の効率が低いことを指摘しなければならない．農業センサスによれば，1996年末の農業従事者は4億2400万人だったが，20年後の2016年末に3億1400万人と20年間で26％減少した．一方で，農家世帯数は同期間中，2億1500万戸から2億700万戸へと4％の微減にとどまる．工業化・都市化に伴い，家を挙げて離村し，農家世帯数が減少していくことは，日本など東アジアの近代化過程でも見られる一般的な社会現象だが，中国では，戸籍制度の制約で，農家子弟は出稼ぎ労働者として都市部で働くことができても，家族全員は農村から都市に戸籍を移し定住することが難しい．その結果，農家世帯の少人数化が進むものの，世帯の数があまり減少せず，農業の経営規模も零細なままにならざるをえなくなったのである．

　第2に，集落から若者が消え，人が住んでいない空き家の多い「空芯村」現象も近年目立つようになっている．政府の財投拡大で生活環境がよくなっているはずなのに，農村の凋落が止まらない．これを新農村問題と呼んでよかろう．

　習近平指導部の始動と共に，戸籍制度改革が加速し，中小都市への移住規制が大幅に緩和されている．中高卒の農家子弟は農業を経験しないまま故郷を後にし，そのほとんどが親世代のようにいつか帰郷することを考えなくてもよいようになりつつある．

　教育改革の中，少子化もあって，小中高学校の統廃合が進められてきた．多くの地域では，小学校が集落や行政村から姿を消し，中学校，高校に至っては，郷鎮政府所在地の町や，県政府所在地の城関鎮に集められたケースも珍しくない．政府統計によれば，2000年から2016年の16年間で，小中高の学校数はそれぞれ68％，16％，8％も減少した．そうした中，学校に通うわが子の世話をするため，町で住まいを購入し，あるいはアパートを賃貸して子どもとの共同生活を余儀なくされる親や祖父母も非常に多い．

　第3に，都市・農村間の所得格差にみる農民の相対的貧困化は，2010年代以降改善の兆しを呈し，貧困線以下で暮らす絶対貧困人口も減少しているが，学校教育の機会平等や，失業・医療・年金などの権利保障において，農民・農民工に対する制度的差別が依然として解消されていない．これはいわば新たな農民問題の核心であろう．

　2～3億人の農民工には失業保険制度が適用されず，医療や年金にかかわる社会保障制度の適用も限定的である．不安定な就業と低賃金を強いられる農民工の多くは，幼いわが子を「留守児童」として故郷に残し，老いた親に世話してもらうか，子どもを「流動児童」として自分の働く都市に連れ込んで底辺の暮らしを送るしかない．大中都市では，「流動児童」は地元の公立学校に通えないケースが多いばかりでなく，普通高校への進学も認められず，大学入試は戸籍の所在地で受けなければならない．戸籍の転入が許されないのは一番の理由である．

　習指導部は，三農問題の重要性に関する党政府の基本認識を受け継ぎながら，農村振興戦略を格上げした．これを高く評価してよい．ところが，15年連続で三農問題を「中央1号文件」で扱ったにもかかわらず，問題の根本解決ができていない．①三農問題は本質的に難しいためか，②問題解決への取り組みは十分な財政措置を伴わないポーズだったためか，③都市・農村間の格差構造を打ち壊す圧力が不十分であるためか，原因は様々である．

　よく考えてみると，農民の利益を真に代弁する制度がなく，農民の意思が政策形成に十分に反映されないことは問題の根源であり，つまり，③は正解に最

も近い答えなのである．3つの代表論にせよ，トップダウン型の意思決定（頂層設計）にせよ，その効果が限られていることは，新たな三農問題の状況からも理解できよう．

　幸い，農村・都市戸籍の区別を無くし，戸籍転出入の要件を緩和する制度改革が行われ，挙家離村型の新型都市化政策も施行されている．今後，農家世帯数が減少し，土地の流動化およびそれに伴う大規模経営が加速する．農業経営の効率改善もある程度期待できる．また，農村振興戦略の施行で，農村への投入増大が見込まれ，農民への制度的差別も改善しよう．だが，農民の権利が貧困なままでは，新三農問題の根本解決は望めない．

（『東亜』，2018年4月）

2　中国の二重社会と農村の凋落

　中国で，農村が政権のアキレス腱といわれた時代もあったが，もはや農業国ではなくなった今，農業・農村・農民への社会的関心は薄い．「三農」問題がなくなったかというと，答えは難しい．農民への制度的差別は姿を変えながら存続し，農村の凋落は止まらない．戸籍制度に根差す二重社会が根底から変わっていないからだ．

　計画経済期の中国は，都市と農村が戸籍制度によって分断された古典的な二重社会であった．農村住民に「農業」，都市住民に「非農業」，という身分制を色濃く帯びた戸籍が先天的に与えられるだけでなく，個々人が自らの意思で戸籍を農業から非農業に変える，いわゆる「農転非＝戸籍の転換」も，農村・都市間で戸籍を転出入する，いわゆる「遷移＝移住」も制度上不可能に近かった．戸籍による格差が常態化し，農業戸籍を有するいわゆる「農民」は，教育や就職，社会保障で差別的に扱われる存在であった．

　改革開放が進む1980年代以降，沿海部の農村地域，大都市近郊では，農業から郷鎮企業への産業間労働移動が活発化し，90年代に入ってから中西部農村から沿海都市への地域間労働移動も拡大した．長年の二重社会状況も次第に崩壊していった．

　ところが，こうした産業間，地域間の労働移動は，戸籍の転換がなく，戸籍の転出入もないまま膨れ上がった．そのため，戸籍に絡む農民差別が都市の中

に持ち込まれ，地元戸籍を持つ者（戸籍住民）と，戸籍を故郷に残してきた農民工およびその同居家族（流動人口）の間に，新型の二重社会が形成された．

　世界の工場を支え，高度成長に多大な貢献をしてきた農民工だが，様々な規制の下，彼らは，都市に暫く滞在し，不安定な暮らしを余儀なくされ，多くの権利を不十分にしか享受できない「半市民」とも揶揄される存在となった．

　この間，「半市民」の規模が増大し続け，2010年代初頭には3億人近くにも上った．その中に若い世代が大きな割合を占め，農業就業の経験がなく，将来帰郷する考えすら持たない農民工二世も多く含まれる．2000年代後半に入って，農村労働力が枯渇し，都市労働市場の需給ひっ迫が顕在化したことも相まって，戸籍制度の抜本改革が着手された．

　2001年に，県政府所在地の県城に，合法的住居と安定的職業または収入源があるという要件を満たす者は農村から戸籍を転入できるようになり，11年には，戸籍転入の範囲が直轄市と省都を除くすべての都市に広げられ，賃貸の住まいでもよいという戸籍転入の要件が緩和される．15年に，従来の「農業」「非農業」という実質的な身分制が廃止され，代わって，住民登録制度が導入された．同時に，戸籍転出入の範囲は県城―地級市―省都という行政レベルではなく，都市部の常住人口数に基づいて設定されることとなった．

　50万人以下の都市では，賃貸を含む合法的な住まいさえ持っていれば，戸籍の転入は可能となった．100万人以下の都市では，住まいの有無のほか，安定的就職や社会保障制度の加入年数に関わる規制が残っているものの，戸籍の転出入は実質上自由化している．

　身分制の廃止，地方都市への移住自由化は，中国政府が近年力強く進めた新型都市化の要であり，それにより都市化のペースが速まったことも事実である．国家統計局によれば，都市部に居住する戸籍人口，および戸籍の転入はないが半年以上住んでいる流動人口を含む「常住人口」は2017年に8億1000万人に上り，全人口の58.5％を占めた（都市化率）．改革開放が始まった1978年の都市化率が17.9％にすぎないことを考えれば，年に1ポイントのペースで都市化が進んでいることが分かる．中国政府は20年に60％，30年に70％の都市化率を数値目標に掲げているが，おそらく問題なく達成するだろう．

　経済発展と都市化の内的関係からすれば，中国の都市化速度は道理に適ってはいる．しかし，独特の戸籍制度が絡んでいるため，農村と都市の間に歪んだ関係も見え隠れする．それは，都市による農村の搾取が姿を変えながら持続し

ているという点である.

　計画経済期には，国家工業化戦略が採られ，農産物と工業製品の価格政策，つまり，国が人民公社体制の下で農産物を安い価格で買付ける一方，国営企業の工業製品を高い値段で農村に売付けることを通して半ば強制的に資金調達されたのである.

　改革開放後しばらくの間も価格政策による農業搾取が続き，戸籍制度に根差す農民差別は教育や医療，年金だけでなく，職業選択，給与の面でも公然化した．絶対的過剰労働が多かった時代を背景に，数多くの農民工は低い賃金，重い労働，貧弱な社会保障に耐え，「血汗工場」で青春を消耗し，高度成長を支えた.

　1990年代後半以降，高等教育の拡張に伴い，農家子弟の大学進学率も急上昇した．一方，従来の無償高等教育が有償となり，しかも，学費は農家の収入に比して高額であった．貧しい農村から抜け出すチャンネルとしての大学進学は農家にとって死活の問題であり，わが子の出世のため，総力を結集し支援するのも普通の現象である．これは，教育投資に伴う農村から都市への資金流出といってよい.

　大卒後都市部に暮らすようになった農家出身の若者は，今度はマイホームを購入し結婚するという新しい局面に入るが，多くの若者は何らかの形で両親や祖父母から援助を受けてはじめて都市生活が成り立つといわれる．わが子のマイホームの購入資金を工面することが当然視される中，莫大な資金が農村から都市へ流出し続けている，というのも周知の社会現象である.

　戸籍制度改革が加速する2000年代以降，県城など地方の中小都市で政府主導の不動産開発が進められ，だれでも購入できるアパートが大量に供給されている．一方，沿海部や大都市で働く農民工の多くは，将来の帰郷に備える目的で，あるいは田舎に残された家族のために，県城でアパートを購入することが多い．近年，県城の中で中学校・高校が新設または拡張され，県内の全域から生徒が集まるようになっている．わが子の就学に合わせ，アパートを購入し，戸籍を田舎に残したまま県城に暮らす状況も広く見られる.

　政府統計では，農村部に４割以上の人口が住むとしているが，現地調査の感覚からすれば，実際の都市化率がもっと高いと思われる．県城では，市街地が広がり続け，高層アパートも増え，昼夜を問わず町に人が溢れているのと対照的に，農村部では，若者や子どもが村から消え，誰も住んでいない住宅も増え

つつある.

　資金, 人材などの農村から都市への絶えざる流出によって繁栄する都市と凋
落する農村の併存がもたらされているが, 国際的に見てきわめて異様な光景と
いわざるをえない. 習近平指導部はこの間, 農村振興戦略を打ち出し, 資金面
で農村支援を強めている. それを単なるポーズに終わらせないためには, 長年
の都市による農村の搾取の構図を根底から改めることが欠かせないが, トップ
ダウン型の集権体制でそれが実現可能か注視したい.

(『東亜』, 2018年10月)

3　中国農業の地殻変動と土地制度改革

　中国農業は近年, 家族経営から農場経営へと移行しつつある. 背景に, 「三
権分置」の農地制度改革や農業技術の進歩・普及, 都市化の加速がある. 農業
の近代化に伴い生産性が向上し経営者の収入増が期待できる一方, 曖昧な土地
制度のせいで, 農民の生活保障や食糧など農産物の安定供給への懸念も拭え
ない.

　中国農業で静かな地殻変動が起きている. 全国農地市場の関連情報を提供す
る「土流網」によれば, ここ10年間に, 土地流動が加速し, 大規模経営の農家
や農業企業が数多く現れている. 土地請負権が譲渡された耕地の累積面積は
2016年に3133万haと07年の7.3倍であり, 農家の総請負面積に占める割合が5.2%
から35.1%に上がった. そのうち, 村民同士における請負権譲渡が累積面積の
58%と最も多く, 農家から合作社, 農業企業, その他への譲渡がそれぞれ
22%, 10%, 10%, を占める (2016年). また, 農地流動後の用途は, 食糧生産
が55%から43%に低下した. 16年末に, 経営面積が7 ha以上の大規模農家が
398万戸, 農業企業が204万社である (第3回農業センサス).

　土地流動が活発化し, 零細な家族経営から大規模な農場経営への移行を特徴
づける農業の近代化は確実に前進しているが, ここに至るまでは長い道程をた
どった. 40年程前の人民公社の崩壊で農業経営は生産隊から家族に回帰し, 農
家は村から請負った土地を営む主体となった. 最初の請負期間は15年であった
が, その期限が迫ってきた1993年に, 30年の請負期間延長が憲法改正で決定さ
れた. 第19回党大会 (2017年) では, 農家の持つ土地請負権をさらに30年延ば

す方針が示され，翌年の改正「土地請負法」に盛り込まれた．一連の法改正を
受け，土地の集団所有制が維持されたものの，土地請負権は実質的に半永久の
ものとなっている．

　ところが，この土地請負権は当初は曖昧なものであった．人民公社の社員は
世帯員数に応じ生産隊から土地を請負うが，請負権（承包権）の法的意味づけ
がなかった．そのため，農村工業化が進み，農業から非農業への労働移動，農
村から都市への人口移動が盛んとなった状況が現れると，土地請負権をどう
扱ってよいかは大きな課題となった．様々な試行を繰り返した結果，国は農民
の医療や老後の面倒を見ることができない以上，土地の集団所有を堅持した上，
農家の土地に対する何らかの権利を保証せねばならず，その権利が生産隊と農
家の間で成立した請負権でもって定義されることとなった．

　それ以来，請負期間の延長を繰り返しながら，契約期間中には世帯員の増減
にかかわらず，請負面積の調整を行わないという基本原則が貫かれた．1980年
頃生産隊に属した村民だけが土地の請負権を持ち，今どこに住み，いかなる職
業についているかはその権利に影響を及ぼさないということである．

　土地請負権の第3者への譲渡や又貸し，戸籍を村から転出し都市に定住した
元村民の持つ請負権の扱いについては，「土地請負法」が施行された2002年に
なってはじめて明文化された．同法の規定は，土地の集団所有制を堅持し，農
家の土地請負権を保護しつつ，土地使用権が村民の間で流動し集約されること
を提唱する．また，農業経営をやめ，村から離れ県城以下の町に移住した者，
すなわち，戸籍の転出入ならびに農業から非農業への戸籍転換をした者も土地
請負権を保持できるが，県域を超えて区制が敷かれる都市に移住した者はそれ
を村に返上しなければならないと規定する．

　戸籍制度改革が深化した2010年代に入ると，市区への移住要件が大幅に緩和
され，内陸農村から沿海都市への移住者も増え続けている．特に，農業と非農
業の戸籍区分をなくす前提の新型都市化政策が打ち出された14年以降，大中都
市で住居を購入して戸籍を村から転出した農民工およびその家族が急増し，土
地請負権を村民や外部の農業企業に又貸しするなどの現象が広く見られるよう
になった．

　こうした変化に対応するため，農家と村の請負関係を調整する必要が出てき
た．「土地請負法」が2009年に部分的に，さらに18年に過半の条項を書き換え
る形で改正されたことはその具現化である．主な改正点は3つある．①土地

の所有権，請負権，経営権を分置し，集団が所有権，農家が請負権，経営者が使用権をそれぞれ持つことを明記．② 農家は集団から土地を請負う権利を有し，請負期間内にそれを有償で村民または外部の農業企業に譲渡したり，又貸しすることができる．③ 県域を越えて市区に移住した者も契約期間内には土地請負権を保持することができる．

　土地請負権が流動化して大規模経営が可能となった背景には，農業技術の進歩と普及もある．例えば，稲作では伝統的な田植えに代わる「直播＝発芽した種子を水田に直接蒔く」技術が確立し，除草剤の性能が向上し，耕耘，農薬散布，収穫，運搬など農作業の多くを動力機械で行うという農業機械化が政府の財政支援で前進している．農作業を専門業者または農機を持つ村民が有償で行う，という非常に効率的な農機利用の制度も形成されている．

　むろん，問題もある．都市移住を果たした農民にとっては，いま，土地請負権が暮らしの源泉から資産へと変質しつつある．制度上，土地請負権およびそれに基づく利益は親子間で相続もできるが，都市近郊や発達地域を除く普通の農村部では，土地請負権が国から無償で与えられたこともあって，農民の土地に対する愛着が薄い．離農し離村することができるのならということで，土地のことを気にせず，さっさと田舎を後にしていった者が多く，土地の賃料収入さえ得られれば，土地がどう利用されているかはどうでもよいようになっている．

　現行法制の下，時間が経つにつれ，土地請負権が徐々に自動的に村に戻され，村幹部などへの土地集中も発生しかねないといわれる．一方で，長年生活保障機能を併せ持ってきた土地を失った都市移住農民に対し，都市住民と同じような社会保障制度が用意されているわけでもない．両者間に社会不安を生み出すリスクが潜む．

　また，大規模経営を行う農家や農業企業は当然ながら利益を追求する存在であり，急激な市場変動で価格が下落した際，農業経営から手を引くものが多発してもおかしくない．今後，このような状況が改善されなければ，耕作放棄が増え，食糧生産が不安定に陥る可能性があり，世界一の人口大国の食料安保問題も再燃するであろう．

　中国近現代史の中，土地制度は政権の死活に関わる重大な事柄として常に為政者の関心の的であった．孫文は「耕す者にその田あり」を掲げ，農民の支持を取り付けようとしたし，毛沢東はその理念を実践し農村革命に成功した．鄧

小平もまた農地制度改革を通して農業改革を成功に導いた．土地の三権分置は既存制度の進化した産物といえようが，それぞれの中身および三者関係に曖昧さが色濃く残っているのも否めない．土地制度のより一層の改革は中長期的な社会安定と食料安保から見て決して軽視できない大問題である．

（『東亜』，2019年4月）

第Ⅲ部　中国の少子高齢化・労働問題

第7章

少子高齢化のいま

1　高成長といびつな男女比，功罪半ばの１人っ子政策

　2010年11月１日，中国は10年おきの人口センサスを実施した．それで全国の人口数や年齢分布は明らかになるが，少子高齢化が急速に進んでいることも浮き彫りになるはずだ．

　2009年の人口統計によれば，中国の総人口13億3474万人の内，０〜14歳の年少人口が18.5％，65歳以上の高齢人口が8.5％を占める．年少人口，高齢人口の割合はそれぞれ日本の1990年代初頭，70年代末の水準に近い．年少人口が30％，高齢人口が５％というインドの人口構成に比べると，中国は先進国となった日本の姿にいち早く近付いたといえる．

　少子高齢化の急進は言うまでもなく1980年代から採られ続けた１人っ子政策と関係する．実際の政策運用では，① 最初の出産が女の子であれば，数年の間隔をおいてもう１人を生むことができる（1.5人っ子政策．19省・自治区の農村部），② １人っ子同士の夫婦が２人の子を生むことができる（２人っ子政策．26省・直轄市・自治区），③ 少数民族が１人っ子政策の適用対象外，といった柔軟性も見られるものの，北京，上海，江蘇など６省市の全住民およびすべての都市住民を対象に１人っ子政策が今も厳格に執行されている．

　その結果，人口の増加速度が下がり，総人口数は出産抑制政策を採らなかった場合に比べ，30年間で約３億人も減少したと推計される．これは国内の土地，水などの資源制約を緩和しただけでなく，社会全体として収入が消費を上回り，投資資金を家計貯蓄で賄う余裕を生み出している．経済学ではこれが人口ボーナスと呼ばれる．

　80年代以降の中国で，１人の女性が生涯に産む子供の平均数を示す，合計特殊出生率は，1979年の2.75から下がり，2000年には総人口を維持するのに必要な2.1を大きく下回って1.33となり，近年は1.4で安定している．その影響を受

けて，全人口に占める年少人口の割合も急降下し，1982年に34％だったものが2009年に19％となった．対照的に，高齢人口の割合は4.9％から8.5％の微増にとどまった．それによって子供の養育費や高齢者の医薬費，介護費が少なく済む社会的状態が出現した．

他方，15〜64歳の生産年齢人口が急増し，全人口に占めるその比率も上昇した．被扶養人口が少なく，消費支出を上回る収入が貯蓄に回され，そして，この貯蓄は資本形成の投資資金と化し，高度経済成長を支えた．

ここ30年の中国では，経済的負担が軽くなった家計と社会は子どもの学校教育に投資を増大し，近代的産業のニーズに適応できる労働者を大量に養成し，また，教育に内包される人的資本の蓄積も経済成長に寄与している．

つまり，人口の年齢構成が変化する中，貯蓄率の向上，投資の拡大，人的資本の形成が相乗してはじめて高度経済成長が達成されるのである．実にこれは人口ボーナス論の考えでもある．

ところが，1人っ子政策は労働力人口の減少，高齢社会の到来を加速させるという性質も併せ持ち，そのネガティブな側面がいよいよ顕在化するようになっている．現行の人口抑制政策が段階的に見直されなければ，近い将来の中国で，人口ボーナスが消失し，社会が豊かになる前に衰え始めるという「未富先衰」の姿が現れるに違いない．

人口学では，高齢人口割合が7％を超えた社会を高齢化社会，14％を上回った社会を高齢社会と呼び，両者間での移行期間が高齢化の速度とされる．西欧やアメリカなどではこの移行期間は半世紀以上，日本では25年間だった．中国はこのままでは日本よりも短い年数で高齢社会に突入すると予測される．

中国における高齢化は都市部より農村部のほうがよりいっそう速いスピードで進んでいる．若い人は大学などへの進学，都市部への出稼ぎで農村から姿を消しているためである．都市戸籍の住民を対象に医療・年金などの社会保障制度が作られているが，農村部に住む者は今のところきわめて不十分な社会保障しかない．病気や老後は基本的に自力か子どもに頼るしかない．

1人っ子政策が男女比の不均衡をもたらしたことも重要な社会問題となっている．女性への社会的差別が存在する中，男の子を好む出産意識が強く，異常なほどの高い性比（女性に対する男性比）が常態化している．生物学的には出産時の性比は103〜107で安定する．だが，中国では0歳児の性比は1989年に114，2000年に120，08年に125と高く，しかも上昇する傾向にある．これは生まれる

前か生まれた後の女児が人為的に命を落とされたことの結果であり，1人っ子政策に対する批判の主な材料にもなっている．

　人口統計に基づいた推計では，2008年に19歳以下人口の性比が118，同年齢層の男性が女性より2700万人も多い．これは将来大きな不安材料になるだろう．

　科学的な検証を経ず，根拠法もない1人っ子政策の内在する諸問題に対して，専門家は以前から厳しい批判を展開し，出産制限を徐々に見直していく必要性を強く訴えてきた．人々の出産行動への政策介入の当否はともかく，出産制限をそれほどしなくてもたくさんの子どもが生まれないばかりでなく，正常な性比も保たれるという広範囲での社会実験の結果があるからである．

　中国政府は現行政策の見直しにきわめて慎重な態度を採り続けているが，そろそろ重大な決断をしなければならない時期が来ているのは間違いない．

（『週刊東洋経済』，2010年11月27日）

2　国民皆年金がスタート，少子高齢化で前途多難

　中国政府は2009年に一部の農村地域で60歳以上の高齢者に月額55元を支給する農民養老金制度を実験し始めた．今後数年間で，農民を含む全国民に年金制度を導入しようとしているのだが，世界一の人口規模に，巨大な都市農村格差が加わり，少子高齢化も急速に進む中，多難な前途が待ち構えると予想される．

　中国の農家には年金制度がなかった．老いた農民は自らの蓄えを取り崩し，子どもを頼りに余生を送るのが一般的だ．経済的に貧しく，親孝行の子どもにも恵まれなかった高齢者は往々に惨めな暮らしを強いられる．

　その意味で，戸籍の壁を超え，農民にも年金を支給する試みは画期的な改革だといえる．これが成功すれば，胡錦濤政権の成し遂げた偉業として高く評価されよう．しかし，新制度の適用対象は余りにも厖大で，制度の普及に必要な資金がはたして捻出できるかという問題もある．

　2009年に，中国の農村人口は7億人を超え，総人口の54％を占める．うち，60歳以上人口は1億300万人に上る．各地で実験中の農民養老金制度の水準は確かに低いが，それを全国で普及させようとしたら，莫大な資金が必要となる．政府は今まで農家から保険料を徴収したことがない．当面，養老金の原資を政府の一般会計から出さざるをえないが，これは持続可能な制度とはいえない．

　他方の都市部では，1990年代末の国有企業改革と併行して，年金，医療など
に関わる諸制度が全面的に改革された．職場内の福利厚生にすぎない退職金や
公費医療は社会保障の枠組みに移され，定年を迎えた人は，元職場との金銭的
関係を断ち切られ，社会セーフティネットで老後を過ごすことになっている．
例えば，会社で働く正規従業員は年金保険制度に加入しなければならず，個人
は給与の8％を個人年金口座に，会社は給与の20％に相当する保険料を年金基
金に払い込む．定年退職者は年金基金から当該地域の前年度平均月給の20％相
当額と，退職時の個人口座残高の120分の1を年金として受給する．つまり，
現役時代に納めた保険料を積み立て，退職後，そのお金を受け取るという積立
方式の年金制度を中国は採用しているのである．

　これは先進国の経験を参考に作られたもので，市場経済体制が成立した今の
中国に適すものとされるが，関連制度の改革が遅れ，同制度の持続可能性も懸
念されている．制度上，正規雇用の都市戸籍者は，男性が60歳，女性が50歳で
定年退職し，国から年金を受給する．鉱山，高温下など特殊な環境で働く者は
5歳前倒しで退職し，病気や傷害理由の早期退職も認められている．その結果，
実際の退職年齢が若く，2010年頃には，男女の平均では50歳ほどであった．

　他方，教育事業が発展し，新規就職者の平均教育数年が伸び続け，生産年齢
人口に占める短大卒以上の割合も上昇している．そのため，平均就業年数が短
縮し，納める保険料の総額も減ってしまう．

　生活の改善や医療技術の進歩で，中国人の平均寿命は過去30年間で5歳余伸
びて73歳超となった．今後，長寿化は減速しようが，その趨勢は変わらないと
見られる．現行制度では，年金生活の期間が延長し，年金の支給額も膨れ上
がる．

　少子高齢化も年金財政のひっ迫に拍車をかける．14歳以下人口の割合は2000
年の22.9％から09年の18.5％に低下したのに対して，65歳以上は7.0％から8.5％
に高まった．今後，少子高齢化が加速し，社会全体の年金負担も益々重くなる．

　こうした厳しい状況を踏まえ，法定の退職年齢を引き上げるべきだとの議論
は最近盛んに行われ，政府も高い関心を示している．定年を1歳先延ばしする
と，保険料収入が40億元増え，年金給付額が160億元減るとの試算もあるからだ．

　定年の引き上げに賛成する理由として，以下の事実も強調されている．高い
教育を受け，高度なスキルを習得した専門職や熟練工が働き続けることができ
れば，人的資源の活用ができ，社会経済の発展にプラスの影響が期待できる．

　個人としては定年の延期で賃金収入を確保でき，積立方式の年金制度だから退職後の年金受給総額も変わらない．定年の引き上げは現役の人に損害を与えないのである．

　むろん，反対する意見も根強くある．大卒者の就職難が社会問題化している今，各レベルの政府機関，国有企業，大学・研究所など労働条件の良い所に定年を延ばす人が堆積すると，若者の行く道が狭まり，それに対する不満が高まる．

　そもそも定年の引き上げを支持する者は特権を握る社会的強者が多い．地位が高く，資源の配分で有利な立場にいる人は，その利権を手放したくないだけだとの批判もある．

　一般の賃金労働者や自営業者にとっては，定年の引き上げは大した意味がない．国有企業改革で仕事を失い，年金の受給を待ち望んでいる者にとっては，それは悪夢でしかない．

　年金制度改革はどの国でも敏感な政治課題であり，改革の時期や手順で間違いが発生してしまえば，政権が倒れる危険性すらある．一党専制の中国といえども，この問題への対処には慎重にならざるをえず，改革案を練り上げる過程で専門家による検討が続けられている．

　日本の社会保障制度は少子高齢化で行き詰まっている．中国は先輩である日本の経験や教訓をよく研究し，持続可能な中国型国民皆保険制度を構築していかなければならない．

（『週刊東洋経済』，2011年3月19日）

3　急ピッチで進む高齢化，1人っ子政策は限界

　2011年4月末，国家統計局は2010年10月実施の第6回人口センサスの速報値を公表した．同年の全国総人口は13億3972万人で，前回センサス後の10年間で7390万人しか増加せず，年平均増加率も0.57％と先進国並みの水準にとどまったという．

　人口政策を担当する，国家人口計画生育委員会（計生委）が2005年に行った予測では，10年の総人口は13億7000万人だった．短期予測なのに，実際より3000万人も過大に推計されたのだ．背景に合計特殊出生率に対する計生委の甘

い考えがある.

　合計特殊出生率（出生率）とは1人の女性が一生のうちに出産する子供の数と定義される. 一国の出生率は年間における15〜49歳の女性人口の年齢別出生率を合計して得られる. 普通, 総人口の規模を維持するために出生率が2.1であることを必要とする.

　人口センサスによる推計では, 中国の出生率は1980年代に入ってから低下し続け, 90年に初めて総人口の置き換え水準に必要な2.1を下回った. 95年以降, 1.3から1.5で安定している. これは日本とほぼ同じだ.

　ところが, 計生委はなぜか一貫して独自の出生率1.8で人口予測を行った. その数字は各レベルの行政機関が申告したものに基づくが, 不都合な事実を隠すため, 人口出生数などに対する不正な操作が多い. 例えば, 1人っ子政策が厳しく執行される中, 死亡者数が出生者数を上回って人口の自然増加率がマイナスとなった地方では, それを業務統計で申告することが認められないといった現場の告発もある.

　実に, 計生委がこれまで作成した人口抑制目標はいずれも大きく外れていた. 1990年代半ば, 計生委は2000年, 10年の人口目標を13億人, 14億人としたが, 実際13億人に到達したのは5年遅れての05年であり, 14億人まではより長い年月を要することも明らかとなっている.

　社会経済の将来設計にきわめて重要な人口予測は余りにも杜撰であり, 計生委が1人っ子政策に拘り続け, 現実離れの出生率を用いたことが問題の根源だと専門家は口を揃える. このような過ちが早急に是正されなければ, 十数年後, 中国の総人口は減少する方向に転じ, ピーク時の総人口数も計生委がかつて予測した15億人よりはるかに少ないだろうと見られている.

　計生委の人口政策による影響はそれだけではない. 年齢構成の速すぎた変化も社会経済に大きな影響を及ぼしかねない. 少子化の急進で働く生産年齢人口が減少する一方, 高齢者割合の上昇で社会の負荷が重くなり経済が活力を失う, という少子高齢化の問題はいよいよ顕在化するのである.

　1982年から10年までの間, 総人口に占める14歳以下子どもの割合は33.6％から16.6％に急低下したが, 65歳以上人口は4.1％から8.9％へと比較的増加の程度は穏やかだった. 結果, 経済活動に携わる生産年齢人口は61.5％から74.5％に高まった. 年齢構成の変化で, 社会は余裕のある状態にあり, 経済学でいう人口ボーナスが潤沢に生成した.

　しかし，少子化がさらに続くと，生産年齢人口の割合が下がり，代わって，年金生活を送る高齢化の割合は上昇する．中国は2000年に65歳人口7％という高齢化社会に突入したが，25年までに14％の高齢社会に到達すると予測される．日本よりも速いペースの高齢化だ．医療，年金などで支えを必要とする高齢者が増え続けるのに，働く者が減っていくのだから，社会は重い負荷を背負う．人口オーナスと呼ばれるこの状況は数年後確実に現れる．

　いびつな男女比も1人っ子政策のもたらす大きな問題だ．2009年人口動態調査によれば，19歳以下人口の男女比は118である．つまり，この年齢層に，女性100人に対して，男性が118人もいる．同年の総人口をベースに試算すると，男性が女性より2700万人も多いことが分かる．マクロ視点で見ると，中国では，今からしばらくの間に，年々130万人もの男性が結婚する相手が存在しないという異常な事態が発生する．

　そうした現象自体は社会の不安定を引き起こす危険性を持ち，人々の幸福度を引き下げる構造的問題であるが，同時に，男尊女卑という古き社会意識が残存し，出産行動における性別選択，ひいては，女性差別・人権侵害が行われている証でもある．妊娠した女性に性別検査を受けさせ，女の子と分かると中絶などを強要する違法行為は今なお多いからだ．

　専門家は1人っ子政策を見直し，2人っ子政策を導入しても急速な人口増がないと主張する．800万人以上が暮らす4つの県で，20年以上の大規模な社会実験の結果はそれを証明しているという．理由として人々の出生に対する意思が変化し，教育費などの負担増で子供を多く設けることが難しくなっていることが挙げられる．

　日本も少子高齢化で頭を悩ませているが，中国は日本と事情が異なる．中国では，都市農村を問わず，2人の子供を持ちたいと考える人が一般的だ．加えて，生涯未婚者の比率が低く，結婚の平均年齢も日本より若い．1人っ子政策を見直すだけでも，出生率を回復することは可能である．

　1970年代末，人口爆発に起因する食料や資源の制約を和らげ，経済発展に弾みをつけたい考えで1人っ子政策が開始された．しかし今となって，同政策の負の側面が顕在化し，しかも，急速に深刻化しつつある．中国政府は調和的社会の構築に取り組んでいるが，その実現のために，時代遅れの人口抑制政策の見直しも必要不可欠である．

（『週刊東洋経済』，2011年6月11日）

4 このままでは豊かになる前に老いる「未富先老」
——見直し必要な中国の1人っ子政策——

　経済が急成長を続ける中国だが，このままでは人口構造の面から急速に衰退しかねない．高齢化で社会負担増に拍車がかかっている．1人っ子政策を見直すときにきている．

　中国は，1970年代末から採り続けてきた1人っ子政策の大きな転換を迫られている．人口増加の抑制に期待以上の成果は上げられたものの，急速な少子化で労働供給に制約が強まり，加速する高齢化も経済発展の足かせになりつつあるからだ．

　2010年実施の人口センサスによれば，同年の人口は13億3972万人にとどまり，過去10年間の年平均増加率は0.57％しかない（図1-2）．1人っ子政策が続けられると，人口はピークを迎える時期が早まり（2020年代後半），その時の人口数も国連などの推計した14億6000万人を大きく下回ると見られる．

　2005年以来，全国各地で最低賃金が大幅に引き上げられ，地域間の最低賃金格差が縮小する傾向にある．無制限的労働供給が終焉に近づきつつあることの現れといってよい．しかし，これはことの一面である．当面の労働力不足は戸籍制度，雇用制度などの欠陥に起因した部分が大きく，いっそうの改革が行われれば，労働力不足は相当程度解決できるはずだ．また，1人っ子政策の見直しが断行されれば，少子高齢化および関連問題の深刻化も緩和できるだろう．

（1）　足かせの戸籍制度

　半世紀も前の1958年，中国では国民の移住と職業選択の自由を制限し，計画経済をスムーズに運営する目的で戸籍登記条例が作られた．しかし，改革開放の30余年間において，市場経済化が深化するにつれ，地域間での人口移動はほぼ自由にできている．他方で依然として，農家の人が自らの戸籍を農村部から転出し，実際に暮らし働く都市部に転入することはきわめて難しい．そのため，農村から都市への労働移動は「短期的な出稼ぎ型」になりがちで，多くの労働力が有効に利用されないでいる．

　1990年代後半から，就業目的で農村を離れた農家人口（農民工）は急増し，2010年には1億5335万人に上った．農民工は現住地の戸籍を持っていないため，

就業，賃金，社会保障などで制度的差別を受けている．多くの大都市では，能力の有無にかかわらず，農民工の参入できない業種があり，地元戸籍の所持者が享受する手厚い福祉（例えば，給与の23％に相当する医療・年金・失業保険料と住宅積立金を勤め先が負担する）も適用の対象外とされる．住宅の購入や子どもの学校教育でも戸籍差別が公然と存在するのだ．

　若い内はその労働力が買われ，都市で働くことが許されるものの，30代に入ると働き口が減り，やむをえず田舎に帰らざるをえない人が急増する．人口センサスなどの人口統計に基づいた推計によれば，2000年からの5年間で，30〜54歳の農民工のうち，約1400万人も労働市場からの退出を余儀なくされた．同じ年齢層の農民工のほぼ4人に1人の割合だった．

　農村から若者が都市へ流出し，中年となった農民工は都市から田舎に戻らざるをえなくなる．その結果，高度成長にもかかわらず，第1次産業就業者の絶対数は過去30年間全く減少せず，2010年には3億人余りにも達する．この間，耕地面積が減少し，農業機械の普及率が著しく高まった．コメを年に2回作るのをやめて，生産性の高い品種を1回だけ作ることが増えた結果，土地利用率が低下している．結局，農村には有効に利用されずにいる，いわば余剰労働力がいまだ1億数千万人に上るといわれる．

　中国農村で余剰労働力がすでに枯渇しているという指摘もあるが，第1次産業で働く者が就業者全体の38.1％を占め，絶対数では2億9700万人（2009年）に上る事実が無視されている．中学校や高校を卒業して，大学などに進学し，あるいは，直接に労働市場に参入する農家子弟が毎年1000万人ぐらいいることも考慮されていない．

　中国農業がそれ以上の労働力を必要としないのだから，当分の間，新たに成人する農家子弟は都市労働市場の供給源として重要な意味を持つ．

　戸籍制度を改革し，農村・都市間の労働移動を出稼ぎ型から「移住型」に転換させることができれば，労働供給の安定と拡大は可能になる．つまり，都市部に移動した人は，戸籍も現住地に移し，普通の市民と同じように働く機会を保証され，医療や年金など社会保障も受けられるのであれば，働く能力も意思もあるのに労働市場から退出し田舎に帰還せざるをえない者は大幅に減るはずだ．その分だけ，労働市場での供給量が増えることになる．

　一方で，農村に残った農業就業者の高齢化が懸念されようが，それはただちに問題にはならない．農業センサスによれば，2006年に農業就業者のうち，51

歳以上が3分の1程度にすぎず，40歳以下は半分近くも占めた．食糧など農産物の主産地が集中する中西部農村と東北地方でも状況がほとんど変わらない．日本には農業就業人口に占める65歳以上の割合が62％，その平均年齢が66歳（2010年）という高齢化問題（担い手不足問題ともいえる）はあるが，中国にはそういう状況がない．

　政府は農業基盤整備への投資を拡大し，農業の機械化をさらに進めていけば，農業経営は就業者のさらなる規模縮小でも維持可能であり，成人した農家子弟は都市に移住し，新たな労働力として都市労働市場に参入することができる．それで農村からの労働供給は持続可能になる．

　ちなみに，異常というべき大学教育の大躍進が，結果的に一般労働市場への供給減を促した事実も指摘されなければならない．1990年代末から行われた大学改革で，18歳人口に占める大学などへの進学者比率（進学率）はウナギ上りだ．2000年には9.6％にすぎなかった進学率は10年に35.3％に急上昇した．08年以降，毎年600万人以上もの高卒者が進学し，10年の大学在学者は2232万人に達した．これは，日本の10倍に相当する規模である．

　中国の産業構造に照らしてみれば，大卒者の供給は明らかに過剰状態だ．大学は出たけれども定職に就けないフリーター，親の経済力に頼って暮らす1人っ子世代のニートが大量に生み出され続けている．就業に対する大卒者の高い期待と厳しい現実がぶつかり，労働市場に需給のミスマッチが生じているからである．

　目下の労働力不足を解消するために，まずは戸籍制度を早急に改革し，農民工の使い捨てを禁止し，既存の労働資源を最大限に有効利用することは重要である．次に，拡張しすぎた大学教育を改革し，募集定員の抑制と同時に，経済の発展段階に適合する学制とカリキュラムを再構築しなければならない．

（2）　急速に進む高齢化

　もちろん，労働力の中長期的安定供給を実現するために，戸籍や大学教育の制度改革だけでは不十分である．人口増加のペースを大きく落とした1人っ子政策の見直しも不可欠だろう．

　過去30余年間，厳しい人口抑制政策の下，中国の人口規模は何もしなかった場合に比べて3〜4億人も少なく，それにより食料・資源・環境への負荷が大きく軽減できたと中国政府は自画自賛する．しかし，政府が人々の出生行動に

深く介入した結果，早すぎた少子高齢化，いびつな男女比といった負の側面も無視できない．

　中国の合計特殊出生率（女性 1 人が一生の間に産む子供の数）は1990年に人口の規模維持に必要な2.1を初めて下回り，95年以降は1.3から1.4で安定している（国家統計局の人口調査に基づいた推計値．人口政策を所管する国家計画生育委員会は独自の業務統計を基にした推計値が1.8としているが，過大評価と批判されている）．これは，近年の日本の合計特殊出生率とほぼ同じ水準だ．

　この間，働く生産年齢人口（15〜64歳人口）の割合が上昇し，社会全体として収入が消費を上回る状況が保たれた．収入と消費のギャップは高い家計貯蓄率を生みだし，経済成長のための資金調達を可能にした．学校教育への投資拡大で人的資本も蓄積し，労働力それ自体の供給増大も高度成長を支えた．

　しかし，1 人っ子政策は急激な少子高齢化をもたらし，年金や医療費による社会負担の増大に拍車をかけている．中国は2000年に65歳以上人口が 7 ％という高齢化社会に突入した．10年の同比率は8.87％にとどまるが，1 人っ子政策のままでは，25年までに65歳以上人口が全体の14％を占めるという高齢社会が到来する． 7 ％から14％にシフトする年数を「高齢化の速度」と呼ぶが，これは日本の24年間（1970〜94年）と同じである．

　問題は，高齢社会に到達した時の所得水準および社会保障体制がいまの日本のようになれるかである．専門家は，それが難しいと悲観視する．中国は豊かになる前に老いる（未富先老）可能性が高いというのだ．

　出生人口の男女比が異常に高いことは，1 人っ子政策に起因したもう 1 つの大問題だ．国家統計局の全国人口動態調査では，19歳以下人口における男性と女性の比は2009年に1.18人であった．これを人口数に直すと，同年の19歳以下人口で男性は女性より2700万人も多いことが分かる．当分の間に，毎年100万人を超える男性が結婚する相手の存在しない状況は続くと予想される．

　社会保障制度が十分整備されていない農村部では，子供 1 人しか出産許可が得られないのなら，男子を産みたがるという男尊女卑の意識が根強く，息子を老後の保険と考える人も多い．そのため，妊婦に赤ちゃんの性別検定を受けさせ，女の子だと分かると人工中絶などを強要する違法行為は，今なお後を絶たないようだ．

（3）　社会実験の結果と慎重な政府

　中長期的労働供給の安定化，「未富先老」の防止，いびつな男女比の是正のため，中国は1人っ子政策を大幅に見直す必要がある．

　1980年代半ばから，甘粛省，山西省，河北省および湖北省からそれぞれ1つの県が選ばれ，1組の夫婦で2人の子供を生むことができるという「2人っ子政策」の社会実験が行われている．これらの地域では，出産制限が緩和されたにもかかわらず，出生率の大幅な跳ね上がりがなく，全国統計で観測されたいびつな男女比も見られない．こうした社会実験の結果を踏まえて，専門家は1人っ子政策を早急に見直し，同政策の欠陥を克服しなければならないと強く主張している．

　1970年代末，資源や食料の不足を解消し経済発展に弾みをつけたい考えで1人っ子政策が開始された．しかし，今となっては，エネルギーなどの資源消費の増大は主として所得上昇に由来しており，食糧の供給も農業の技術進歩などでさほど問題でなくなっている．その意味で，1人っ子政策はもはや時代遅れの産物だと断言する人も多い．

　中国政府は，1人っ子政策の廃止には依然，慎重な姿勢を崩していないが，2010年の人口センサスの結果を前に，同政策の抱える矛盾に対する各界の議論に高い関心を持ち始めている．中国では，子供2人を望む世帯が一般的だ．平均結婚年齢も生涯未婚率も，今のところ比較的低い．1人っ子政策を改めるだけで，低すぎた出生率はある程度回復可能だと見られる．

　当面の労働力不足を克服するために，戸籍制度や大学教育制度を改革すればよく，また，労働力の中長期的安定供給を実現し，社会経済の持続的発展と調和の取れた社会を構築するために，1人っ子政策を見直せばよい．いま，果断に行動を起こすリーダーシップが中国政府に求められている．

（『週刊エコノミスト』，2011年9月27日）

5　中国は少子高齢化を乗り越えられるか

　中国では，最低賃金の大幅な引き上げが繰り広げられる一方，労働条件の改善を求め労働争議に発展した事件も激増している．背景に農村の余剰労働力が枯渇し，労働供給は絶対的過剰から相対的不足に転換したことがある．

　過去30年間，中国は豊富で安価な労働に由来する人口ボーナスを享受し，経済史上まれな高成長を達成した．しかし，この人口ボーナスはいま急速な少子高齢化で消失しつつある．今後，経済成長が減速し，社会が豊かになる前に老いてしまうという「未富先老」は中国に訪れるのだろうか．

　普通，経済が成長するにつれ，人口の出生率と死亡率が一定の方向性をもって変化する．多産多死 → 多産少死 → 少産少死という人口転換は，ほとんどの国の人口統計で観測される経験的法則である．多産少死の局面では，人口は爆発的に増えるが，少産少死に移行する過程において，子どもの割合は減少し，働く者のそれが急上昇する．それで，稼ぎが消費を上回り，余った資金が貯蓄・投資に回され，経済成長が促進される，という社会状況が現れる．

　特殊な年齢構造の生み出す余裕が経済学で人口ボーナスと呼ばれ，その度合いは統計上，14歳以下の子供と65歳以上の高齢者からなる被扶養人口を，15～64歳の生産年齢人口で割った扶養人口比率で測られ，この比率が低いほど人口ボーナスが多いとされる．

　中国の扶養人口比率は，改革開放が始まった直後の1982年に63％だったが，その後は下がり続け，2010年には34％となった．この動きに応じて，家計貯蓄率は，都市部で10％から30％に，農村部で19％から26％に上昇し，高度成長を支えた．

　ところが，1人っ子政策が影響して，中国の生産年齢人口は2015年を境に減少に転じ，扶養人口比率も反転する見込みだ．中でも，高齢者割合の高まりが注目される．実に中国は00年にすでに7％の高齢者を抱える高齢化社会に突入したのだ．

　社会が老い始めたのに，所得は世界的に見て中位にすぎず，医療・年金などの制度普及率も社会福祉のレベルも低い．このままでは，中国は低成長，低福祉，大きな格差を特徴とする「中所得国の罠」に陥りかねないとの指摘すらある．

　他方，この考えを否定する見方も多い．中国社会科学院の蔡昉はその代表的論者である．蔡によれば，人手不足を背景とした賃金上昇は，農民工の収入増，ひいては都市農村格差の是正にプラスに作用し，労働者の企業に対する交渉力の向上にもつながる．

　賃金が低くても，雇用さえあれば求職者が殺到するような無制限的労働供給の状況下では，長時間労働が強要され，労災や医療・年金にかかわる社会保障

がなくても，農民工の不満は表面化しなかった．

　2010年代に入ってから，雇用契約法，雇用機会促進法，労働紛争調停仲裁法などの農民工への適用が強調され，労働条件の改善を求めるために無料で訴訟を起こすことも可能である．農民工向けの医療や年金制度が作られ，加入率が向上しつつある．農民工の子どもは親の働く出稼ぎ先の公立学校に就学でき，その授業料は2008年から無償化している．

　労働確保のため，地方政府は公共サービスの充実化に，企業は雇用条件の改善に力を入れざるをえない．上海市の最低賃金は2001年の490元から11年の1280元に増え，年率が9.6％に上る．同じ期間中，農民工賃金の年平均伸び率は11％を超えた．第12次五ヵ年計画（2011〜15年）では，最低賃金の年平均伸び率が13％以上と明文化されている．中国の賃金上昇はもはや不可避の情勢だといってよい．

　それにもかかわらず，中国経済は当分の間，高い成長率を保持できると蔡は強調する．第1に，賃金上昇は労働生産性の向上を反映しており，資本装備率の向上がもたらした結果でもある．人件費の国際比較からも，中国の製造業は依然強い競争力を持っている．第2に，中国は地域間格差の大きい国であり，比較優位を失った産業を沿海部から中西部に移転させ，国内で雁行型の経済発展を戦略的に進めることは可能である．第3に，産業技術などで中国と先進国の間に大きな差が存在する．中国は先進国の経験・教訓を吸収することができる，という後発者ゆえの好条件を生かし，少ない費用で高い成長を実現する余地がある．

　著者も基本的に同じ意見だが，それを確かなものにするには，戸籍制度の改革を加速し，1人っ子政策を大幅に見直す必要があると考える．農民工の6割を占める1980年以降生まれの新世代が農村から都市へ移動し定住できるようになれば，労働の供給制約は幾分か和らぎ，出生率が回復すれば，人口ボーナスの持続する期間も長引くだろう．そうすれば，高度成長が続き，所得も上がる一方，社会の老いる速度が落ちる．これで，中国は「未富先老」を避け，「中所得国の罠」から脱却することもできよう．

（『週刊東洋経済』，2012年2月13日）

6　急激に進む少子高齢化，限界迎えた1人っ子政策

　中国の国会にあたる全国人民代表大会が2013年3月17日に閉幕した．焦点の1つになったのは，1人っ子政策への批判と同政策の見直しだ．中国では長年の出産制限で，いびつな男女比が常態化し，少子高齢化が加速してきた．この状態を放置していれば，経済成長が生産年齢人口の急減で失速し，社会も医療・年金負担で活力をなくすだろう，という危機感が広がっている．

　そもそも1人っ子政策とは何であろうか．どのように改革すれば，問題を解決できるのか．1980年に，中国共産党中央は共産党員，共産主義青年団員に向けて，1組の夫婦が産む子供を1人だけに限る，いわゆる1人っ子政策への協力を呼びかけた．人口増に伴う食糧，資源，環境への圧力を軽減することが施行の理由だった．

　その直後から，同政策は全国民に適用されることになったが，社会保障がなく伝統的な生育意識も強い農村部を中心に激しい抵抗が起きた．そうした矛盾を解消するため，1984年以降，各省・直轄市・自治区（省市区）で政策の弾力運用が余儀なくされた．具体的には，①非農業戸籍の全都市住民，および北京・上海・天津・江蘇・四川の農村住民を対象に1人っ子政策，②ほかの19省市区の農村部で，初めの子が女児である場合，4年間をおいてもう1人産むことができる「1人っ子半政策」，③安徽など6省の農村部で夫婦の片方が1人っ子である場合，雲南・新疆など5省区の農村部である場合，1人っ子同士の結婚である場合，のいずれにおいても2人の出産を認める「2人っ子政策」がそれぞれ適用されている．

　計画生育政策の施行を受け，合計特殊出生率（1人の女性が一生に産む子供の数）は1970年代末までの約5から低下し，92年には人口規模の維持に必要な置換水準2.1を下回った．2000年代に入ってからは1.3程度で安定している．

　計画生育政策によって人口規模の増大がある程度抑制され，労働力人口比率の上昇が高度成長を支えたのは紛れもない事実だ．だが，副作用としていびつな男女比の常態化，急速な高齢化ももたらされた．新生児の女児に対する男児の比率はたえず1.2倍を超えており，65歳以上の高齢人口比率は2011年に9.1％に達した．少子化が原因で，20〜39歳の青壮年人口は02年から減少に転じ，15〜64歳の生産年齢人口も16年にピークを迎える見込みだ．

　行政当局は長年，合計特殊出生率は1.6〜1.8という前提で政策運用に当たってきた．人口センサスに基づいた推計値1.3に比べて，明らかに過大評価である．非現実的な出生率を根拠に出産制限を強行した結果，最近の人口センサスで把握された人口数は，当局の予測値を大きく下回った．

　中国の人口政策と人口問題を扱った『大国空巣』(2007年) を著して，広く注目された人口学者・易富賢は，中国が直ちに現行の計画生育政策を廃止しなければ，近い将来取り返しのつかない事態が生じると警告する．易によれば，今の中国では，生涯に１人も子供を産まない女性の比率が先進国並みの12.5％に上昇している．これを前提に考えるなら，出生率1.6の達成も容易ではない．

　今後，子供の養育費や教育費が高騰し，１人っ子世代の出産意識も大きく変わると思われる．若い世代では出産制限を加えなくても，２人以上の子供を望まない人が増えている．１人っ子政策がない台湾や香港，シンガポールでも，出生率は1.0〜1.2の範囲にとどまる (2009年)．中国人は元々出産への意欲が低い民族なのかもしれない．

　国務院は2011年の「人口発展第12次五ヵ年計画」に生育率の低位安定化を基本方針として明記した．ところが，2012年の第18回党大会ではその基本方針が改められている．行政当局に影響力を持つ専門家は，計画生育政策の見直しについて具体的な対策を示唆している．その内容は，① 農村部で弾力運用してきた１人っ子半政策を都市部にも施行し，同時に，第１子と第２子の間隔規制をなくす，② 都市農村を問わず，片方が１人っ子である夫婦に２人っ子政策を適用する，③ 全国農村で無条件に２人っ子政策を導入する，といったものだ．

　出産規制を徐々に緩和し急進改革に伴うリスクを避けるための方便だろうが，この程度で少子高齢化の緩和，いびつな性比の是正に有効なのか，疑問である．豊かになる前に社会が老いてしまうという「未富先老」を避けるために，中国はより大胆な制度改革を急ぐべきである．

(『週刊東洋経済』，2013年３月30日)

7　１人っ子政策の終焉

　中国は2015年10月29日に，共産党第18期中央委員会第５回総会 (５中全会) で，「計画生育」という基本国策を堅持しつつ，１組の夫婦で２人の子供の出産を

無条件に認める「2人っ子政策」の全面実施を決定し，国内外から大きな注目を集めている．

　1978年の改革開放以来，中国経済は年平均10％近くの高度成長を遂げた．2014年には，1人当たりGDPが7000ドルを超え，世界銀行の定義する中所得国の上位にまでたどりついた．しかし近年，経済成長が減速し，下振れ圧力が強まる傾向にある．今後，制度改革を加速し，経済成長の阻害要因を除去しなければ，中国は先進国入りする前に成長が停滞する「中所得国の罠」に陥りかねないと懸念される．1人っ子政策の撤廃はまさしく改革の一環なのである．

　生産年齢人口に対する従属人口（14歳以下および65歳以上の人口）の比率は，1982年の62.6％から2010年には34.2％に下がったが，そのほとんどが少子化によるものだった．この間，生産年齢人口の割合が上昇し，子どもの養育教育にかかわる費用が少なくて済むという状況の下で，貯蓄率や投資率が上がって労働供給が増え，その結果としての高度成長があった．

　しかし，2010年を境に生産年齢人口が減る人口オーナスに転じた．仮に1人っ子政策を継続すれば，中国の高齢従属人口比率は10年の11.9％から30年には23.9％に上昇する．これは，高齢者1人を支える生産年齢人口が同期間中8.4人から4.2人に減ることを意味する．

　1人っ子政策は，違反する2人目を産んだために戸籍がなく社会保障が受けられない子どもが急増したため，2011年に1人っ子同士の夫婦のみ，13年には片方が1人っ子の夫婦のみに2人目の出産を認めるなど，段階的な緩和策を実施してきた．さらにすべての夫婦へと適用の範囲が広げられた背景には，急速な少子高齢化があった．

（1）　子育てを財政支援へ

　出産適齢期の女性が2010年以降減少し続けていることも，1人っ子政策の終焉を後押しした．中国では母親が20〜35歳時に子供の約9割が生まれる．この年代がどう変わるかにより出生率も大きく上下する．人口センサスに基づいた推計によれば，2015〜30年の15年間で，20〜35歳の女性人口は約6000万人も減少する（35.6％減）という．

　中国の合計特殊出生率はわずか1.18人（2010年）にすぎず，日本の1.42人（14年）よりも低い．13年からの条件付き2人っ子政策の実施で14年の新生児は約47万人増えたが，中国政府が予想した100万人程度の半分にも届いておらず，効果

は限定的だった.

　政策当局によれば, 2015年に新たな2人っ子政策が適用される夫婦は全国で約9000万組に上るが, 女性の約6割が35歳以上である. 新政策実施後も出生数の大幅増は考えにくい. 中国政府は近い将来, 合計特殊出生率を1.8人に上げようとしているが, 実現は難しそうだ. 子供を2人以上欲しいと思う夫婦は多いようだが, 高学歴化や晩婚化が進み, 子供の養育教育費も高騰しているため, 出産希望が出産行動につながり難い現実がある.

　中国政府は, 1人っ子政策が決定された当初, 30年後にはこの政策を大幅に見直すことを明文化し, 1985年から一部の県市で2人っ子政策の社会実験を行うなどして出口に向けての準備を進めてきた. 数年後には, 出産制限を完全に廃止し, 子育てを財政的に支援することになるだろう. 少子高齢化の速度を落とし, 経済成長の期間を少しでも先延ばしすることは, 米国を抜いて世界一の経済大国を実現する上でも欠かせない条件といえる.

　1人っ子政策がいびつな男女比を生み出し, 少子高齢化を急がせた問題がある一方, 人口爆発を防ぎ食糧不足などの克服に貢献したことも確かであろう. その功罪を論ずるのは難しいが, 生育する権利を国民に返すという意味で2人っ子政策の完全実施を評価したい.

（2）　1人っ子政策による闇子の弊害

　中国政府は2014年12月の全人代常務委員会で人口・計画生育法を改正し, 1組の夫婦が2人の子供の生育を提唱する「2人っ子政策」を法制化した. それに伴い, 戸籍のない闇子, 違法な代理出産など1人っ子政策に起因した問題が改めて人々の関心を集めている.

　中国の戸籍登記条例では, 公民は戸籍登記を履行し, 親などは新生児の戸籍を生後1ヵ月以内申告すると規定されている. だが, 1人っ子政策が施行された1980年以降, 政策違反で生まれて罰金も支払えないために戸籍が登記できなくなり, その総数は2010年に800万人, 他の理由による無戸籍者も含めると1300万人を超えると推定されている.

　子供時代から教育, 医療などで差別され続けた闇子が成人していても, 就職や社会保障で国民の基本的権利を依然として享受できずにいる. 戸籍がないため身分証が申請できず, ホテルの宿泊でも身分証の提示が必要な中国では, 闇子の自由が日常的に制限されている. 中国政府は2015年末闇子の戸籍登記を急

ぐことを決定したが，背景に公民の権利平等を重視する習近平指導部の施政方針がある．

　前述の法改正に合わせて代理出産の禁止も盛り込まれた．もう 1 人の子供がほしいのに，生殖年齢を過ぎた理由で代理出産を思い至った人が増え，胎児の性別鑑定や性別選択的な人工中絶といった違法行為も後を絶たない事情がある．だが，潜在的なニーズが大きいだけに，違法な代理出産はなくならないだろう．1 人っ子政策の負の遺産は中国を悩ませ続ける．

（『週刊エコノミスト』，2015年12月21日）

8　出産制限から子育て支援への政策転換を進めよ

　中国では，1 人っ子政策を中心とする計画生育政策が転換されたものの，出生率の低下は止まらない．出産適齢期の女性人口が減少し，1 人っ子世代の出産意識が変化したことが背景にある．少子化の速度を落とすには，出産制限を撤廃し，財政，税制などから子育てを支援する新たな政策の導入が必要不可欠となっている．

　中国国家統計局が2015年に行った 1 ％人口抽出調査によれば，同年の合計特殊出生率（Total Fertility Rate, TFR）はわずか1.05にすぎない．これは2000年人口センサスの1.22に比べて大幅に下がっただけでなく，少子化先進国・日本の最低水準1.26（2005年）を下回り，2016年の1.44に遠く及ばない．

　中国政府は1970年代以降出産制限政策を施行し，79年より 1 人っ子政策を導入したが，農家，少数民族に対して比較的柔軟な政策運用を行った．84年からほとんどの農村地域で実質的な「1.5人っ子政策」，つまり，最初に生まれた子供が女児であれば，4，5年間をおいてもう 1 人の出産を認めるという政策が導入された．2001年に，1 人っ子同士の夫婦を対象とする「2 人っ子政策」が実験的に開始され，11年より全国実施となった．また，夫婦の片方が 1 人っ子である場合でも，2 人目の出産を認めるという「単独 2 人っ子政策」が13年末，さらに，無条件の「2 人っ子政策」も16年初めから全国で施行された．一連の規制緩和にもかかわらず，合計特殊出生率の低下が止まらなかった．

　政府当局はいまでも，近年のTFRが1.6程度で推移するとしているが，TFR算出の元データを公表していない．TFR1.6とはいったいどのような世界のこ

とだろうか．ここで，米国在住の人口学者・易富賢の考案した数値例を紹介する．女性80人が子供128人を出産した場合，計算上の出生率は1.6となる．今の中国では，何らかの理由で生涯に子供を産まない女性は8人に1人いる（ほぼ先進国並み）．それを踏まえて，TFR1.6の世界を以下の組み合わせでイメージすることができよう．つまり，生涯に子供を産まない者が10人，1人しか生まない者が29人，2人を生む者が26人，3人を生む者が13人，4人を生む者が2人，というものである．中国の各地を歩き回った著者の印象だが，子ども3人以上を持つ若い世代は非常に珍しく，政府当局の発表よりも人口センサスの方が実態に近い．

厳しい少子化の背後で何が起こったのだろうか．ここで，出産適齢期（20〜35歳）の女性人口が急速に減少し，人々の出産意欲も予想以上に下がっていることに着目し，その理由を述べたい．

2000年代以降の中国では，新生児のおよそ9割がその母親が20〜35歳の間で生まれている．これは，新生児の今後の推移が同年齢層の女性人口に強く依拠することを意味する．しかし残念なことに，1人っ子政策の影響もあり，出産適齢期の女性人口は当面減少する傾向にある．具体的には，2015年から30年にかけて，出産適齢期の女性人口は6000万人も減少して1億1000万人になる見通しだ．出産できる女性人口の急速な減少は今後の人口増加を困難にする最大の要因といっても過言ではない．

中国人民大学が2012年，13年に実施した「中国総合社会調査」から，人々の出産意識，出産行動および意識と行動のギャップに関する情報を得ることができる．この調査では，「出産制限がなければ，子どもを何人希望するか」，および「調査時に子どもが何人いるか」という設問がある．生育期（15〜49歳）の女性を対象とする集計結果によれば，「希望する子ども数が実際の子ども数より多い」ケースは全回答者の50％を占めるにとどまり，そのうち，3人以上の子どもを設けたいと考える者は当該ケースのわずか11％にすぎない．ちなみに，「希望と実際が一致する」が43％，「希望が実際より少ない」が7％，「子どもがおらず出産も希望しない」が1％，となっている．このままでは，たとえ出産制限政策が撤廃されても，新生児の大幅な増加が望めない．

政府当局のTFRは過大評価だという批判が以前からあるが，今のところ，それを認める気配がない．2人っ子政策が全面実施となったいまも，1人目の子供を含め，厳格な計画生育が図られている．出産をしようとする夫婦は，所

定の書類をもって当局に生育許可書を申請しなければならない．勝手に妊娠し
てしまった人はその後の様々な公共サービスを享受できないこともある．

　子どもを設けるか，子どもを何人まで産みたいかといった人々の生育意識は，
政府の計画生育政策だけでなく，子育てにかかわる様々な社会経済的環境から
も影響を受けずにはいられない．子どもを何人も設けたいと思っていても，生
まれたわが子の保育所や幼稚園が確保できるか，教育資金が大丈夫か，といっ
た切実な問題の解決にある程度のめどが立っていなければ，子どもの生育をた
めらうことも当然であろう．

　今の中国では，都市・農村を問わず，人々の社会階層とも関係しない，厳し
い子育て環境がある．競争社会を生き抜くため，親は子どもの放課後の教育に
多くの時間と金銭を費やさなければならず，「少なめに産み立派に育てよ」と
いう社会的通念を受け入れざるをえない．中国の都市部には 3 億人もの農民工
およびその同居家族がおり，出稼ぎの親と一緒に暮らす「流動児童」と，田舎
の祖父母が世話する「留守児童」も膨大な規模に上っている．劣悪な居住環境，
農民への制度的差別のせいで，農民または農民工は何人もの子どもを産み育て
ることができないでいる．

　2000年代に入ってから，全国民を対象とする医療・年金保険制度が次第に普
及し，昔のように子ども，中でも息子を持つことの老後の保障的機能が減退し
ている．所得が上昇し，リッチな現代的生活を楽しむ都市部の若者では，自ら
のレジャーを犠牲にしてまで多くの子どもを産もうとしなくなっているのも紛
れのない事実である．1980年代以降 1 人っ子として生まれ育った若い世代は，
子どもを 1 人だけ産むか，結婚も出産もしないというライフスタイルに違和感
を覚えなくなっている者も多い．

　人間の結婚や出産は本来，政府の関与すべき領域ではない．1 人っ子政策の
下，政府は強引な手段で出産制限を推し進めた．しかし，2 人っ子政策を実行
に移すには，大きく変化した社会経済の実情に合うような制度の創設が求めら
れている．少子化の速度を落とすために，2 人っ子政策のような出産制限を速
やかに撤廃すべきである．さらに，出産意識を持つ者に対し，乳幼児の医療費
減免や保育・学校教育の無償化，所得税減免など日本で施行されているような
様々な少子化対策を直ちに検討し導入する必要がある．出産適齢期の女性人口
がまだ一定の規模を有するうち，効果的な対策を講じなければ，少子化の陥穽
から抜け出すことができず，深刻化しつつある人手不足の問題，高齢化社会の

養老問題なども解決できないかもしれない．中国はいま，再び人口政策の大転換に差し掛かっている．

（『東亜』，2018年1月）

第 8 章

農民工問題の諸相

1　大上海の繁栄と民工

（1）　水増しの所得水準のウラ事情

　上海市統計局は毎年『上海統計年鑑』を発行している．この年鑑には様々な統計指標が細かく公表されているだけでなく，インターネットからでもそれを閲覧，ダウンロードできるから便利である．

　上海市の所得水準が中国の中でトップである．同年鑑の2004年版によれば，2003年の 1 人当たり市民総生産はおよそ 4 万6700元である．それを 1 ドル8.3元で換算すれば，5600ドルを上回る．立派な中進国の経済水準といえよう．

　ところが，この数字の出し方を少し検討してみると，かなりの水増しが含まれていることに気付く．当然のことながら， 1 人当たり市民総生産というのは総生産を総人口で割って得られるものである．問題はこの「総人口」が誰のことを指しているかである．上海市の統計では，上海市の戸籍を有する，いわゆる「戸籍人口」を使って市民総生産が算出され，経済活動に携わり，上海で暮らしている数百万人もの「外来人口（戸籍の転入がない）」が計算式の分母には入れられていない．

　上海市当局の調査によれば，2003年にほかの省，市，自治区から上海市に流入している外来人口の総数は499万人に上る．外来人口の中には観光，出張など従来の流動人口も含まれ，所得水準の算出に際して，それを取り除く必要があろう．2000年の人口センサスによれば，上海滞在 1 ヵ月未満の外来人口が全体の 8 ％を占める．この数字をそのまま利用すれば，03年に上海で実際に暮らす外来人口は460万人になる．すると，同年の上海市の総人口は戸籍人口1340万人ではなく，外来人口460万人も含んで1800万人になるはずだ．

　それでは，上海市の本当の所得水準はいくらになるのであろうか．統計年鑑の総生産を1800万人で割ってみたら，およそ 3 万4700元になる．政府の公表値

より1万元以上も少ない．上海市政府の公表した1人当たり市民総生産は2003年に35％の水増しになったということである．同じ方法で2000年の市民総生産を計算してみたが，市政府の公表値は25％の水増しがあった．

　中国の統計数字の信憑性がこれまでも度々問題視されてきた．数年前喧伝された成長率とエネルギー消費の不釣り合い，中央と地方の国民所得統計の不一致などが有名な話である．ここでは，上海市政府のこうした水増し発表を問題にするつもりはない．議論したいのは，日々上海の経済活動に従事し，普通に上海で暮らしている外来人口がどうして所得水準の計算式の分母にもなれないのかということである．これは単なる計算式の定義の問題ではなく，中国の社会に潜む農民への制度差別が赤裸々に現れたものなのである．外来人口の主体は農業戸籍を持つ農民である．本来，職業を表す言葉としての農民だが，中国ではそれが1つの身分と化している．農民というだけで移住の自由も職業選択の自由も厳しく制限されてしまうからである．この分母にも扱われない農民たちは上海市でどのように仕事をし，暮らしているのだろうか．

（2）　増え続ける外来人口の実態

　中国では独特の戸籍制度が1958年に作られた．計画経済時代には戸籍の壁により自己都合での移住や転職が全く許されなかった．80年代以降，自営業など非国有経済の発展や食糧流通の自由化に伴い，地域間での人口移動が増え，農村から都市への就業目的の人口も現れた．

　上海市では，流動人口の管理を強化する目的で，早い時期からその実態調査が行われた（**表8-1**）．1980年代前半には上海市の流動人口は数十万人で，戸籍人口の数％しかなかった．しかも，流動人口のほとんどが観光旅行などの短期滞在者であり，就労目的の者が少なかった．80年代後半，流動人口の総数は100万人を超え，戸籍人口の1割以上に相当するようになった．また，80年代末には流動人口の半分程度が農民であり，6割強が就労目的の出稼ぎ労働者である．そして，90年代以降，浦東開発が進められ，市場経済化も進展したため，内陸農村を中心に大勢の労働力が上海に流れ込んだ．その規模は2000年の人口センサスでは387万人，03年の抽出調査では499万人と，戸籍人口の4割近くまで急増している．農民が流動人口の主体で就労目的が最も多いという特徴もいっそう鮮明となった．

　ところが，流動人口という用語法は実に不正確なものであり，「民工」すな

表 8 - 1　上海市における流動人口の推移

単位：万人，%

	上海戸籍を もつ総人口	流動人口	上海以外の流動人口		農業戸籍流 動人口割合	経済活動人 口の比率
			総人数	対戸籍人口比		
1983	1,194.01	50				
1984	1,204.78	70				6.6
1985	1,216.69	134			25.1	
1986	1,232.33	165			45.4	23.0
1988	1,262.42	141	106	8.4	47.6	61.4
1993	1,294.74	281	251	19.4	67.3	75.6
1997	1,305.46	276	237	18.2	52.1	74.5
2000	1,321.63	387	387	29.3	85.3	73.4
2003	1,341.80	499	499	37.2	80.0	72.1

出所：上海統計局『上海統計年鑑』（中国統計出版社）などより作成.

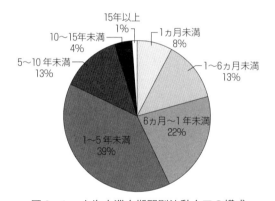

図 8 - 1　上海市滞在期間別流動人口の構成

出所：国家統計局『上海市2000年人口普査資料』（中国統計出版社）
より作成.

わち出稼ぎ農民という表現も実態を反映していない．「出稼ぎ」とは日本で農
閑期に都会に行き非農業の仕事をしたりはするが，普段の生活基盤が田舎にあ
り本業も農業であるという人達の就業形態を指しているように思う．しかし，
上海市の流動人口と呼ばれる人達はそういう就業をしているわけではない．図
8 - 1 が示すように，上海に出てきて，数年ないし十数年も経つ人が大勢いる．
また，中高校を卒業して農業に従事した経験もなければ，農業をやることもで

きない若者は，農民の親をもつことで「民工」と呼ばれ続けている．実際の上海市の定住者でいながら，戸籍の転入が認められないため，民工は「暫住」する者として扱われているのである．

（3）　上海の繁栄を支える民工の悲哀

　上海市では，戸籍人口の出生率が低く，その自然増加率は1990年代初めからマイナスのままである．上海市公安局の資料によれば，2003年に，戸籍人口の年齢構成は，14歳以下が9.9％，60歳以上が18.9％，65歳以上が14.8％であった．全国平均22.9％，10.5％，7.1％と較べてみると，上海市の少子高齢化が相当進んでいることが分かる．上海市の関係機関では，少子化問題はともかく，高齢化社会を巡っての議論が盛んに行われている．

　少子高齢社会でありながら，全国トップの経済成長を続けてきた背景には数百万もの民工が低賃金でも一生懸命働いている現実がある．浦東新区に林立する工場，あちこちの建設現場，様々なイチバやレストランで民工が最も重要な戦力として経済活動を支えている．上海市の戸籍人口では20代と30代が全体の27.5％を占めるのに対して，外来人口における同じ年齢層の割合は63.9％と高い．図8-2から見て取れるように，青壮年層に大勢の外来人口がいてこそ，人口ピラミッドの比較的安定した姿があったのである．

　問題は，上海市の戸籍をもたないという理由で，外来人口が就職，福祉，保険などで酷い制度差別を受けていることである．上海市でも長年にわたって，民工に対する就職の差別政策が採られた．民工に対して門戸を開放する職種が労働行政で決められ，戸籍人口が優先される規定も公然とある．民工の教育年数は総じて上海市民より低い．しかし，それは民工のほとんどがいわゆる3Kの仕事に就かざるをえない理由ではない．また，同じ工場で働く場合でも，戸籍人口が管理業務，民工が現場作業というような役割分担も実態として存在している．さらに，名目賃金の面でも両者の間に4，5割の格差が存在する．多くの民工は1日十数時間働いて，休日などを残業に当てても，1000元程度の月給しか得られない．数人で借りたアパートの家賃や生活費を差し引いたら，手に残るものはほんのわずかである．

　上海市の戸籍人口が当たり前のように享受する医療保険，失業保険などの福祉も大多数の民工には適用されない．普通の年金保険も民工が対象外である．2002年に民工対象の総合保険制度が作られたが，加入者が全体の2，3割しか

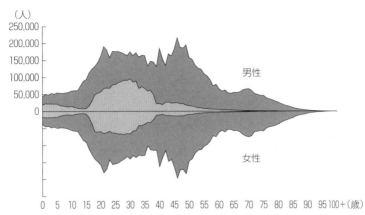

（人）

男性

女性

0　5　10　15　20　25　30　35　40　45　50　55　60　65　70　75　80　85　90　95100+（歳）

図8-2　上海市の人口ピラミッド

注：内側は外来人口，外側は戸籍人口．
出所：上海市統計局資料より作成．

ない．１年後どうなるかも分からない民工に，数十年後の年金のために保険料を納めろといわれても関心がないのも自然の結果であろう．ましてや，この総合保険の水準は戸籍人口の数分の１しかない．

　戸籍の転入が認められないから，上海の市民にはなれない．民工のままだと，就職差別だけでなく，賃金，福祉なども巨大な格差を甘受せざるをえない．体力をもち，上海の経済発展に必要とされる間は，何とか働いて生活はするが，あの低賃金で上海ではアパートを買い，上海の一市民にはとうていなれない．結局，民工のほとんどが渾身の力を燃やした末，田舎に帰還し，自力で老後を過ごすことになる．使い捨て労働者でしかない．

　上海はここ四半世紀に高度成長を遂げた．潤沢な外資，豊富な労働力を背景にこれからも成長が続くかもしれない．しかし，上述の現実をみて，何のために，また，誰のために成長を追い求めるのかという疑念を抱かずにはいられない．一部の人達の犠牲を強要して実現された一部の人々の豊かさははたして公正なものであろうか．

（『上海経済交流』，2005年４月）

2　農民工の人権改善迫られる
――「世界の工場」支える労働力に不安――

　中国で出稼ぎ農民を表す「農民工」の人権問題が注目を集めている．長年，低賃金や就業差別，社会保障に取り残された状況に置かれてきた「農民工」が一部地域で出稼ぎに出なくなり，「世界の工場」を支える労働力が不足する懸念が生まれたためである．胡錦濤・温家宝政権は彼らの人権改善に取り組み始めたが，差別の根底にある「戸籍登記条例」や「選挙法」を改正しない限り，抜本的な問題解決は難しい．

（1）　賃金不払いや子弟の就学に困難

　2006月1月18日開催の国務院常務会議で「農民工問題の解決に関する若干の意見」が採択された．農民工と呼ばれる出稼ぎ農民の低賃金と賃金未払い問題の解決，労働契約制度の徹底と履行の監督強化，農民工に対する就業制限の撤廃と職業訓練の強化，社会保障制度の適用などを通して，農民工に国民としての基本権利を与えることが強調された．国務院が03年に出した「農民工の就業，生活支援に関する通達」を具体化したものである．

　近年，「農民工」は中国のマスコミを賑せている．中国共産党の機関紙『人民日報』に掲載された「農民工」に関する記事を検索すると，1995年から2001年までは毎年約20件しかなかったが，02年から05年まではそれぞれ67件，272件，648件，608件と急増している．しかも01年までは農民工の権利についてあまり語られなかったが，03年以降は違っている．03年，04年，05年に農民工の権利に関する『人民日報』の記事はそれぞれ103件，201件，188件あり，同期間の農民工関連記事の3割強を占めた．内容は農民工に対する賃金不払いや子弟の就学が困難だというようなことであり，農民工の置かれた，基本的人権が十分保障されていない状況を物語っている．

　中国では「農民」は農業従事者という職業上の概念ではなく「戸籍登記条例」に基づく身分のようなものである．「農民工」の「工」は労働者を意味する中国語の「工人」の略称である．つまり，農民工は都市部の下層労働市場で働く，農業戸籍を持つ農民出稼ぎ労働者のことなのである．

　近年，農民工に対する社会的関心が高まった背景には2つの事実がある．1

つは農民工が急増し続け，彼らが「世界の工場」と呼ばれる今日の中国を支え
ていること，もう１つは就職，失業，医療，年金など社会保障面における農民
工への制度差別が改善されず，それに起因する労働力の供給不足が沿海部で発
生していることである．

　国家統計局の家計調査に基づく推計では，2004年時点で農村から都市・沿海
部へ来ている農民工は１億1823万人と農村労働力の23.8％を占める．また，人
口センサスなどに基づく推計によれば，中国の総人口は04年に13億人に達し，
その41％に当たる５億4000万人が都市部に住んでいるとされる．しかし，公安
行政で行われる戸籍統計では，同年の都市人口は３億6000万人となっている．
２つの統計に１億8000万人の開きがある．前者が現住地を原則とし，後者が戸
籍登録地をベースとしているので，この開きは主として農村に戸籍を残したま
ま都市部に移り住んでいる農民工およびその家族の総人数だと考えて差し支え
ない．実際，04年に北京，上海などの大都市では農民工およびその家族が居住
人口の３分の１を占めるようになり，珠江デルタでは地元住民の数を上回る農
民工が働いていることも周知の事実である．

（2）　社会保障の対象から漏れる

　これだけの農民工が都市部などに移動し高度成長を支えているにもかかわら
ず，農民戸籍の転換および戸籍の転出入に対する厳しい規制があるため，彼ら
は非農業戸籍を持つ都市住民と同じような国民としての権利を享受できないで
いる．第１に求職の際に能力や意欲を問う前に戸籍によって参入する職種が農
民工と都市住民で区別され，地元の非農業戸籍を有する住民は職業の選択権を
優先的に保証されている．農民工は建設現場，冶金・紡績などの工場，商業・サー
ビス業からなる下層労働市場に押し止められる場合が多い．

　第２に農民工の給与は制度的に低めに設定されている．上海市では地元住民
と大体同じ仕事に従事する農民工の給与が４割程度低い．外資企業の集積する
広東省では農民工の給与は1990年代に入ってからわずかしか上昇していない．
外資企業の経営者から聞いたところでは，普通に働いていると生活費すら稼げ
ない場合が多く，１日15〜16時間働いてようやく多少の預金ができるという．

　第３に農民工の多くは失業，医療，年金などの社会保障制度によってカバー
されていない．若くて元気なうちは出稼ぎに励むが，病気や高齢で働けなくな
ると帰郷し老後を自力で送らざるをえない．

　第4に農民工の未成年の子どもは実家の老いた親に預けるケースと出稼ぎ先に親が連れて行くケースがほぼ半々で，総人数は4000万人ほどに上る．親の傍にいられない「留守っ子」は心身共に多くの問題を抱えるが，出稼ぎの親と同居する子どもも居住地の戸籍を持たないため公立学校に通えない悩みがある．

（3）「戸籍」，「選挙法」の差別が問題

　改革開放から四半世紀以上経ち，農民工の世代交代が始まっている．農村の生活体験すら持たない農民工の子ども達，その多くはまた1人っ子である．親の世代と違い，彼らは極端な低賃金や重労働を嫌い，旧態依然の賃金や福祉では出稼ぎをあきらめる傾向が強い．2004年5月19日に『新華時報』は珠江デルタ，長江デルタで農民工が不足していることを初めて報じ大きな衝撃を与えた．無制限に供給されると考えられていた安価な労働力が不足に転じるかもしれないと思われたからである．同年8月に労働保障省は農民工の需給に関する実態調査を行ったが，農民工に対する制度差別の深刻化，それに起因する低賃金，低福祉が供給不足を招いた主因であると結論づけた．それを受けて，9月9日に『人民日報』は初めて農民工の不足現象（民工荒）を報道した．05年に「民工荒」に関する記事は『人民日報』に35件も登場し，04年の7件を大きく上回った．農民工問題の深刻さが窺える．

　「民工荒」問題を緩和，解消するために，農民工を二等国民として扱ってきた諸政策を見直し，就職，社会福祉などにおける差別を是正すべきだという議論が盛んになった．

　調和社会の実現を掲げた胡錦濤・温家宝政権が発足した2003年以降，農民工にまつわる諸問題が少しずつ解決されてきたことは事実である．しかし，農民差別の深層にある法制度の問題は依然残っている．身分制を形作った「戸籍登記条例」が存続し，農民の1票の重みが都市住民の4分の1に制限される「選挙法」も改正されずにいる．これらの法令にある差別条項が廃止されない限り農民工問題の本当の解決はありえないだろう．

（『日本経済研究センター会報』，2006年3月）

3　中国の労働力不足，主因は農民差別

「世界の工場」に成長した中国の経済を底辺で支える農民出稼ぎ労働者＝農民工の供給不足が近年顕在化した．その背景に農民差別を公然化する戸籍制度がある．戸籍の違いにより労働市場が分断され，下層市場に押し止められた農民工は酷い就業，生活状況に追い込まれている．労働供給の安定化を図り，高度経済成長を維持していくためには，戸籍差別を無くすことが緊急の課題となっている．

（1）「世界の工場」に労働力が不足

中国国家統計局が2005年11月に行った人口抽出調査（総人口の1％）の推計結果によれば，戸籍登記地から半年以上離れて他地域で暮らす，いわゆる流動人口の総数は1億4735万人と，2000年人口センサスのそれよりわずか296万人増えた．その増加率はただの2％でしかなく，同期間の人口増加率5％を大きく下回った．また，1995〜2000年の5年間に流動人口の総数が1.4倍も増大したことを考え併せると，近年の流動人口の増加速度が著しく鈍化していることが理解できる．

流動人口の8割は農民工とその家族が占める．この間の戸籍制度改革で人口抽出調査では捕捉されなくなった流動人口が若干増えたのは確かだが，増加減速に起因した労働供給の不足が顕在化しつつあることも紛れのない事実である．

中国労働社会保障部は2004年にはじめて農民工の供給不足の実態調査に乗り出し，広東省の珠江デルタ地域と福建省を中心に農民工総数の1割程度に相当する200万人の不足が生じたことを明らかにした．近年，浙江省，江蘇省および上海市からなる長江デルタ地域，内陸の都市部でも労働力の需給関係が急変し，良質の労働力を確保するのに一苦労が要るようになっている．

いまだ1億5000万人の余剰労働力が農村部を中心に存在する中国では，労働力の供給不足がなぜ発生してしまったのか．安い賃金，重い労働，悪い福祉がそれを生み出した主因だといわれるが，それは表面的な現象にすぎない．社会の深層に農民工に対する差別が公然化する現実がある．農業戸籍を有することで，①農民工の参入する労働市場の階層や転職の機会が制限され，教育など

の人的資本が適切に評価されていない，②非農業戸籍の都市住民が当然のように享受する労災，失業，医療，年金といった社会保障も農民工にはほとんど無縁である，③農民工が労働組合に加入する権利もない．こうした農民への差別があるからこそ，労働力の供給不足が起きてしまったのだというべきであろう．

　この仮説を統計的に実証するため，著者は2003年10月に500万人の流動人口が暮らす上海市で「有業者就業状況調査」（農民工と上海市民を各1500人）を行った．同調査の個票データを用いた実証分析から実に多くの興味深い事実が発見された．

　以下では，まず上海市における流動人口の全体状況を説明し，その主な特徴を指摘する．次に戸籍により分断された二重労働市場の姿を計量分析の結果に基づいて描き出す．最後に問題解決のための対策を考え，今後のゆくえを展望する．

（2）　高度成長を底辺で支える農民工の諸相

　上海市では1980年代のはじめから流動人口の調査が行われてきた．これらの調査から上海市における流動人口の全体像をまず確認しておこう．

　①　ほかの地域から上海市に入ってきた流動人口は1988年の106万人から2003年の499万人へと急増し，上海市の戸籍人口に占める比率は8.4％から37.2％に高まった．

　②　流動人口の73％は15〜39歳の青壮年であり，農民は全体の80％を占める．また，20〜30代の常住人口のうち，流動人口が4割強を占める．

　③　流動人口の64.6％が上海市に1年以上（5年以上が24.4％）滞在しているが，1993年の28.9％の倍以上である．流動人口と呼ばれるこの人たちは実質的な定住者といっても過言ではない．

　④　流動人口のうちの有業者は3割が商業・サービス業，5割強が生産・建設業に労働者として従事している．

　⑤　上海市の流動人口とはいうものの，実に彼らの74％が市内9区ではなく，9区と郊外農村の結合するベルトに居住している．低すぎる賃金もあって，農民工はとても市内には住めないのである（数字は03年上海市流動人口抽出調査による）．

　以上のように，人口移動に現れる社会の流動化が活発しつつある反面，戸籍という目に見えざる壁によって農民工と都市住民からなる二重構造も見え隠れする．この現実をどのように見たらよいのであろうか．

（3）　戸籍で分断された二重労働市場の姿

　先進国も含めて，人種，性別，学歴の相違によって個々人の参入する労働市場が異なる．賃金が安く，安定性も欠けるなどの特徴をもつ非正規部門がある一方，その正反対の正規部門もある．人種差別などの理由で，一部の人々はその能力や意欲と無関係に非正規部門に押しとめられる．差別のため人的資本が無駄になることも多い．結局，当人だけでなく社会にも大きな損失が生ずる．以上は二重労働市場論の基本的な考え方である．

　では，上海市の労働市場はどういう構造をもっているのであろうか．

　まず，調査資料を利用して，個々人の働く職場の従業員数と所有形態を基にそれぞれの属する労働市場を下記の3階層に分類する．すなわち，① 非正規部門：自営業・家政，従業員数29人以下の集団所有・三資・私営企業に従事する者．② 正規部門：国有企業，従業員数30人以上の集団所有・三資・私営企業に従事する者．③ 公共部門：行政機関・大学・研究所などに従事する者．この分類に基づく集計結果によれば，農民工の7割が非正規部門で働いているのに対して，上海市民のそれが1割程度にとどまった．

　第2に，平均月給では上海市民が農民工より25%高いが，それを時給に直すと両者の差が1.9倍に膨らむ．しかし，こうした格差は必ずそれぞれのもつ人的資本の多寡を反映するものでもない．性別，年齢，就業年数，教育年数などからなる月収関数を推計してみたところ，人的資本を表す教育の収益率が農民工と上海市民の間で著しく異なることが判明した（それぞれが4.8%，9.4%）．ほかの条件が同じ場合に，上海市民の月収は教育年数の増加と共に急上昇するのと対照的に，農民工ではそれが観測されない．典型的な二重構造が上海市の労働市場にあるのだ．

　第3に，農民工の3人に1人，上海市民の約5割は調査時まで職場を変えたことがある．転職の回数と月収の間には強い相関関係が見出されるが，上海市民がプラス，農民工がマイナスとなる．これは上海市民が非正規部門から正規部門へ，または正規・公共部門内での上昇移動を主としているのに対して，農民工が主に非正規部門内での水平移動に起因したと考えられる．また実際に，

何回転職したかに対して，年齢や性別，教育といった属性がほとんど有意な影響を与えず，戸籍の違いが最も重要となっている．所与の条件下で上海市民の転職回数が農民工のそれより顕著に多い．

第4に，新規就職，または転職した結果としての帰属階層（非正規部門・正規部門・公共部門）の決定要因について，年齢，性別，学歴などが有意な影響を示すものの，最も強く作用したのは上海市民か農民工かという戸籍の違いである．所与の条件下で上海市民は農民工より正規・公共部門に就職する確率がそれぞれ30％，6％も高いのである．

第5に，転職のパターンにより月収増がもたらされるものとそうでないものがある．男性の上海市民の場合に，非正規部門から正規部門へ，または正規部門内の同じあるいは異なる業種間で転職すれば，大きな月収増が期待できる．非転職者と較べてそれぞれ26％，15％，9％の月収増が得られる．農民工では非正規部門内における男性の転職のみに月収増の効果がある（14％増）．そして，月収増と関係する転職のパターンは個人の年齢や家族の状況にもよるが，最も重要な決定要因はやはり戸籍の違いだ．要するに，上海市民は就業条件の改善に有益な転職を行っているが，農民工は無駄な転職を余儀なくされるということができる．

（4） 戸籍改革で統一市場の形成を

農村・都市間の労働移動に対する規制が緩和され，社会の流動化は未曾有の状況を見せる一方，都市労働市場が戸籍という壁に分断されていることは上述の分析結果によって裏付けられた．

中国国務院研究室が2004年に発表した『中国農民工調査報告』によれば，第2，第3次産業の就業者の5～6割も農民工だが，月給800元以下しかない者は全体の72％を占め，半分近くの者は1日9時間以上働いているという．農民工は既存の労働組合に加入できず，失業・医療・年金などの社会保障制度も彼らを補助できない．農民工の子女が都市部の公立学校に入るのも難しい．農民工の就労・生活環境が実に厳しいのである．

他方，供給する側の農村出身者の主力は1人っ子政策の下で生まれた世代に変わり，近年の農村支援政策による農家の収入増も影響して，酷い制度差別が存続する中，わざわざ都市部へ出稼ぎに行きたいと考える若者は減っている．

こうした問題の解決に向けて，中国政府はここ数年いくつかの施策を打ち出

し，統一した労働市場の形成を促そうとしている．しかし労働市場を分断した
戸籍制度，農民の政治権利が制限される選挙法に対する抜本的な改正は依然行
われずにいる．農民への制度差別を無くし個々人が自らの能力や努力で就職競
争ができるような環境があってはじめて労働供給の持続的増加ひいては高成長
が可能となる．

　統一労働市場への移行に伴い，手厚く護られた都市民の賃金水準は全体とし
て押し下げられるかもしれないが，農民工のそれは大幅に上昇すると予想され
る．賃上げは「世界の工場」の主役を担っている外資企業に大きな影響を及ぼ
すだろうとの指摘もあるが，大きな心配はあるまい．

　第1に，たとえ農民工の平均賃金が2〜3倍増えてもその月額は3万円程度
と日本の人件費の10分の1以下にとどまる．人民元が円の経験したような急激
な切り上げがなければ，賃上げによる競争力の低下は限られる．日本では中国
製品の小売価格に占める生産現場の人件費比が非常に低いからである．

　第2に，沿海部の各地で産業の集積が進み，それによるビジネスの相乗効果
がますます増大する．多少の賃上げを理由に工場を他国に移転するメリットは
小さい．

　第3に，巨大な人口を有する中国の所得水準が上がるにつれ，市場としての
魅力も増していく．中国の市場で一定のシェアを獲得，維持しようとしていれ
ば，せっかく進出している企業はそこから撤退する理由がない．

　無論，長年かけて出来上がった労働市場の分断は一夜にして解消できるもの
ではない．しかし，ある哲人がいうように，人為的に作られてきた差別は，こ
れまた，人為的努力によってしか無くすことができない．中国は公正な社会を
構築するためにも戸籍の壁を打ち破る必要がある．

（『世界週報』，2006年10月24日）

4　社会を憎悪する農民工2世，数千万人

（1）　13億人の43％が都市に住む

　2005年11月1日に実施された全国1％人口調査の結果によれば，中国の総人
口13億628万人の内，都市および地方の町に居住する都市人口の割合（都市化率）
が43.0％に達したという．

　改革開放以降の中国では，都市化の進展に目を見張るものがあった．都市人口の総数は1980年の２億人近くから2005年の５億6000万人余りに増え，年平均増加率が4.4％であった．これは同期間の年平均人口増加率1.1％を大きく上回った．都市化率も19.4％から23.6ポイント上昇して43.0％になった（国家統計局．以下も同じ）．毎年１ポイント近くの速度で25年間も上昇し続けたのは実に経済史上稀な現象である．

　都市人口の急増は行政区域の調整によった部分もあり，地方の中小都市・町の人口増もそれに寄与しているが，珠江デルタ，長江デルタおよび渤海湾ベルトといった大都市の密集する東部地域に，内陸農村から大勢の出稼ぎ労働者（農民工）が流入したことは最大の要因であった．

　都市化の背景には，高度経済成長に伴い雇用創出が急拡大したことや地域間人口移動の規制が緩和されたことがある．

　ここ四半世紀に，中国の国内総生産が年平均9.6％の成長を遂げた．8000余億ドルの外資利用が多くの雇用機会を作り出したことは事実だが，それ以上に重要だったのは高い家計貯蓄率（1995年に17％，2004年に28％）に支えられた旺盛な投資だ．設備投資のほかに，大規模な公共工事が進められることも労働需要を拡大させている．第３次産業が急成長したことも指摘される．同産業の就業者数は90年から05年まで4.7％の年率で増え，全産業の1.1％の４倍強の伸びであった．

　地域間人口移動への規制緩和も重要であった．中国では戸籍の転出入が依然厳しく制限されているが，農民戸籍のままでの都市移動は90年代半ばからほぼ自由化されている．こうした流動人口は2005年に１億5000万人にも上った．

（２）　今後15年間で２億人が都市へ流入

　膨張するように見えた都市化だが，工業化の水準に比べれば，それは高いとはいえない．非農業の国内総生産比が2005年に87.5％にも達したのに，都市化率はその半分にとどまったからだ．

　内陸農村から沿海都市への人口集中はいまも進行中である．しかしそれは特定の地域への一極集中ではない．広東だけで農民工の28.4％が吸収されている一方，浙江，江蘇，山東，上海，福建，北京にも多くの農民工が暮らしているのだ（３割強．2004年）．

　中南米，東南アジアの途上国でよく見られる過剰都市化，すなわち，雇用創

出能力を上回った土地なし農民が都市に流入した結果，多くの人がスラムでの
生活を余儀なくされるという現象は，いまの中国でほとんど見られない．共産
党政権の強い統治下でスラムの存在が許さないこともあるが，中国の農民は土
地の請負権を法により保証されていることもスラムの形成・拡大およびそれに
起因する様々な社会問題を未然に防げている．

　もちろん，問題がないわけではない．① 農民工が制度差別により都市の下
層労働市場に押し止められ，賃金や社会福祉で二等国民のように扱われている．
② 戸籍の転入制限で農民工およびその家族は既存の都市社会に溶け込めずに
いる．上海市では500万人の外来人口の74％が郊外の農村部に住んでいる（2003
年）．③ 正常な学校教育を受けられず，農民差別が公然化する環境下で育った
農民工の子供は反社会的心理を強くもつ．これらは中国型都市問題というべき
だが，最大の特徴は，都市が戸籍により分断された二重社会（市民と農民工）だ
ということである．

　中国は2020年まで年率7％の経済成長を目指している．それを前提とすれば，
今までの都市化の速度が維持されるだろう．そして，20年の都市化率は60％ぐ
らいに上昇すると推計される．むこう15年間で2億人以上の都市人口が増える
ということであるが，はたして実現できるのだろうか．

　今の土地制度や戸籍制度，そして強い政府による統治が今後も機能すれば，
農村・都市間の人口移動が続くと思われる．また，景気後退時に仕事を失った
農民工が帰郷して農業をやれたら，都市スラムの形成，社会の大混乱も回避で
きよう．

　しかし，二重社会に潜むリスクが増大するにつれ，従来の都市化が行き詰まっ
てしまう可能性もある．例えば，近年農民工の2割余は挙家移動であり，その
傾向が強まりつつある．抑圧されながら育った農民工2世は社会への不満ない
し憎悪をもつ者が多い．数千万人の規模に上る彼らは不気味な存在であり，昨
年のフランスであったような若者の暴動は今後の中国でも起こりうると指摘さ
れている．

　途上国の抱える過剰都市化問題は中国ではそれほど深刻ではない．しかし，
中国型都市問題は今後の社会経済を大きく規定するに違いない．それをいかに
解決していくかは大きな政策課題である．

（『週刊エコノミスト』，2006年10月9日）

5　労働力不足の真因は制度の欠陥にあり

　北京市は年初2011年の最低賃金を21％引き上げ月間1160元とすることを発表した．上海市など他の都市でも同じ動きが見られる．大幅な賃金上昇は企業の国際競争力を低下させかねないものとして内外から注目されている．短期的要因に食料品価格の急騰はあるが，農村労働力が枯渇し，労働力が過剰から不足に転換したことが真因であるとの指摘も多い．

　30年余りの高度成長に伴い，厖大な労働力が農村から都市に移動した．同じ期間中，1人っ子政策で少子化が進み，農業などの経済活動に必要でない余剰労働力はもはや存在しなくなった．豊富で安価な労働力によって支えられた世界の工場としての中国は，今までの高度成長を維持できなくなり，投資先としての中国も魅力を減退するというのである．

　ところが，労働力が過剰から不足に転換したとの見方は事実誤認に起因した部分が多く，労働市場における人手不足や急激な賃上げの要因に対する理解も正しくない．

　過去30年間の中国では，第1次産業の就業者割合は30ポイント下がって38％となったものの，同産業の就業者数は逆に1000万人余り増え3億人に上った（1979〜2009年）．この間，農地の転用で耕地面積が減少し，二毛作から一毛作への移行で食糧の作付面積も少なくなった．その上，トラクター，コンバインなどの農業機械が普及され，総動力では7倍強も増大した．

　農地面積の縮減や省力化で農業の労働需要は確実に減っているのに，就業者総数が反対に増えた．農村には大勢の余剰労働力が潜んでいるということだ．

　2000年代以降，18歳人口は年々2000万人前後で推移し，その大半が農家の子弟である．教育事業の飛躍的発展で，高校以上への進学者が増え続けている．中卒後直ちに労働市場に参入する人が多かった一昔と比べて，近年の労働供給が一時的に減少したのは確かだ．それでも，年間1000万人以上の農家子弟は中学校，高校を卒業し，その内の大半が都市労働市場に流入している．

　そうであるにもかかわらず，なぜ各地で人手不足が叫ばれているか．2つの制度的要因を挙げる．

　1つは都市戸籍者の定年が早すぎて，人的資源の浪費が大量に発生していることである．中国では，都市戸籍を持つ男性は60歳で定年退職し年金生活者に

なる．女性では退職年齢がもっと早く，ホワイトカラーが55歳，ブルーカラーが50歳になると労働市場から退出する．平均寿命が70歳を超えた今日においては，旧来の定年制度は労働供給の増大を抑えている．

　もう1つは農業戸籍の出稼ぎ労働者（農民工）が30代に入ってから徐々に労働市場から撤退し，田舎へ帰らざるをえないという事実である．現行の戸籍制度では，農民工は自分の戸籍を実際に居住する都市に転入し，一般の市民として暮らすことが難しい．彼らの多くは短い期間の臨時契約でしか就労できない．体力が強く，手先も器用な青壮年期が過ぎると，雇ってくれる所は少なくなる．結婚や育児，老いた親の世話などで30代に入ると，出稼ぎをあきらめ帰郷する者が急増する．

　中国の人口センサスなどによれば，2000年における30〜40代の出稼ぎ労働者は5500万人だったが，05年までの5年間で，その内の1200万人も出稼ぎ労働市場から姿を消した．もし農民差別が是正されれば，就職と共に農村から都市への移住は可能となり，また，長期的に働けると分かれば，農民工も自らの技能を磨き，定年まで働き続けるだろう．すると，都市労働市場の供給が増大し，人手不足も生じないはずである．他方，第1次産業の就業者数が減少し，過剰就業による低生産性，農家の低収入といった問題も自ずと解消する．

　つまり，目下の人手不足および賃金上昇は主に諸制度の欠陥に由来している．すでに都市部で働き，暮らす農民工への差別を無くすと同時に，都市戸籍者の退職年齢を引き上げれば，労働の総供給が増大し，賃金上昇の圧力も幾分か弱まる．

　ただし，主に農民工に適用されている最低賃金については話が若干違う．各地方政府の制定した最低賃金を労働者の基本給とする企業が多く，残業・勤続・職務などの手当を足すと，月給が2000元に上るのは一般的だ．外資系企業で働く労働者では，月給3000元以上も珍しくない．

　高い経済成長率，物価上昇，農家所得の増加を背景に，名目賃金を上げる必然性があり，長年抑えられた農民工の低賃金が跳ね上がったのも事実だ．尊厳ある人間的な生活を送るだけの収入もなく，生理的に生きられる程度の生存賃金では，農民工を集めることはもう不可能となった．今後数年間で，農民工の名目賃金が倍増することも十分ありうる．

　しかしだからといって，対中投資を減らし，既存の工場を他の国に移すと考えるのは間違いだ．仮に平均月給が4000元になっても，それは5万円程度にす

ぎず，日本国内の人件費より遥かに安い．労働者の収入増加で，中国の市場と
しての魅力も増す．対中投資の戦略を見直し，巨大な市場でビジネスを展開す
るという選択はより賢明であろう．

　最低賃金の引き上げは企業の国際競争力をなくす要因にはならない．戸籍制
度などの改革を急ぐ一方，都市で定住できるような賃金水準を若い世代の農家
子弟も享受できるようになれば，豊富な労働供給は当分の間可能である．

（『週刊東洋経済』，2011年2月12日）

6　「中国は人手不足」のウソ，農村には余剰労働力がある

　中国では，人手不足が深刻で，賃金が急上昇している．中国経済は労働力の
絶対的過剰から相対的不足への転換点（ルイスの転換点）を超えており，これま
での高度成長もやがて終焉し，安定成長の時代が到来する．これは日本で広く
受け入れられている中国経済の近未来像のようだ．

　確かに，求人数と求職者数の比率（求人倍率）や，賃金の動きを見ると，そ
ういえなくもない．2000年代初めの中国では，求人倍率は0.7前後にすぎず，
買い手市場が存在した．しかしその後，求人倍率が徐々に上がり，04年には0.9
を上回った．ちょうどその頃から，一部の沿海地域で，企業の求人が充たされ
にくくなる現象が現れた．リーマンショック後，求人倍率は1.05ぐらいに高止
まりする．

　正規雇用の実質賃金は，1997年を境に上昇し続けている．国家統計局の統計
によれば，97年から08年までの年平均伸び率は13.1％に達し，1978〜97年の3
倍に相当する．出稼ぎ労働者（農民工）の賃金に強く影響する最低賃金の伸び
も速い．上海市では，月額490元だった2001年の最低賃金は12年に1450元に上
がり，年平均で10.4％伸びた．

　ところが，一橋大学名誉教授・南亮進らの研究によれば，中国経済がルイス
の転換点を通過したという認識は，統計的な裏付けのない誤認であり，2000年
代前半の中国農村に，依然として1〜2億人の余剰労働力が存在するという．
著者はそうした見解を支持し，目下の人手不足の背景に，3つの大きな要因が
あると考える．

　第1は1人っ子政策のもたらした少子化である．図8-3（a）が示すように，

2000年代末から18歳人口が急速に減少する一方，定年を迎えて労働市場から退出していく人が増える．12年に18歳人口と退出者がついに相殺される．少子化は労働市場の需給関係を変えつつある．

第2は高等教育の大躍進で学歴インフレが起こり，労働需給のミスマッチが増えたことである．近年，大学・短大への進学者数は毎年600万人以上に上り，18歳人口の35％を占める．他方，産業構造が低水準にあり，大学は出たけれども定職に就けずにいる者が多い．結果，中高卒でもよいとされる職場の人手不足と高学歴者の過剰が併存することになったのである．

第3は労働力の有効利用に対する戸籍制度などの妨げである．2011年に，農

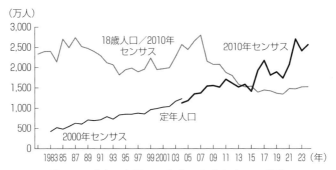

図8-3 （a） 中国の18歳人口と定年人口の推移

（定年人口＝男性59歳＋女性55歳）

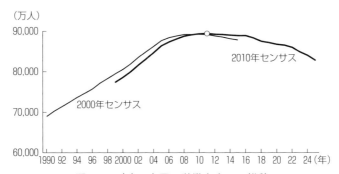

図8-3 （b） 中国の労働力人口の推移

（男性15〜59歳，女性15〜54歳）

出所：国家統計局『中国2000年全国人口普査資料』（中国統計出版社），同『中国2010年全国人口普査資料』（同）より作成．

民工は1億5900万人，その同居家族を含めると2億人を超える．農民戸籍から都市戸籍への転換も，農村から都市への戸籍転出入も厳しく制限された上，都市部での就業，社会保障，住宅などで都市戸籍の地元住民と全く異なる制度が適用される農民工は，労働力でしかない存在だ．体力が衰えた彼らは，都市での継続就業が難しく，30代に入ると田舎に戻り始めるのだ．2000年からの5年間で，30〜54歳の農民工のうち，約1400万人が労働市場からの退出を余儀なくされた．同じ年齢層の農民工のほぼ4人に1人の割合である．

　また，賃金の急上昇をルイスの転換点と関係づけて見るのも妥当ではない．正規雇用の賃金上昇は，1997年からペースを速めているが，付加価値に占める賃金の割合は2007年まで低下する傾向にあった．経済成長の果実は，国民の努力に相応な割合で分配されなかったということだ．中でも農民工の賃金が制度差別の下で低く抑えられたことを指摘したい．彼らの平均月給は2001年の644元から11年の2049元へと年平均12.3％増えたものの，正規雇用の60％超で推移している．しかも，それを得るのに，農民工は毎月25.4日，毎日8.8時間（11年）も働かなければならないのだ．

　ここ10年，農業税などの廃止，農家に対する直接支払制度の導入，農村インフラへの財政投入の増大，農産物に対する最低保証価格制度の確立などで，農家収入の増加ペースが速まり，それは結果的に出稼ぎ賃金を押し上げている．

　農民工の主体は1980年代以降生まれの若い世代に代わられ，彼らは高い教育を受け，都市への定住を強く志向する．新世代農民工は親世代と異なり，都市部に移動して，いつか定住できるような賃金を希求する．そのような賃金が期待できそうにないと分かると，農村から都市への移動を断念する若者が多い．

　第12次五ヵ年計画（2011〜15年）で，消費主導型の経済発展を目指す方針が決定され，そのための所得倍増計画も打ち出された．それを受けて，各地方政府は最低賃金を年平均13％以上で引き上げている．低く抑えられすぎた分の跳ね返りも含め，今後数年間で農民工の平均賃金は月額4000元以上になると見られる．

　中国経済は労働力の需給ひっ迫と賃金上昇で，高度成長の勢いを失ってしまうのか．著者は大方の考えと同じように，予想外の災厄が起こらない限り，中国経済が2030年まで実質年平均7％程度の成長を保つだろうと見る．少子高齢化がある程度進むものの，高い労働力人口割合が維持されるからだ．

　中国の労働力人口は2012年にピーク（図8-3（b））を迎えて，緩やかな減少

局面に入る一方，向こう20年間にわたり，毎年1500万人の新人が労働市場に供給される．第1次産業の就業者比率は2011年に34.8％，改革開放が始まった1980年の半分位にまで下がったが，就業者数で見るとわずか4.1％減にとどまり，11年に2億7931万人も第1次産業に堆積している．

　この頃，戸籍制度改革が加速し，農民工が都市部に定住するための社会保障制度，学校教育制度，住宅制度に対する改革も進められている．農民工が普通の市民として働き，都市部に定住できるようになれば，年を取って田舎に戻る必要がなくなる．その分だけ，労働市場における供給が増大する．

　1人っ子政策による出産制限も緩和されつつある．1人っ子同士の結婚では，その間に子供2人が産める．これは少子化のペースを落とし，労働力の需給ひっ迫を和らげる効果を生みだす．賃金上昇は国民の購買力を高め，市場の規模拡大につながる．これで外需や投資に過度に依存しない経済成長が可能になる．近年，沿海部で産業構造の高度化が進み，労働集約型の産業が人件費の比較的安い内陸部にシフトしている．背景に労働と賃金の変化を反映した新しい発展戦略がある．

　要するに，中国農村で余剰労働が枯渇しておらず，その有効利用を邪魔する諸制度を改革すれば，高成長は当分の間続く．労働や賃金の虚実をきちんと把握し，適切な対策を講じることが求められている．

（『週刊東洋経済』，2012年9月29日）

7　世界の工場を支える農民工の働きと暮らし

　中国は世界の工場だと叫ばれ始めた10年ほど前に，それを素直に信じる者は少数派だっただろう．しかし，今となって，一般市民は日常的に，スーパーマーケットやデパートなどで中国製品を目にしており，そういう言い方に違和感を覚える者は少ないはずである．

　ところが，この世界の工場を支える者は誰であり，彼らの働きや暮らしはどのような状況にあるのかについて，必ずしも知られているわけではない．本節では，中国政府の関係機関で行われた全国調査に基づいて，その全体像を説明したい．

（1） 農民工と流動人口

　中国経済に多少関心を持つ人なら、「農民工」という用語を知っているだろう．新聞などでは農村から都市への出稼ぎ労働者を農民工と呼ぶのは一般的だが，厳密にいうと，農民工とは，農業戸籍を持つ身分としての「農民」と，非農業従事の現場労働者を意味する，やはり身分としての「工人」が合体されてできた造語であり，前近代的な戸籍制度を背景に存続する中国固有の社会階層を表すものである．彼らは都市部で暮らすものの，自らの戸籍を「農業」から「非農業」に転換することも，故郷から実際の居住地に戸籍を転出入することもきわめて難しい中，流動人口としての都市滞在を余儀なくされ，それゆえ，非正規雇用として働かされ，社会保障制度の適用対象から除外されることは，大多数の農民工の置かれた基本的な状況である．農民工を親に持ち，親と共に異郷生活を強いられる子どもなども流動人口の範疇に入る．

　都市部で暮らす農民工およびその同居家族はいったいどれぐらいいるだろうか．図8-4に基づいて説明しよう．棒の高さは都市人口，折れ線は全人口に占める都市人口の比率を，それぞれ表す．非農業戸籍者は公安警察で登記されている統計数字であるが，都市居住の農業戸籍者は都市人口から非農業戸籍者を差し引いた推計値である．ただし，農村部に住む非農業戸籍者（役場職員，教員，医者など）が農村人口のおよそ6％を占めるので，同図に示される都市居住の農業戸籍者は実際より幾分過小評価になっている．

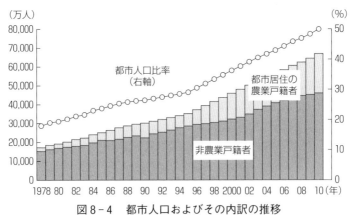

図8-4　都市人口およびその内訳の推移

出所：国家統計局『中国統計年鑑』，同『中国人口与就業統計年鑑』より作成.

　国家統計局によると，中国の都市人口は2011年に6億9079万人と全人口の
51.3％を占める一方，非農業戸籍者は10年に4億5964万人と全人口の34.3％に
すぎない．その中から農村部居住の非農業戸籍者を差し引けば，都市部に住む
非農業戸籍者は約4億人に減少する．裏を返していえば，都市部で暮らす農民
工およびその同居家族は3億人に上ると推測される．

　また，国家統計局の全国農家家計調査に基づいた推計では，農民工の総数は
2001年に8399万人であったが，12年には1億6336万人へとほぼ倍増し，全国の
農家就業者数に占める比率も22％から31％に高まった．さらに，農民工のうち，
家を挙げての移動者も年々増加し，2012年には3279万人と農民工全体の約20％
に当たる．

　都市部で暮らす成人流動人口の主な特徴について，国家人口計画生育委員会
（計生委）の調査結果が参考になる．それによると，① 流動人口の平均年齢は
27.9歳，1980年代以降生まれの新世代は全体の43.8％を占める．② 21.9％の流
動人口は高卒以上の学歴を持ち，平均教育年数は9.5年である．③ 稼ぎ先で同
居する世帯員は平均で2.3人，既婚流動人口の84.5％は夫婦が一緒に暮らしてい
る．また，彼らの子どもの58.2％は出稼ぎ中の親と同居する「流動児童」であり，
残りの41.8％は田舎に取り残される「留守児童」である．④ 新世代農民工の
76.3％はいつか戸籍登録地の故郷に帰還して就業することを考えていない．将
来，故郷に戻ろうとする者も，その6割強が県市役場の所在地，20％強が郷鎮
役場の所在地で働くことを望む．村に戻って就業すると答えた者はわずか10％
である（いずれも2011年の調査結果）．

　以上から分かるように，ここ30年余りの中国では，高度成長と共に都市人口
比率の急上昇に現れる都市化も進んでいる．就業目的で農村から都市に移動し
た青壮年層は都市化の原動力となり，彼らの支えによって経済成長が達成でき
た側面もある．しかし一方で，中国固有の戸籍制度が影響して，彼らは居住先
の戸籍を持たない流動人口であり，正規雇用にはなりにくい農民工でしかない．
中国では農民工を「半市民」と呼び，流動人口の増加でできた都市化を「半都
市化」と揶揄するのはそのためである．

（2）　農民工の働きと社会保障

　以下，農民工という特殊な社会階層の就業，給与および居住状況について説
明する．まず，産業別就業構造を見ると，製造業で働く農民工が36.0％，建設

業が17.7％，商業・サービス業が46.3％となっている．１ヵ月当たりの就業日数は25.4日，１日当たり就業が8.8時間と全体としては就業状況が極端に悪いわけではない（農民工監測報告2011年）．

　中国では，労働関連の主な法律に労働法（1994年），労働契約法（2008年），雇用促進法（同），労働紛争調停仲裁法（同）の４つがある．雇用促進法の中に，「農民工は都市部の戸籍住民と平等の労働権利を有し，農村から都市への就業移動に対して差別的な制限が設置されてはならない」という農民工に関わる規定があるものの，各法律では農民工，非農業戸籍者といった文言が見当たらず，個々の条文を誰に適用するかといった規定もない．

　しかし，実際の労働行政では，労働者の権利規定が農民工に適用されない場合も多い．農民工の相対賃金，社会保障制度への加入状況，居住環境からその一端を窺うことにしよう．

　図8-5は農民工全体の平均月給，および都市部の正規雇用に対するその相対水準の推移を示している．同図の示す通り，農民工の平均月給は2001年の644元から11年の2049元へと3.18倍増えた．年平均伸び率で見ると12.3％，また，物価上昇の効果を除去しても農民工の月収は年平均で9.4％伸びた．同期間の経済成長率に匹敵する高さといえる．

　ところが，都市部における正規雇用者の平均月給に比べると，農民工の相対的低賃金が改善されずにいることが分かる．正規雇用全体，および農民工が主

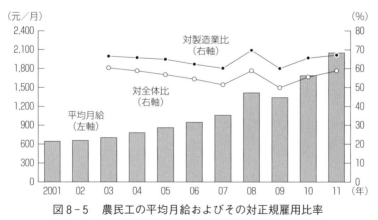

図8-5　農民工の平均月給およびその対正規雇用比率

出所：国家統計局『中国統計年鑑』，同「農民工監測報告」（各年）より作成．

に働く製造業の平均月給を100とした農民工の相対水準は2003年以降5～6割程度で安定している．長年，最低賃金制度が農民工に適用されず，初期賃金の絶対水準が低すぎたことは最も大きな原因である．

　次に，社会保障制度への加入状況を見る．1990年代末以来，国有企業改革に伴い，医療，年金，失業，労災，生育に関わる社会保障制度，および住宅積立金制度が作られ，政府機関，大学などの公共機関，国有企業，民間大企業などの正規従業員に対して，これらの制度が厳格に適用されている．保険料は個人と勤め先が一定の割合で負担するが，かなり手厚いものとなっている．例えば，正規従業員は年金保険制度に加入しなければならず，個人は給与の8％を個人年金口座に，勤め先は給与総額の20％に相当する保険料を年金基金に払い込む．定年退職者は年金基金から当該地域の前年度平均月給の20％相当額と，退職時の個人口座残高の120分の1を年金として受給する．ところが，農民工には，つい最近までこのような社会保障制度がなかった．

　表8-2は国家統計局の農家家計調査と，計生委の都市流動人口調査から得られた結果を示している．前者は農民工を送り出す農家サイド，後者は農民工を吸収する都市サイドからの情報であり，本来なら，2つの調査は同じ結果になるべきだが，大きな隔たりがある．実態は両調査結果の間にあると考えてよかろう．

　だとすれば，2010年頃に農民工の社会保障制度への加入率は，都市部の正規雇用だけでなく，流動人口だが非農業戸籍を持つ者の加入率よりも著しく低い．具体的には，年金制度に当たる養老保険への加入率は2割程度，労災保険，医療保険は2～3割，失業保険は1割にとどまる．住宅を購入する際に頭金あるいは住宅ローンの担保として使える住宅積立金にかかわる制度への加入が認め

表8-2　農民工の社会保障制度への加入状況

単位：％

	養老保険	労災保険	医療保険	失業保険	生育保険
2009年農民工（統計局）	7.6	21.8	12.2	3.9	2.3
2011年農民工（統計局）	13.9	23.6	16.7	8.0	5.6
2010年農業戸籍者（計生委）	24.2	32.4	29.6	10.3	6.9
2010年非農戸籍者（計生委）	50.3	55.7	41.9	24.7	15.2

出所：国家統計局「農民工監測報告」，国家人口計画生育委員会『中国流動人口発展報告2011』（中国人口出版社）より作成．

られていない．セーフティネットのない状況に置かれた農民工は，結果的に普通の市民になりきれないでいるのである．

（3）　農民工の暮らし

最後に，農民工の居住状況を見る．農民工の市民化を妨げる重要なファクターとして，安定的な住まいを持つか否かも挙げられる．低所得者向けの住宅供給制度があるか．そもそも農民工を普通の市民として迎え入れる用意があるか．答えはノーである．農民工の居住状況は全体として貧弱であり，普通の市民として定住できるようなものではない．

表8‐3は農家家計調査に基づいて整理したものである．同表のように，2011年に，農民工の37.3％は勤め先の用意した宿舎で集団生活を送っている．著者の現地調査では，工場の敷地内の一角，あるいは町の片隅に農民工用の寮が建てられ，数人もしくは十数人が一室の二段ベッドで暮らす風景をよく見かけた．

建設現場の小屋や工場・店舗などの職場に住まいを構える農民工は全体の約2割を占める．著者が上海市でみた工事現場の臨時宿舎では，上下水道の設備も食堂もなく，室内にテレビすらない．宿舎は休憩する場所にはなるが，心身共に寛げるような空間ではないと感じた．

賃貸のシェアルームと単独住居は約4割を占める．近年，労働者確保のため，

表8‐3　農民工の居住形態別構成（全国，農家家計調査）

単位：％

| | 2011年 | 2009年 | | | |
	全体	全体	旧世代	新世代	新世代夫婦
勤め先の宿舎	37.3	37.4	27.2	43.9	32.7
建設現場の小屋	11.8	11.3	18.9	6.5	5.4
工場・店舗等の職場	6.8	8.4	8.6	8.2	7.3
賃貸のシェアルーム	22.2	19.3	16.0	21.3	18.5
賃貸の単独住居	16.5	18.8	24.0	15.5	32.7
現住地で買った住居	0.8	0.9	1.3	0.7	2.0
その他	4.6	3.9	4.1	3.8	1.4
合計	100	100	100	100	100

注：自宅から近隣の郷鎮に通勤する者を除外した場合の構成比である（2011年調査では該当者が13.2％）．
出所：国家統計局「2011年農民工監測報告」より作成．

地方の行政などは賃貸住宅の供給に力を入れ，農民工向けの団地を郊外で建設しつつある．戸籍住民が不動産投資として手に入れた住宅，都市近郊の農家の持つ余剰住宅が賃貸に出されることも増えている．

　マイホームを買って暮らす農民工がわずかながら見られる．彼らはビジネスで成功した者であり例外的な存在である．住宅ローンの制度が整備されていないこともあり，不動産価格が高騰する都市部では，マイホームを購入することは農民工にとって夢でしかない．

　年齢階層，婚姻状態によって居住状態に一定の差異も見られる．新世代農民工では，勤め先の宿舎に住む者が比較的多いものの，結婚していると，賃貸の単独住居に住む者が多くなる．

　近年，都市化の促進が新たな政府方針として打ち出されている．それに合わせて，戸籍制度，社会保障制度なども改革され始めた．目標は，戸籍差別をなくし，職業選択と移住の自由をできるだけ保障することによって農民工の市民化を実現するということであるが，背景に，本物の都市化を通して消費拡大を促進し消費主導の経済成長が求められていることがある．農民工が普通の市民になれるか，これからが正念場である．

（『労働調査』，2013年 3 月）

第9章

労働市場の変容

1　変化する中国の産業構造と労働市場
——深刻化する労働供給制約の克服への課題——

　中国国家統計局は2016年4月15日に，当年第1四半期の国内総生産（GDP）が前年同期比で6.7％増えたと発表した．中国政府の年間成長率目標（6.5〜7％）に収まった数値だが，10年以来の減速傾向が止まっていない事態をどう見るべきかをめぐって，国内外で意見が分かれている．1980年以降30年間も続いた2ケタ成長を見慣れた海外のチャイナ・ウォッチャーの中に中国経済の減速を懸念する者は多いが，習近平指導部はじめ中国国内ではこれを「新常態（ニューノーマル）」と冷静に見る向きが強い．背景に，人口増が減速し労働力人口が2012年に減少に転じたことがある．

　本節では，中国における高度経済成長の源泉の1つとして重要な役割をはたしてきた労働という本源的生産要素に焦点を絞り，統計データを踏まえながら労働力の需給動向，賃金および労働供給制約克服への課題を解説する．

（1）労働力の需給動向

　近代経済成長のエンジンは製造業を中心とする工業である．工業化が進むにつれ，農林水産業（第1次産業）に滞積する農家の過剰人口は農村から都市へ移動し，製造業や建設業（第2次産業），そしてそれらをサポートする商業，サービス業（第3次産業）で働くようになる．その結果，総人口に占める都市人口の割合（都市化率）も，非農業就業者の割合も上昇し，代わって農村人口割合および第1次産業就業者割合が低下する．このような経済発展と構造変化の関係は実に日本など先進国でも広く観測された普遍的な現象である．

　計画経済期の中国（1950年代初頭〜70年代末）では，農業からの搾取により特徴づけられる原始的蓄積による国家工業化戦略が採られ，農村・都市間の人口移

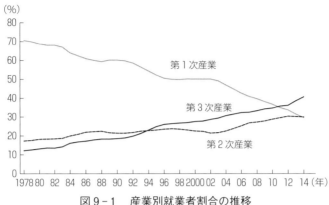

図 9 - 1　産業別就業者割合の推移

出所：国家統計局『中国統計年鑑』より作成.

動が戸籍制度により厳しく制限された. 改革開放が開始された1978年に, 国内総生産に占める第 2 次産業, 第 3 次産業の割合はそれぞれ47.9％, 23.9％に達したのに対し, 総就業者に占めるそれぞれの比率はわずか17.3％, 12.2％で, 都市化率も17.9％にとどまった（データは国家統計局による）. 都市化は経済発展に大きな後れを取っており, 産業構造と就業構造の関係は国際的に見ていびつな状態にあった.

　ところが, 1980年代以降, 市場経済化が深化するにつれ, 農業から非農業への産業間労働移動, 農村から都市への地域間人口移動が徐々に自由化され, 経済発展と都市化, 産業構造の高度化との関係も正常化するようになった. ここ三十数年間にわたって, 中国の都市化率はほぼ年に 1 ポイントずつ上がり, 2015年には56.1％となった. 産業別就業者割合も激変している（図 9 - 1）. 70.5％だった1978年の第 1 次産業就業者割合は2014年には29.5％に低下した. 特筆すべきは第 3 次産業就業者が1994年に第 2 次産業, 2011年に第 1 産業を抜いて最も多くなったことである. 今の中国では, 商業, サービス業といった第 3 次産業は最も多くの雇用を創出している. 背景に, 工業化が一段落しサービス経済化が急速に進んでいることがある. 例えば, 2015年の産業別GDP構成は第 1 次が9.0％, 第 2 次が40.5％, 第 3 次が50.5％となり, 経済成長率に対する第 3 次産業の寄与率は60％を超えた.

　他方, 労働力の供給サイドにも大きな変化が見られる. 出生率が高かった1960年代までに生まれた者は1980年代に入って成人する一方, 70年代以降の出

産制限政策，特に80年代以降の1人っ子政策が影響して，出生率が下落し，総
人口に占める生産年齢人口（15〜64歳）の比率が上昇した．労働力の供給増大
および家計貯蓄率の上昇に反映される，いわゆる人口ボーナスはこの間の高度
経済成長を生み出した重要な一因となった．

　ところが，人為的な出産制限により中国の人口転換は速いペースで進行し，
生産年齢人口は2014年にピークアウトした．また，最も活力ある青壮年（20〜
39歳）の人口規模の拡大は2002年に頭打ちとなった．人口センサスに基づいた
推計によれば，1980年からの20年余りで青壮年人口はおよそ2億人増え，ピー
クとなる2002年には4億5610万人となったが，それ以降は減少し続け2030年に
は3億2120万人となる見通しだ．

　農村から都市への出稼ぎ労働者（農民工）の規模および年齢階層構成も大き
く変化している．国家統計局が毎年発表する「農民工監測報告」によれば，農
民工の人数は2002年の1億470万人から15年には1億6884万人にまで増加した
が，伸び率は年々低下傾向にあり，15年の伸び率はわずか0.37％だった．年齢
構成を見ても，16〜30歳人口の割合は2008年の46.0％から15年には32.9％に下
落したのに対し，41歳以上の割合は30.0％から44.8％に上昇した．その結果，
農民工の平均年齢は同期間中33.8歳から38.6歳に上がった．また，50歳を超え
た農民工が15年には5000万人近く（全体の18％）となったことも注目される．彼
らのほとんどは年金制度に加入していないか，加入年数が年金受給要件の15年
を超えない見込みであるため，老後の生活保障が懸念されている．

　中国では，製造業従業員の7割，建設業従業員の8割，サービス業従業員の
5割は農民工が占めているといわれる．青壮年人口の絶対数の減少に伴い，農
村からの労働供給が枯渇し，農民工の高齢化もいよいよ大きな社会問題として
浮上する．

（2）　労働市場の需給ひっ迫と賃金

　青壮年人口がピークアウトすると，都市部の労働市場は買い手市場から売り
手市場へと構造変化が進んだ．主要都市での求人倍率の推移を見ると（図
9-2），2002年頃の都市部は，雇用があれば，それを求める者が必ず存在する
という，労働力を無制限に供給できる状態だったが，それ以降，求人倍率は青
壮年人口の変動と歩調を合わせて急上昇し，04年頃には人手不足の時代に突入
した．リーマンショックの影響で求人倍率はいったん09年に0.85に下がったが，

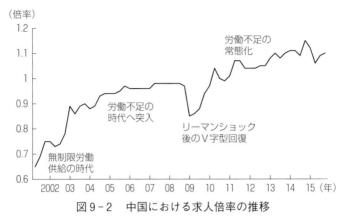

図 9 - 2　中国における求人倍率の推移

出所：中国就業網（http://www.lm.gov.cn/DataAnalysis/node_1032.htm　2016年
　　　5 月 2 日閲覧）より作成.

政府の大型景気対策により景気が回復すると求人倍率もＶ字型回復を遂げた. 経済成長率が10%超から徐々に 7 %へと減速する傾向にある今日でも，求人倍率は恒常的に 1 を上回る需給ひっ迫の状態が続いている.

　労働需給のひっ迫を地域別に見ると，東部沿海よりも中部，西部地域のほうがより深刻である. 例えば，2015年第 4 四半期の東部，中部と西部の求人倍率はそれぞれ1.08，1.13，1.13であった. また，年齢階層別では45歳以上の求人倍率は14年第 1 四半期で見ると0.77と低い. 一定の年齢を超えると働き口が急激に減少するためで，これは農民工にとっての厳しい現実を示している.

　労働市場の構造変化に伴い，現場で働く一般労働者の実質賃金は低位停滞の状況から上昇し続けている. 図 9 - 3 は農民工の平均月収と全国消費者物価指数をもとに計算した実質値を指数化したものである. 2000年までの賃金増加は非常に緩やかで，1980〜90年，1990〜2000年における年平均伸び率はそれぞれ1.2%，3.1%にすぎず，同期間中の経済成長率（9.3%，10.4%）を大きく下回った. 実質平均月収が目立って伸び始めたのは21世紀に入ってからで，2000〜10年の年平均伸び率は10.2%と同期間中の経済成長率10.4%に近づき，2010〜15年は10.0%と同期間中の経済成長率7.8%を上回った. 農民工の動態や求人倍率の推移と整合的に変化する実質月収を見ると，中国は2000年代初頭に「ルイスの転換点」を通過したといえるかもしれない.

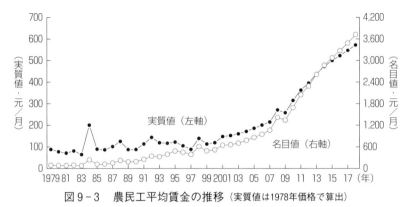

図9-3　農民工平均賃金の推移（実質値は1978年価格で算出）

注：2000年までは蘆鋒「中国農民工工資走勢:1979〜2010」（『中国社会科学』2012年第7期），2001年以降は「農民工監測報告」（各年）より作成．物価指数は『中国統計年鑑』に基づく.

（3）　労働供給制約の克服への対策

　中国では，高度経済成長に伴い産業構造が大きく変化し，商業，サービス業といった第3次産業は持続的経済成長をけん引する新たなエンジンとして期待されている．労働市場の需給ひっ迫およびそれに起因する賃金高騰が背景にあるのはいうまでもない．労働の供給制約を克服するため，中国政府は近年，労働集約型から資本・技術集約型への構造転換を進めると同時に，戸籍制度，定年制度および計画生育政策を改革し潜在的な労働力資源の有効利用に取り組んでいる．

　第1に，戸籍制度改革である．上海，北京のような大都市を除く中小都市への戸籍転入用件を緩和し，農民工の都市定住を促すべく政策的支援が講じられている．従来の「農業」「非農業」という戸籍区分をなくし，「安定的な収入がある」「定職がある」「決まった住居を持つ」という3要件を満たす者の戸籍転入を認め，普通の市民として教育，社会保障などの公共サービスを享受する権利が保証されるとしている．

　「第13次五ヵ年計画（2016〜2020）」では，大学など高等教育を受けた農家子弟，および軍隊から退役した若者が都市部に定住できるようにすることが明記された．また，2014年の戸籍制度改革では都市部に滞在する1億人程度の流動人口を向こう5年間で普通の市民に変える具体的な数値目標も提示されている．農民工の市民化により，30代，40代となると帰郷せざるをえなかった農民工の多

くは都市部での継続的就業が可能となり，結果的に都市労働市場の需給ひっ迫
が改善されることになる．

　第 2 に，定年制度改革である．潜在的労働力を活用するには，時代遅れの定
年制度の改革も欠かせない．現行制度の骨格は1950年代に作られたものである．
その後，60年余りの間に中国人の平均寿命は40歳から75歳にまで延びている事
実を考えても，法定の退職年齢を徐々に引き上げる必要がある．

　国家統計局によれば，15歳以上の人口に対する経済活動人口の割合（労働参
加率）は1995年の77.4％から2014年には69.8％へと19年間で7.6ポイント下がっ
た．都市化の進展に起因する労働参加率の低下に加え，都市女性の労働参加率
が急速に下がっていることがある．都市部では，年金生活者の退職時の平均年
齢は53歳という統計もある．

　定年制度改革をめぐって様々な提案はあるが，中国社会科学院が2015年に公
表した改革案は有力視されている．概要は以下の通りである．2017年から女性
は一般労働者（50歳定年）と幹部職員（55歳定年）の区別をなくし，55歳定年制
を一律に適用する．2018年から女性は 3 年毎に，男性は 5 年毎に定年を 1 歳延
長し，2045年には男女とも65歳で定年を迎えて退職するようにする．自営業な
ど非雇用就業者の年金受給年齢も2033年以降現行の60歳から 3 年毎に 1 歳先延
ばしし，2045年には65歳から年金受給を開始する．「第13次五ヵ年計画」も年
金制度改革の必要性を強調し，年金受給年齢を段階的に引き上げると明記して
いる．

　第 3 に，生育政策改革である．1 人っ子政策が長年採られた結果，中国は早
くも少子高齢化に頭を悩ませている．低すぎた出生率を回復させるため，中国
政府は2011年より 1 人っ子同士の夫婦に 2 人の子どもの出産を認める政策を全
面的に実施し，13年に片方が 1 人っ子の夫婦であれば，さらに16年に無条件に
2 人の子どもの出産を認める政策を決定した．産児制限の規制緩和で出生率の
回復は幾分期待できるものの，出産や子育てに多額な費用が必要で，人々の出
産意識の変化も相まって，人口増の効果を評価することは今のところ困難であ
る．また，いま生まれた子どもが働き始めるまでは長い年月を要し，目下の人
手不足の解消には役立たない．

　改革とは既存の秩序を変えることであり，さまざまな利権関係を調整するプ
ロセスでもある．改革の推進に，強いリーダーシップが欠かせず，莫大な資金
を伴うこともよくある．中国は労働市場の需給ひっ迫を緩和すべく制度改革を

進めているが，どこまで成功するかは政府の能力に強く依拠する．

（『労働調査』，2016年 5 月）

2　中国労働市場における需給動向と賃金事情

　中国の労働市場で地殻変動が起きている．就業人口は2016年を境に減少する局面に入っており，15歳以上人口に占める就業者割合（就業率）も低下傾向にある．その結果，都市労働市場では需給ひっ迫が発生し，急速な賃金上昇も続いている．ただ，経済成長が減速した2010年以降，賃金上昇のペースが緩み，失業率も比較的高い水準にとどまる．本節では，都市労働市場における過剰から不足への構造変化を明らかにし，賃金に及ぼすその影響を定量的に分析する．具体的には，① 人口センサスなどの政府統計を用いて労働市場の全体状況を俯瞰し，② 農村から都市への出稼ぎ労働者（農民工）の規模と構造で起きている変化を解説し，③ 大学教育が大衆化を迎えた時代下の新大卒者など若者の就職難と賃金について現状報告する．

（1）　労働市場の全体状況
　過去の40年間の中国経済で，第 2 次と第 3 次産業の就業者割合は31.3％から73.9％に，都市部に居住する者の人口比は19.4％から59.6％に，いずれも急激に上昇した．それに伴い，中国経済は全体として労働の絶対的過剰から相対的不足への時代に入った．

労働力人口の減少局面への転換
　30年余にわたる 1 人っ子政策の影響もあり，中国の少子高齢化が急進し，15〜64歳人口の割合が上昇する局面を表す人口ボーナスは早くも転換点を迎え，2010年以降はいわゆる人口オーナス（負荷）の局面に突入した（図 9 - 4 ）．
　労働市場で最も活力ある20〜39歳の青壮年層にフォーカスしてみれば，そうした転換が2002年にすでに起きていた．農民工の主体はこの年齢層の若者であり，1982〜2002年の20年間で 1 億8000万人もの純増があったことは，いうまでもなく高度成長の大きな原動力だった．ところが，ピークアウトした02年から18年までの16年間で青壮年人口が4200万人も減少した（9.5％減）．これはこの間の労働市場の構造変化をもたらした主因といってよい．

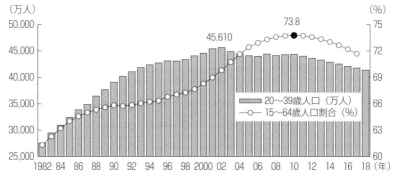

図9-4　青壮年人口数および生産年齢人口割合の推移（1982〜2018年）

出所：国家統計局『中国2010年全国人口普査資料』より作成.

都市部女性の就業率の低下

　就業率の低下により労働の需給ひっ迫に拍車がかかっている．国家統計局によれば，15歳以上人口に占める就業者割合は1999年まで77％だったが，2000年代に入って急速に下がり，10年以降は70％で推移している．1999〜2017年の間に中国の総人口は1億3222万人も増えたのに，経済活動人口は7895万人しか増加しなかった．背景に以下のような要因が考えられる．①高齢化が進んだこと（同期間の65歳以上人口割合：6.9％→11.4％），②就業率の低い都市人口割合（都市化率）が上がったこと，③長寿社会でありながら，時代遅れの定年退職制度（法定退職年齢：女性50〜55歳，男性60歳）が改正されず，多くの者が労働市場からの退出を余儀なくされたこと，などである．

　都市農村別・男女別（2000〜15年），および2015年都市部における男女別・年齢別就業率を示す**図9-5**から見て取れるように，この間の中国で，①就業率が全体として大幅に低下し，中でも農村部の方がより大きい，②農村部，男性に比べて，都市部，女性の就業率が著しく低い，③男女間の就業率格差が50歳代で際立つ，といった統計的事実が確認できる．

労働市場の需給ひっ迫に起因する賃金の上昇圧力

　青壮年人口の総数がピークアウトした2002年以降，無尽蔵だった農村労働の供給拡大は困難となり，都市労働市場の求人倍率がじわりと上昇し始めた（図9-2）．都市労働市場は全体として，2004年頃に無制限労働供給から労働不足時代に突入し，そして，リーマンショック後のV字型回復を経験しての2010年

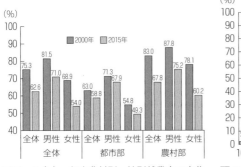

図9-5(a) 都市農村別, 性別就業率の変化
(2000~15年)

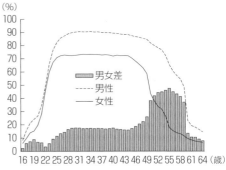

図9-5(b) 都市部男女別・年齢別就業率
(2015年)

出所：国家統計局『中国2010年全国人口普査資料』, 同『2015年全国1％人口抽様調査資料』より作成.

代に入った後, 恒常的な供給不足の中にある. 同時に, 地域間, 年齢階層間, 職種間, 学歴間で求人と求職の力関係が大きく異なり, 労働市場におけるミスマッチも存在する. 同調査によれば, 西部地域, 25~34歳の若者, 専門的技術をもつ熟練工, 中高卒者では求人が求職を上回る状況が際立つという. また, 国家統計局が行った就業調査では都市部の失業率が4.9％と高い (2018年).

こうした買い手市場から売り手市場への転換に伴い, 賃金の急速な上昇が見られている. 全国31省・自治区・直轄市の最低賃金に基づいた単純平均値およ

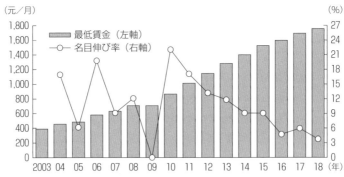

図9-6 全国各省・自治区・直轄市最低賃金平均値とその伸び率の
推移 (2003~18年)

注：各種報道より作成.

びその伸び率を示す図9-6から分かるように，都市部の最低賃金は，リーマ
ンショックがあった08年を除くと2010年代初頭までの10間にはかなり速いペー
スで伸び続けていた．それ以降，経済成長の減速を背景に最低賃金の伸びも顕
著に鈍化している．図にはないが，相対水準の低い地域ほど最低賃金の伸び率
が高く，各地域の最低賃金が時間の経過と共に収斂する傾向にある．これは統
一的労働市場が全国範囲で形成されつつあることを意味する．

（2）　農民工の就業と賃金――「農民工監測報告」に基づいて――

　周知の通り，中国が「世界の工場」としての地位を築き上げた背景に農民工
の存在が欠かせないが，高度成長を支える農民工の世界にも静かな構造変動が
起きている．

農民工の規模と構成変化

　図9-7は国家統計局が行った全国調査の結果を図示したものであり，都市
部に移動した農民工総数の推移，彼らの年齢階層別，学歴別，就業する産業別
の構成比をそれぞれ示している．この調査結果から農民工に関する主な特徴を
列挙する．① 人口動態の影響を受け農民工の規模拡大が近年鈍化している．
② 若い農家子弟が都市部に移動し，老いた農民工が帰郷する，という出稼ぎ
型人口移動は依然として主流だが，新規参入が減少し都市労働市場から退出す
る年齢が徐々に上がっている．農民工の平均年齢が10年間で33.8歳から40.2歳
へと6.4歳も上がり，51歳以上の割合が11.4％から22.4％に上昇した．③ 高校や
中専以上を卒業して農民工となった者の割合は僅かながら上昇しているもの
の，4分の3近くも中卒以下であることに変わりがない．④ 経済構造の変化
を反映して，製造業と建設業に従事する者は相対的に減少し，商業やサービス
業といった第3次産業の就業者割合が上がり続け，18年に50.5％に達した．産
業構造の変化は結果的に年をとった者も働けるようになったのであろう．

農民工の賃金と社会保障

　労働の需給関係が過剰から不足へ変わったことで農民工の収入も相応の変化
を呈している．前述のように，1980年代と90年代に，農民工の名目賃金は高い
伸び率を続けたが，豊富な供給を背景に実質賃金の上昇は低い水準にとどまっ
た．2010年代に入ってからの15年間には，実質賃金も経済成長率を上回るペー
スで伸び続けた．近年，伸び率が若干鈍化しているものの，実質でも4.6％の
年率で増えており，18年には全国平均で月額4100元（約7万円）に上った（図

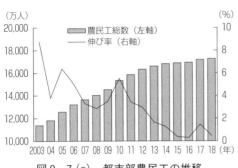

図9-7（a） 都市部農民工の推移

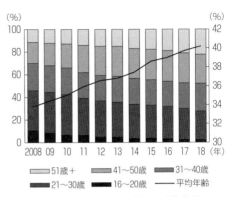

図9-7（b） 農民工の年齢層別構成比および平均年齢

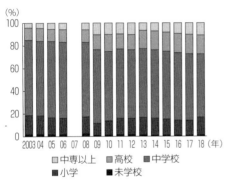

図9-7（c） 学歴別にみる農民工の構成

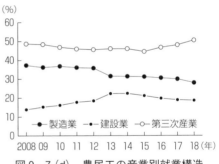

図9-7（d） 農民工の産業別就業構造

注：図9-7（c）の2007年はデータがない.
出所：国家統計局「農民工監測報告」（各年）より作成.

9-3）.

　農民工の平均年齢が上がり，50代以上の割合も全体の4分の1に迫る中，彼らの老後問題が浮上してきている．戸籍制度の影響で彼らは産業労働者として長年都市部で働いているが，都市住民と同じような年金制度が適用されていない．老いた後に帰郷を余儀なくされる彼らが老後を安心して過ごせるかは大きな社会問題となりつつある.

（3）　大卒者などの就職事情と賃金

　就業率の低下，および労働市場におけるミスマッチの問題は大学教育の急速
な拡張と関係する．進学率の上昇で若者の労働市場への参入が以前より遅れ，
産業構造の高度化を上回るペースの人材供給で求人と求職のズレが広がった．

　1990年代末までの中国では3年制大専と4年制大学に進学する者の18歳人口
比（進学率）は僅か数％の低い水準にあった．募集定員の拡張と学費自己負担
の増大を主内容とする高等教育の産業化政策が打ち出された99年以降，高卒者
の進学が激増し始め，たったの3年間で進学率が15.8％に達し，エリート教育（進
学率が15％以下）から大衆教育（同50％超）への移行が完了した．18年には進学者
が750万人を超え，進学率も55％となった（図9-8）．普通高校新卒者のほとん
どが大学などに入学できる全入時代がすでに中国に訪れたのである．

　高等教育の急激な拡張により農民工の供給源の枯渇に拍車がかかっただけで
なく，大卒者の求職競争の激化ももたらされている．麦可思研究院の追跡調査
によれば，以下の特徴点が指摘できる．① 近年，大学を卒業して半年後に9
割超の者は何らかの仕事に就いており，仕事への満足度も上がる傾向だが，
2017年卒のそれは67％にすぎない（13年卒が56％）．② 住宅価格の高騰もあって
北京・上海・広州などの沿海都市よりも中西部の地元都市での就職者が増える
傾向にある．③ 国有企業，外資系企業への就職者割合が下がり，民間企業へ
のそれが上昇傾向だ（2013年の54％→17年の60％）．④ 卒業して半年以内にほぼ

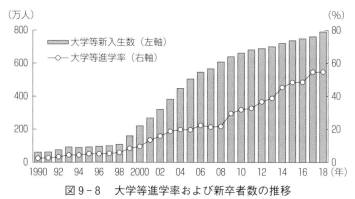

図9-8　大学等進学率および新卒者数の推移

注：大学等進学率とは，4年制本科と3年制専科に進学した者の18歳人口比を指す．
出所：『中国統計年鑑』，『中国2010年全国人口普査資料』より作成．

３人に１人が転職しているが，過去５年間で顕著な変化が見られない．

　賃金についても興味深い事実が分かった．2017年大卒者の入職半年後平均給与は4317元／月と農民工の2018年平均月給をやや上回り，過去９年間の年平均伸び率も名目で9.4％（実質で7.0％）と決して高いとはいえない．しかし，年功賃金制が採られていない中，就職後の給与増が速い．例えば，2014年卒者の３年後の名目月給は平均で82％も増えた（年平均伸び率が23.2％）．

　個人の就業選択や給与に対して，それぞれの持つ人的資本（出身大学のグレード，成績，共産党員であるか否か，など）ばかりでなく，生まれ育った家庭環境（親の社会経済的地位）も重要な影響を与えている．能力主義に基づく激しい競争がある一方で，農村出身者への目に見えざる制度的慣行的差別が残存し，権力，財力にものを言わせる空間も併存する，という労働市場の分断が見え隠れする．

　１人っ子政策の影響で人口転換が短い期間で完了した中国は，早くも労働力人口の減少を迎え，そして近い将来，人口の絶対的減少に直面せざるをえない．少子高齢社会に突入したにもかかわらず，60年も前の定年退職制度が改正されずにおり，高等教育の急激な拡張もあって，就業率が低下し，労働市場における需給ひっ迫が発生している．当面の状況を緩和するために，定年延長に向けての制度改革が必要不可欠だが，利害調整が難しくその見通しは依然不透明である．より長期的な対策として出生率を上げ少子化に歯止めをかけることが挙げられようが，いまだに実質的な「２人っ子政策」が実施されている．政府の認識が非常に甘いといわざるをえない．中長期的な社会経済の安定と発展のため，一刻も早く出産制限から出産支援への政策転換が求められている．

（『日中経協ジャーナル』，2019年８月）

3　中国の雇用政策と社会保障の動向

　2019年12月の中央工作会議で，当年の社会経済情勢を総括しつつ，20年の重要課題として質の高い経済発展，絶対貧困の撲滅・汚染防止・マクロ経済の安定のほか，雇用政策および社会保障問題の改善を強調した．産業構造の高度化や高学歴化に伴い，労働の需給構造が大きく変化し，また，そうした変化を反映し社会保障問題も重要性を増していることが背景にある．本節では，中国の労働市場で起きつつある構造変化，およびそれにかかわる雇用政策の動きを分

析し，社会保障政策ならびにその実績を解説する．

（1） 労働市場における需要側の構造変化

　中国経済では，高度成長に伴い，産業別就業者構成にペティ・クラークの法則が教えるような変化が顕著に見られる．第 1 次産業の就業者割合はここ40年間40ポイント低下し，2018年には26.1％となった．代わりに，第 2 次産業就業者割合はいったん上昇したものの，やがて横ばいになり，さらに低下に転じたのに対し（12年頃のピーク時には30％），第 3 次産業はそのシェアを伸ばし続け，同期間中33ポイントも上がって46.3％となった．これは，産業間生産性格差，およびそれに起因する産業間賃金格差がもたらした労働移動の結果である．

　労働市場の構造変化について図 9 - 9 からその特徴を見る．まず，総就業者数の増加が減速する中，第 1 次産業就業者数は2003年から減少する局面に入っている．2001年と11年の戸籍制度改革，および02年の土地制度改革により，農家の若い世代を中心に都市への移住が急増している．その結果として，第 1 次産業就業者数の絶対的減少があった．同時に，農業の機械化が進み，第 1 次産業の労働需要が減少していることも重要な要素である．

　第 2 次産業就業者数は2013年より減少している．WTO加盟の2001年からしばらくの間，中国は豊富で安価な労働力を武器に世界の工場としての地位を築き上げ，製造業などで働く者も急増した．ところが，2000年代後半を境に，農村労働は絶対的過剰から相対的不足に変化し，賃金上昇のペースも速まった．それを受け，労働集約型製造業では機械化・自動化が進み，資本による労働の代替が加速した．一部の企業は廃業か東南アジアへの進出を余儀なくされている．

　対照的に，第 3 次産業就業者数は2000年以降も増大し続け，13年以降その増幅が際立っている．習近平政権発足後，国民経済が高度成長から中成長への移行を意味する「新常態」が提起され，産業構造の高度化と共に第 3 次産業の拡張を新たな経済成長のエンジンとする方針が打ち出されているためである．

　労働需要の構造変化を経済センサスの結果を示す図 9 -10からも見て取れる．最多の就業者数を誇る製造業（全体の22.7％）では，2013年から18年にかけて，就業者数が10.0％減少した．同期間中，非農業就業者数が19.4％増えたことを加味して推計すれば，製造業から4000万人近くの需要が減少したと推測される．鉱業，情報産業，公共管理・社会組織からもそれぞれ600万人，900万人，700

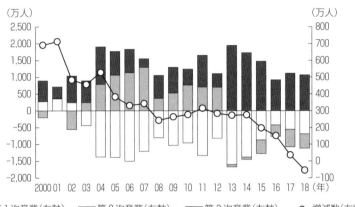

図 9 - 9　総就業者数の増減および産業別に見る増減の推移

出所：『中国統計年鑑』より作成.

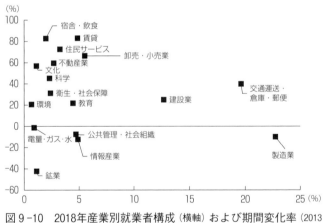

図 9 -10　2018年産業別就業者構成（横軸）および期間変化率（2013
　　　　　～18年，縦軸）

出所：国家統計局「全国経済普査主要数据公報」より作成.

万人の需要縮減があった．一方，比較的大きなシェアを有し，非農業就業者の
伸び率を大きく上回った産業として，交通運送・倉庫・郵便，卸売・小売業，
賃貸が挙げられ，それぞれ1500万人，800万人，900万人の需要拡大があった．
衛生・社会保障，科学，文化，宿舎・飲食といった産業では，就業者の伸び率
が比較的高いものの，産業自体が小さいために労働需要の増大効果が限られて
いる（500万人弱）．

（2） 労働市場における供給側の構造変化と雇用政策

　労働供給にも大きな構造変化が起きている．人口センサスに基づいた推計に
よれば，2011年までの長い間，年々2000万人超の18歳人口がそれ以降減少し続
け，15年から28年にかけては1500万人程度で推移する．リーマンショックの際，
中国が8％の経済成長を実現しなければならないと強調したが，背景に年々
2000万人超の18人口の就業圧力があった．それに比べ，いまの中国の直面する
雇用情勢がだいぶ好転している．

　労働供給の中身を見ると，質的な変化が進行していると指摘できる．図
9-11は2000年以降の中卒以上求職者数とその学歴別構成比の推移を表すもの
である．新卒求職者数は13年以降減少し続け，18年には1200万人余りになった．

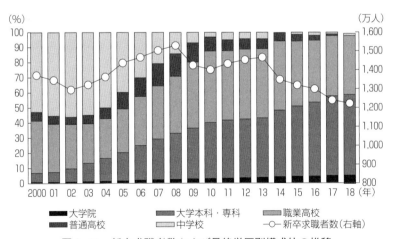

図9-11　新卒求職者数および最終学歴別構成比の推移

注：中卒求職者＝中卒者－普通高校と職業高校進学者，高卒求職者＝高卒者－大学本科・専科進学者，
　　大学本科・専科求職者＝大学・専科新卒者－大学院進学者．
出所：『中国統計年鑑』より作成．

これは18歳人口の変化傾向と一致する．ここで注目したいのは，教育水準が急速に高まってきたことである．大学専科以上の高等教育を受けた者の割合はこの間6.4％から59.6％に上昇した．職業高校を卒業した者の割合も15ポイント上がって39.9％となった．その結果，中学校，普通高校を卒業して労働市場に参入した者は僅かな規模となっている．中卒後都市部へ移動する農家子弟も少なくなった．普通高校に進学しない者は職業高校に進み，技術を身につけて働き出すという新たな状況が形成されている．

　1999年に始まった高等教育の促進と職業教育の強化により，高度人材の供給増大がある一方，新卒者の職業への高望みも見られる．給与が高く，就業環境が快適だ，といったホワイトカラーを希望する者が増える中，産業構造の高度化がそれに追いつかず，労働の需給ミスマッチが増えている．

　上述の新卒求職者数は一定の仮定に基づいた推計値であり，実際の新規就職者数とのずれがある．表9-1のように，政府公布の都市部新規就業者数は2013年から19年にかけて1300万人余りと比較的安定である．そのほかに失業者の再就職，病気や障害などの理由で就職が難しいとされた就業困難者の就職に関するデータも公表されている．後に述べる雇用政策も影響して，都市部の登録失業率が低く，かつ，下がる傾向にある．

　労働供給が増大し，高度成長でもって雇用問題を解決しようとする10年程前にあったような緊迫性が弱まっているものの，労働の需給双方に急速な構造変化が生じており，需給のミスマッチを減らすべく多様な雇用政策が講じられている．

　第1に，政府は就業が最も重要な民生であり，それを確保してはじめて社会の安定維持が可能だと強調する．労働行政は全国100超の主要都市を対象に求人と求職の実態を把握すべく調査を定期的に行い，労働保障センターで雇用や

表9-1　都市部における新規就職者，再就職者の推移

単位：万人，％

	2013	2014	2015	2016	2017	2018	2019
新規就職者	1,310	1,322	1,312	1,314	1,351	1,361	1,352
失業者の再就職	566	551	567	554	558	551	546
就業困難者の就職	180	177	173	169	177	181	179
登録失業率	4.05	4.09	4.05	4.02	3.90	3.80	3.62

出所：人力資源・社会保障部「人力資源和社会保障事業発展統計公報」より作成．

社会保障にかかわる業務を遂行している．また，国家統計局は従来の都市戸籍者を対象とする「登録失業率」のほか，農民工を含む都市住民全体への就業調査を制度化し，「調査失業率」を割り出し労働行政で活用している．

　第2に，さらなる戸籍制度改革が行われ，労働移動の自由化が実現されつつある．社会保障制度も改革され，かつて主流だった出稼ぎ型労働移動は今，移住型に変わっている．そのお陰で，都市労働市場の需給ひっ迫が緩和されている．

　第3に，政府は，産業構造の高度化を促進し，大卒などの高度人材に新しい雇用機会を用意する一方，専門知識を生かし新しい企業を立ち上げる若者に対し，奨励金を支給し，融資への無償担保や利子補助，さらに起業後の税金減免をして起業による雇用創出に力を入れている．帰郷して起業する農民工に対し，財政・金融・税制面での支援も地方政府を中心に行われている．

　第4に，労働の需給ミスマッチを減らすため，失業者に対する職業訓練が政府の財政支援を受けた職業訓練センターなどで行われ，就職が困難な者に対し，行政による就業支援も力強く進められている．2020年に絶対貧困をなくし「全面小康」を実現するという政治目標の達成にそれが必要だからである．

（3）　社会保障制度の仕組みと実績

　計画経済期に，都市住民を対象とする就業・医療・年金の三位一体制が採られたが，市場経済化が深化するにつれ，経済組織としての企業の機能強化と同時に，福利厚生の社会化つまり社会保障制度の構築も推進された．農家に対しては新型合作医療制度，新型農村養老制度が全国的に導入されている．都市・農村間，地域間に制度の違いがあり，各制度間の保険料や給付水準に格差もあるものの，「中国型国民皆保険制度」というべきものが出来上がっている．

　第1に，企業，事業単位（教育・研究・文化・医療機関），国家機関（党・政府・人大・政協）に勤める正規従業員を中心に，養老・医療・失業・労災・生育保険と住宅積立金という「五険一金制度」が普及され，本人と勤め先が分担する保険料率が比較的高く，給付水準も高い．図9-12のように，2000年以降の都市部で，就業者数は87.5％増えて4億3400万人となった．失業保険制度への加入率は40％程度で安定的に推移するが，年金保険と医療保険への加入率はそれぞれ24ポイント，41ポイント上がった．農民工に年金・医療保険への加入を義務付けたことが背景にある．

　第2に，2003年頃から農家を対象とする合作医療制度の実験的導入が始まった．個人，地方と中央政府の共同出資により作られたこの制度は，任意加入，県を基礎単位とすること，入院患者に対する医療費補助，といった特徴を持つが，公的補助が年々増え，家計に及ぼす重病などのショックが回避できることから，農家から広く支持され，いまは農家人口のほとんどが加入している．また，都市部の自営業や雇用者の家族などを対象に「都市基本医療制度」も2007年から作られ普及している．こちらも重病などが原因で入院する患者の治療支

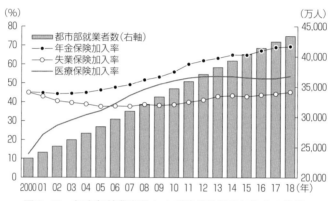

図9-12　都市部就業者数および諸保険制度加入率の推移

出所：『中国統計年鑑』より作成．

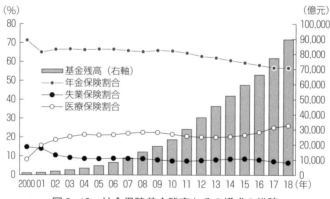

図9-13　社会保障基金残高とその構成の推移

出所：『中国統計年鑑』より作成．

援を主な目的とするが，農村部のものと一緒に「城郷基本医療制度」と呼ばれることも多い．

　第3に，正規雇用などの要件を満たさず「職工養老保険制度」に加入できない16歳以上の都市住民（在校生を除く），および農民工として「職工養老保険制度」に加入できない16歳以上の農家人口（同）は，任意で養老保険制度に加入することができる．保険料は多段階に設定されるが，積立方式の年金制度であり，受け取れる年金は加入期間，納付した保険料の多寡によって決定する．また，年金制度がなかった時代を過ごした農村部の高齢者には年間千元程度の給付金が財政から支払われている．

　高齢社会がまだ到来していないこともあり，今のところ，各制度で収入が支出を上回る状態が続いており，社会保障制度は全体として機能している．図9-13が示すように，保険基金の残高が増加し，その構成比に大きな構造変化は見られない．ただ，近年赤字に転じた地域もある．今後の高齢化を考えると，近い将来，年金財政が厳しくなるだろう．

　予想外の新型コロナウィルス問題で，昨年の中央工作会議が提起した多くの政策目標に対し，部分的修正が行われている．多くの地域では，経済活動が低迷し，それに伴う雇用の維持・拡大が難しい．政府は金融，財政などで中小企業への支援策を打ち出し，年金・失業・労災保険料の企業負担分を一定期間減免し（湖北省），または納付期限を猶予する（その他地域）措置を講じている．また，新規大卒者の就職に及ぼす影響を和らげるため，国務院は急遽，2020年卒の短大生（3年制大学専科）の大学への編入枠，大学院生の募集定員を増やすことを決定した．

　第14次五ヵ年計画の策定に向け，情勢分析などの作業が開始されているが，雇用政策に関しては，労働市場における需給双方の構造変化を基に，産業構造の高度化を急ぐ一方，社会保障制度改革のペースをあげ，労働の有効利用を通して人手不足と社会保障基金のひっ迫を同時に緩和する，という「一石二鳥」の新たな戦略が期待されている．

（『日中経協ジャーナル』，2020年5月）

第Ⅳ部　教育・社会・政治問題

第10章

大学教育と機会平等

1 農村との社会格差で沿海部に集まる大卒者

　中国では，大学生の就職活動は4年生の後半に本格化していたが，近年の就職難ということもあって，9月の新学期がスタートしたばかりの4年生はすでに企業説明会などに走り回っている．

　中国の大学教育（3年制の専科を含む）は，エリートの養成から大衆の教養向上へと役割が変わりつつある．18歳人口に占める大学進学者の比率は，2002年にエリート教育と大衆教育の境界線とされる15％を初めて超えた．その後も急上昇を続け，10年に35％に達している．

　日本では1970年代初頭の大学進学率が30％だった．中国では95年の進学率が5％に過ぎなかったことを考えると，90年代後半以降の大学教育はまさに大躍進といえる．

　その背景には，「人口大国」から「人材強国」への転換を進め，経済成長と社会進歩に併せて，国民の知識と教養水準の向上を図ろうとする中国政府の戦略があった．大学教育の改革は1997年に本格的に始まり，①既存大学の改組と規模拡大，専科の昇格，私立大学の新設を推進，②公費を主とする従来の学費制度を廃止し，授業料，寮費などを学生自身が負担すること，③授業料などを大幅に引き上げることがその主な内容であった．

　大学など高等教育機関は1998年の1022校から2008年の2263校に倍増，定員も100万人から600万人に激増した．普通高校を卒業した7割超が，大学に進学するようになっている．各界に専門知識を身に付けた人材が供給されるようになり，経済の高度成長を支えたことは高く評価されてよい．

　しかし，急ぎ過ぎた大学改革は多くの問題も生みだしている．大卒者の就職難や一般労働市場の人手不足がその典型である．ここ数年，毎年のように600万人余りの学生が大学を卒業しているが，正規雇用で就職できた者は全体の8

割程度にとどまる．100万人以上の新卒者が定職に就けずにいる．

　大学の収容定員が大幅に増やされ，最初の卒業生が出た2003年頃から，大卒者の就職難が叫ばれ始めた．給与の高い大都市，沿海部に求職者が殺到する一方，高学歴者を吸収する産業の成長が立ち遅れ，求職と求人の間で齟齬が生じていたためである．大卒者が沿海の大都市を好み，中西部の農村に行こうとしないのは，収入をはじめ医療や年金，生活インフラで巨大な格差が存在するからである．

　今の中国で，大卒者がすでに過剰となったわけではない．2008年の有業者のうち，４年制大卒の割合は，全国平均でわずか２％，３年制の短大卒を含んでも６％にすぎない．中西部地域では大卒者はもっと少ない．

　大卒者の就職難が深刻化する一方で，工場に求職者が集まらなくなる人手不足現象も顕在化している．そのため豊富で安価な労働力をあてにしていた企業は経営戦略の見直しを迫られている．政府も労働力のミスマッチを解消するため，近年いくつかの対策を打ち出している．

　まず大卒者の就職難の応急措置として，内陸農村への就職を支援する制度が作られた．行政の末端である郷鎮政府や村民委員会の臨時職員，小中学校の教員，地方病院の医者などに応募した人には様々な優遇策が用意されている．そして，所定の勤務期間を終えた人は，公務員・大学院の試験で一定の加点を付与される制度が作られた．

　また，大学の量的拡大を抑制し，学生定員も減らしている．2005年以降の５年間，新入生は年平均で30万人の増加にとどまり，それ以前の７年間の年平均56万人より大幅に減少した．

　生産現場の熟練工の養成も行われている．各種専門学校の募集定員は2005年の650万人から09年の874万人へと33％増えた．農家子弟の入学を促すため，授業料の減免制度，奨学金・教育ローンの充実も図られている．

　需給のミスマッチをどう解消していくのか．これまでは量的な拡大に重点が置かれていたが，せっかく養成された人材をいかに有効に利用するかは今後の大きな課題である．

　社会福祉を含めると５，６倍もの都市・農村格差が改善されない限り，人材の偏在は大きく変化しない．農村と都市に分かれている戸籍制度を変えて，農民工の都市定住を促進することも欠かせないだろう．

　学生の意識変革も必要である．大学に行っただけで，ホワイトカラー的な職

層に就きたがる学生気質は大衆化教育の時代背景に合わない.

　いずれも大きな困難を伴うと予想されるが, 避けて通れないものばかりである. 注意深く見守りたい.

(『週刊東洋経済』, 2010年10月23日)

2　進学率は向上したが, 大都市優遇は変わらず

　中国の大学入試は年に1回の全国統一試験のみで, 6月の初めに実施される. 2011年の募集定員675万人に対して, 受験者は933万人しかない. 全国平均の合格率は72%に上る.

　18歳人口に占める進学者の割合 (進学率) でみると, 2000年に9.6%だったものが11年に37.7%に上昇したことが分かる. 中国でも, 大学進学は狭き門ではなくなった.

　速すぎた大学教育の量的拡大は, 教育の質の低下をもたらし, 中流以下の大学を出た卒業生が使い物にならないとの問題も広く指摘されているが, 進学率の上昇が国民の素質を高め, 高度経済成長を支える人材の蓄積に大きく貢献していることは否めない事実だろう. カリキュラム改革を行い, 教員の能力向上に力を入れれば, 問題の多くは徐々に改善できるはずである.

　現行の大学教育でより深刻な問題として, 制度上の機会不平等が挙げられる.

　入試制度は当然ながら, すべての受験者にとって公平なものでなければならない. ところが, この当たり前の道理が中国では通っていない. 同じ大学が各省・直轄市・自治区 (省市区) で募集する学生の合格ラインが違っているからである.

　各大学は合否判定の材料として全国統一試験の成績を利用するものの, 同じ大学の全国31省市区での合格ラインは, 当局の決めた一般募集枠と志願者数の関係によって変わる. 実際, 大都市と沿海部の受験生は他地域に比べて随分低い得点でも名門大学に進学できている. 仕組みは以下の通りだ.

　第1に, 受験生は自分の戸籍が登録されている省市区でしか統一試験を受けられない. 出稼ぎの親と一緒に他地域で就学する人も試験と合否判定だけは戸籍登録地で受けなければならない.

　第2に, 大学が各省市区で募集する人数は必ずしも, それぞれの人口規模に

比例しない．大学の所在地に入学定員の相当部分が割当されるのは一般的で，北京大学，清華大学のような全国重点大学も同じだ．

　例えば，2011年に，北京大学の一般募集枠1272人のうち，19.5％に当たる248人が北京市の戸籍を持つ受験生に，清華大学も一般募集枠1407人の15.7％（205人）を北京戸籍者に限定している．一方，北京市の戸籍人口は2010年に1257万人しかなく，全国人口の１％未満であり．大学の地元優遇は明らかである．

　2010年に，中国の４年制大学は1000校を超えるが，トップ60校のうち，北京が10，上海が７を数える（トップ100では，北京17，上海９）．全国重点大学でも，低い合格ラインで入学した地元の学生は在校生の相当部分を占めている．

　６月24日に発表された2011年度全国統一試験の関連情報によると，北京市における全国重点大学の合格ラインは484点で，全国31省市区の22番目だ．対照的に，４番目の湖南省，13番目の安徽省はそれぞれ572点，534点と開きが大きい（理系）．

　各地における受験生の得点分布を基に試算すると，北京市の合格ラインなら全国重点大学に合格できたのに，湖南省では「普通大学」にしか入れない者は10.9万人に上り（受験生の30.1％），安徽省では4.4万人（15.6％）が同じような状況にあることが分かった（理系）．

　一般募集枠と比べて，より酷いのはスポーツや音楽などの一芸選抜，および大学が独自基準で採れる特別枠に隠れた不公平さだ．

　2010年に，清華大学の入学者3331人のうち，北京戸籍者が445人と13.4％を占めた．その３分の２に当たる296人は一般枠だが，残りは国内外の学力テストで優秀な成績を収めた生徒42人，芸術・スポーツの一芸入学者および特別枠107人からなる．選抜基準があまり透明でない特別枠には問題が多く，権力とカネが介入しやすいともいわれる．

　中国も学歴を重んじる社会である．どのような大学を出たかはその人の就職と昇進に大きな影響を与え続ける．都市部に比べて，農村部への教育投資が元々少なく，都市農村間の教育格差は大学入試の前にもすでに出来ていた．にもかかわらず，都市優遇・農村差別の大学入試制度は，明らかに社会正義に反する．それは強い者を一層強め，弱い者をさらに弱めるやり方だからである．

　かつての中国では，大学進学は農村から都市への階層移動を実現する重要なチャンネルであった．しかし，大学教育が大衆化している今日にいたっては，

その機能はほとんど失われている．北京，上海など大都市の戸籍所有者は卒業後も地元に定住できるのに対して，他地域の大卒者はたとえ大都会に残れても，戸籍転入がないままでは出稼ぎ者にしかなれない．

　この頃，農村部を中心に「勉強無用論」が叫ばれている．どんなに努力しても理想的な大学には入れず，進学ができても大都市への就職，移住ができないことが背景にある．大学受験者は2008年に1000万人の大台に達した後，年々減少し，11年には933万人だった．「勉強無用論」の現れだろうか．

　格差だらけの中国社会だが，能力や努力によらない人為的制度で，人間を差別することは容認されがたい．大学入試制度に関する議論は以前から多く，教育機会の不平等を批判する声も絶えない．残念ながら，この問題の解決に結びつく動きはない．

　不平等な入試制度が人為的に作られたのだから，それを人為的になくすことも可能だ．中国の目指す調和的社会の実現にもそれは必要である．

（『週刊東洋経済』，2011年7月16日）

3　大学も大衆化時代，経営難で自転車操業も

　中国の大学教育は急成長を遂げている．4年制の本科と3年制の専科に進学する学生の18歳人口割合（進学率）は2000年に9.6％だったのに，11年には37.7％に上昇した．

　2300校を数える大学（うち，4年制1090校）の7割は国公立ではあるが，授業料は安くない．どの大学の授業料も農家人口の平均年収を下らず，食費や寮費も含むと1人の大学生を養育するのに年間1万元以上の出費が要る．大衆の所得水準からすれば，中国の大学教育費は高すぎる．

　それにもかかわらず，大学が大躍進できた背景には中国特有の条件がある．

　人材強国を目指す中央政府のリーダーシップが強かった．1990年代末，教育省は大学教育の使命を従来のエリート養成から大衆の教養向上に方針転換させるのに併せて，高等教育を人的資本への投資と見なし，その資金（授業料）を将来の受益者が主に負担する，という受益者負担原則を導入した．教育の産業化である．

　大学の成長パターンは概ね以下の通りだ．①単科大学が主であった既存大

学をそれぞれ総合大学に改造し，定員増と新学部の設置で規模拡大を進める，②「名校帯民校」つまり有名大学の傘下で私立大学を新設し定員を増やす，③既存の専門学校などを改造し大学に格上げする，④公立大学の退職教員を再雇用し純粋な私立大学を創立する．

　土地公有制の利点を生かし，大規模なキャンパスを造成することができた．既存大学の拡張や新しい大学の創立に伴い，用地の確保は必須となるが，政府は安い値段で農家から土地を徴用し，大学に供用した．広州市や上海市の郊外で作られた「大学城」はその典型といえる．

　キャンパス内のインフラ整備資金は大学自身の調達が原則だが，教育政策の方針転換を受け，国有銀行を中心とする金融機関は大学への巨額融資を躊躇なく繰り広げた．

　「官本位」の下，大学当局は定員増を通して自らの格上げを望み，返済計画もないまま銀行からの融資を受け入れた．

　授業料を負担できない農村出身の学生には，政府が利子の全額を肩代わりする教育ローンが提供され，成績優秀者には無償の奨学金も支給される．大学が教育研究に関わる事務作業を学生に提供し，その自助努力を支援する制度もある．親の経済事情で大学に進学できないという一時深刻だった問題も解決された．

　大学進学で出世させたい，特に農村戸籍を都市戸籍に転換させたいと考える農村の親が多く，自分がどんなに苦労してもわが子を大学に入れたいという大学教育への社会的需要も大学拡張の後押しとなった．

　ところが，政府主導の大学教育の大躍進にいくつかの歪みが潜み，それは近年露呈し始めている．

　大学の借金はいまや塩漬けとなり，政府も銀行も何の手も打てない状態に陥ってしまっている．大学の全財産を超す債務を抱え込む大学が多く，新しい借金で旧い借金を返す状態に追い込まれた大学も数多い．

　日本の会計監査院に当たる審計署が2010年末行った全国調査によれば，地方の1164大学の抱える負債は2600億元超に上るという．教育省に直属する全国重点大学の分を含むと4000億元以上との推測もある．これは在校生1人当たり2万元の計算だ．

　大卒者の就職難が深刻化し，高学歴ワーキングプアの増加が社会の安定を脅かすことも大きな問題である．多額の教育投資をした親も本人も現状に失望し，

それで問題を起こすケースは近年多く報告されている．

　高度成長は30年間も持続したものの，産業構造は依然低いレベルにあり，高等教育を受けた人材の活躍できる場が限られている．政府機関およびその外部組織や国有企業，大企業，教育機関などの募集枠に限りがある一方で，工場の生産ラインや第3次産業の一般作業は大卒以上の学歴を必要としない場合が多い．そこで，労働市場でミスマッチが起こり，大卒の就職難と現場作業の人手不足は同時に発生して社会問題となった．

　大学教育の質が低下し，使い物にならない大卒者が増えているとの指摘が多い．大学進学者の合格ラインが下がったのだからやむをえない要素もあるが，教育サービスを供給する大学側の問題も看過できない．

　例えば，キャンパスが郊外に移転され，大学が陸の孤島のようなところも多い．ベテラン教員は市内に住まいを構え，学生の世話をするのは大学院を修了したばかりの若者が多い．

　若い教員の割合が高く，研究教育の経歴が浅い者が多すぎる．教壇に立って教科書を棒読みする風景が目立つ．学生定員が急増した中，修士ないし学士の学位しかない教員を多く採用したことが背景にあるようだ．

　今のところ，大学教育の大躍進の当否を論評するのは時期尚早かもしれない．しかし，目立ち始めた様々な歪みを正しく認識し，問題の是正に努力をしていかなければ，大学負債の不良債権化や就職できない若者の反乱，といった社会問題が発生しかねない．

（『週刊東洋経済』，2012年5月12日）

第11章

体制転換下の社会問題

1 社会を混乱させる食肉の高騰

　ここ30年間，中国経済は幾度もの物価高騰に見舞われた．しかし，それぞれの発生原因や社会経済への影響は一様ではない．1988年，89年に消費者物価が18％も上昇し，「天安門事件」に象徴される大混乱が発生，経済の落ち込みも著しかった（図11-1）．背景にはモノ不足があり，体制転換過程における諸矛盾の激化があった．

　2度目は1993〜95年の3年間である．94年の物価上昇率は24％にも達するが，これは食糧の減産が引き金だった．消費支出に占める食料費の割合（エンゲル係数）が高かった当時，食糧の供給減 → 食糧価格の急騰 → 賃金の引き上げ → 工業製品価格の高騰というメカニズムを通して，全面的な物価高が引き起こされた（図11-2）．それを沈静化させるべく総合的財政・金融政策や食糧増産政策が施行され，マクロ経済の軟着陸は何とか実現された．

　ところが，2007年6月，10年間に及ぶ高成長下の物価安定に異変が現れた．前年同月を100とする消費者物価指数（CPI）は5月までは103で安定していたのに，6月に104.4，7月に105.6，8月に106.5と鰻上りだ．

　特に豚肉をはじめとする食肉および同製品の価格上昇が際立っている（図11-3）．9月第3週の豚肉，牛肉，羊肉の小売価格は1kg当たりで18.8元，21.4元，23.8元と前年同月より64％，30％，37％高い．

　6％以上の物価上昇率は尋常ではない．もしそれが持続すれば，経済の秩序が乱され，成長率の急落もありうるし，低所得層の生活が圧迫され，社会不安も深まるだろう．

　今度の物価高騰はどのような背景があり，社会経済にいかなる影響を与えるのだろうか．

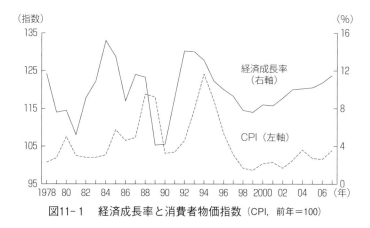

図11-1　経済成長率と消費者物価指数（CPI，前年＝100）

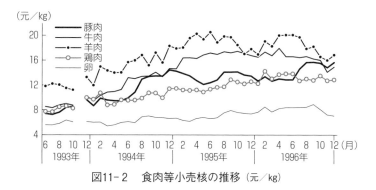

図11-2　食肉等小売核の推移（元／kg）

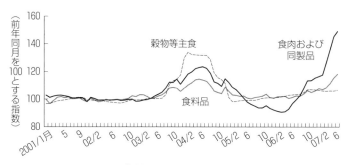

図11-3　食料品CPIの推移（2001年～07年）

出所：図11-1～図11-3すべて，『中国統計年鑑』，『中国物価』（月刊）より作成.

（1）　豚肉はなぜ上がったか

1992〜96年の５年間に10％以上の経済成長が遂げられた一方，猛烈なインフレも見られたが，97年以降の10年間で，高成長とインフレのそうした関係が消えたかに見える（図11-1）．中国経済の重要な特徴として揶揄されるこの現象の背景に，農産物をはじめモノの供給過剰が存続しているのだ．

ところが，2007年５月，豚肉の市場価格が急騰したことをきっかけに，物価への社会的関心が再び高まった．CPIが連日のようにテレビや新聞紙上に登場するようになり，この専門用語は庶民の間でも通用するようになっている．CPIは台所と直結する食料品の価格と強い相関関係を持つからであろう．実に2001年１月〜07年８月の間におけるCPIと食料品の相関係数は0.95と高い．

豚肉の価格急騰に３つの要因がある．第１は安定的供給体制，流通システムが十分に構築されずにいることである．養豚産業が十分に成長しておらず，家畜としての養豚は市場への対応力をほとんど持っていない．農家は価格上昇を見ると一斉に生産拡大に走り，供給過剰で価格が暴落すると，今度は同時に生産を縮小させる．それで供給が不足し価格が急騰するという構図はしばしば見られたが，今回もその例外ではない．

第２は飼料穀物価格が国際市場の影響を受けて高止まりしており，養豚のコストも大きく上昇していることである．2007年第Ⅰ，Ⅱ四半期の畜産物の生産者価格は対前年同期比で14％，18％も伸びたのである．

第３は疫病防止対策が十分でなく，広い範囲で豚の疫病が発生し，出荷量が激減したことである．

（2）　さらなる物価高騰の可能性

物価上昇率が一定の水準を超えると，インフレが発生したと判断される．インフレを退治する手段として，預金金利を引き上げ，通貨供給を減らすことが挙げられる．一方，高すぎる金利は企業の投資意欲を損ない，経済成長にマイナスに作用する．ここ数ヵ月間，物価上昇率に応じて，預金金利も銀行準備金率も大きく引き上げられたが，さらなる物価上昇が続くと80年代末の社会経済の大混乱，1995〜99年の経済後退が再発しないとは限らない．

ただ，いまのところ，そのような可能性は小さい．主な理由は２つある．

第１に，５月以降の食肉価格の急騰はそれ以前の低すぎる価格への反動を含んでいる（図11-3）．金額で見ると，それは1990年代半ば頃の水準をわずかに

上回る程度であった（図11-2）．また，主食の穀物，水産物，果物の価格は比較的安定しており，8月のそれぞれのCPIは106.4，106.2，96.7にすぎなかった．

　特に指摘したいのは調査対象品目金額の67％のウェートを持つ非食料品のCPIが非常に低いという事実である（酒・タバコ，衣類，家庭用品，医療保健，交通・通信，教育などは98.7〜102.3，住居は104.3）．今回の物価高騰は予期せぬ豚の疫病に端を発したものであり，短期間で終わる可能性が高いということである．

　第2に，8月の食料品CPIは対前年同期比で109.8と決して低くはないが，都市民，農民のエンゲル係数が1990年の54％，59％から2006年の36％，43％にそれぞれ低下したことを考え合わせると，肉類そして食料品の価格上昇の国民生活に与える影響は全体として大きくならない．

　したがって，今回の食肉価格の高騰が食料品価格の上昇 → 賃金の引き上げ → 工業製品価格の高騰 → 国際競争力の低下へと結びつくシナリオが成立する可能性が低い．

（3）　農村の低所得者に配慮を

　もちろん，問題がないわけではない．低所得の都市民に対しては，政府は最低生活保障の基準を引き上げたりして食料品価格急騰の影響を和らげようとしているが，都市部で働く「農民工」や農村住民に対しては，相応の対策を採っていない．彼らのなかの低所得者のエンゲル係数は依然50％位で，食料品価格急騰によるダメージは大きいはずだ．

　また，アメリカ政府が奨励するバイオエタノールブームにより，トウモロコシなど飼料穀物の価格は今後も下がらない可能性が高い．すると，食肉の価格上昇は長期的な構造問題とも絡むことになる．

　いずれにせよ，今回の豚肉価格騒動を機に，中国政府は安定的な供給体制と流通システムの再構築を急ぐ必要がある．また，社会的弱者とされる農村の低所得者への配慮も怠ってはならない．そこに潜む不満を徐々に解消していかなければ，その大きな爆発は避けられないだろう．

　経済大国となった今，インフレに由来するあらゆるリスクを未然に防ぐことは中国政府の責務であり，そのための努力が強く求められている．

（『週刊エコノミスト』，2007年10月16日）

2　不平等な一国二戸籍，二重構造の解消を急げ

　中国共産党は2010年10月に開いた第17期党中央委員会第5回全体会議（5中全会）で，第12次五ヵ年計画（2011〜2015年）の制定にむけての建議（意見書）を採択した．

　建議には胡錦濤総書記が提唱した「包容性ある成長」，すなわち，「広い範囲で機会と結果の公平を最大限追求すべき」という新しい理念が反映され，市民の間では建議に対する関心が高まっている．中国は戸籍によって国民を二分する実質的な身分社会であり，機会と結果の両面で巨大な不平等が存在しているからである．

　2009年の総人口13億2800万人の内，農業戸籍（農民戸籍）は66％，都市戸籍（中国の正式な用語では非農業戸籍」は34％となっている．この一国二戸籍は1958年制定の戸籍登記条例が根拠法で，最大の特徴は出生時に親の戸籍が自動的に継承され，農業戸籍から都市戸籍への転換には厳しい制限があることだ．この制度は前近代的性質を有するものとして内外から批判されている．

　新中国成立以来，農業戸籍者と都市戸籍者とでは，教育や就職，賃金，そして医療や年金の社会保障など，あらゆる分野で公然と差別が行われ，個人の能力や努力によらない不公平な分配制度が続いてきた．

　1950年代末から70年代の計画経済期には，農業戸籍者はすなわち農民であり，都市戸籍者は主に都市に住み，商工業やサービス業で働く都市民であった．農村と都市は実態として分けられ，戸籍のうえからも分断された二重構造となっていた．農民は人民公社，都市民は国営企業で，貧しいながら比較的平等な空間で暮らしていた．

　ところが，改革開放が始まると，農民は非農業の仕事をする自由を手にし，村を離れ都市で出稼ぎをするようになった．こうした農村出身の出稼ぎ労働者（農民工）は1990年代後半から急増し，2009年末には1億4000万人を超えている．その家族も含めると，およそ1億7000万人が農村を離れ異郷で生活している．

　農民工は上海市の人口1921万人の内，540万人，北京市の人口1755万人の内，540万人を占めている．中国の大都市で人口が増える最大の理由は農民工の流入である．ここ30年間で，全人口のうち都市に住む者の割合は毎年1ポイントずつ上昇し，2009年に46.6％となった．だが，大量の農民工の存在はほかの先

進国の工業化で見られた人口移動や定住とは意味合いが異なっている．不安定な立場に置かれた農民工は，将来的には農村に帰る可能性もあるためだ．

　都市の中に戸籍を持つ都市民と持たざる外来人口からなる新しい二重社会構造が形成されてしまった．都市民は子どもの教育を受ける機会，就職と賃金，医療・失業・年金などの社会保障で行政から手厚いサービスを享受できるのと対照的に，農民工は現住地の戸籍を持たないことを理由に，職業選択の機会不平等を強いられ，様々な行政サービスを受けることもできないからである．

　こうした制度は，農民工の人的資本が無駄にされているという点で経済的損失が大きい．また，長年にわたって積もった不満が，何かのきっかけで爆発したときの社会的打撃は計り知れないだろう．

　農民工も世代交代が進み，改革開放と共に生まれ育った若い農民工の子どもはすでに働き出している．彼らの多くは高卒で，農業と無縁で暮らしてきた．親世代と違って強い権利意識を持ち，政府による農民工政策への不満も強い．

　上海市の統計によれば，小中学校の生徒の中で，農民工と，地方の都市戸籍者の子どもが30％を占め，その数は42万人にもなる（農民工の子どもと地方の都市戸籍者の子どもの割合はおよそ8対2）．こうした子どもは，生まれた時から上海に住み，将来も住み続けたいと考えているが，実際は様々な制度的な障壁がある．ところが，今のところ関係する法規や制度，あるいは行政システムは，農民工および農民工子弟の規模拡大と変質に対処できるようにはなっておらず，これまでの対策も場当たり的な応急措置でしかなかった．

　新世代の農民工が中年を迎える頃，あるいは農民工子弟が成人し社会に出る年齢になる頃までは，多少の時間的余裕はある．しかし，戸籍制度をはじめ農民を不公平に扱う諸制度を改革し，身分社会から自由で平等な市民社会への転換を急がなければ，潜在的矛盾の尖鋭化が避けられないだろう．

　新型二重社会の存続は社会正義に大きな問題があり，それを反発する新世代が造反すれば，社会が混乱に陥り経済成長もそれで止まってしまう危険性すらある．政府の政策実行力が今まで以上に求められている．

（『週刊東洋経済』，2011年1月8日）

3 空回りする「腐敗防止」, 高まる国民の不満

　中国は一党独裁の国だ. 専制的な政治体制だから, 腐敗は蔓延している. そうであるにもかかわらず, 共産党も政府も真剣に腐敗防止に取り組んでいない. おそらく, 日本人の多くは中国の腐敗問題をそのように捉えているのだろう.

　単純な想像とはいえないが, 後述のような中国政府の努力を看過している面はある. 実際, 共産党政権は国民の支持を得るため, 様々な腐敗防止対策を講じてきており, 法規違反者への処罰も厳しい.

　中央規律検察委員会を頂点とする各レベルの監査組織は, 内部告発や会計監査などで把握した案件を密かに調査する権限を持ち, 不正にかかわった党員幹部を摘発し, 司法機関に移送することができる. 2011年3月に, 鉄道大臣の巨額汚職事件が摘発されたことはその一例である.

　日本の内閣府に当たる国務院は2007年に, 国家腐敗予防局を新設し, 公権力の腐敗を未然に防ぐべくルール作りに力を入れ, 数多くの法規を制定, 改正してきた. 例えば, 1995～2010年の間に, 共産党中央と国務院は課長級以上公務員の収入・資産申告について4つの規定を公布した. 申告の主体は本人から家族全員に, 申告の対象は収入から家屋・株式などの資産へと徐々に範囲が拡大されている.

　2006年の規定では, 妻子が外国に移住し, あるいは, 外国人と結婚している子女を持つ幹部公務員は, その事実を申告しなければならないと明記されている. 収賄や横領で出来た不正な蓄財を海外に移し, 自らも逃亡して身を暗ますという犯罪を防止しようとするためである.

　2009年に, 党中央・国務院は, 「小金庫」と呼ばれる役所の裏金問題の解決に乗り出した. 中央官庁から地方の党・行政組織, 国有企業などに予算外の裏金が普遍的に存在したが, 税務調査を受けず権力者のみが掌握するこの小金庫は, 往々にして幹部職員の臍繰りとなり, 腐敗の温床となっていた. 調査の結果, 10年に全国で5万738の小金庫が見つかり, 裏金総額は239億元にも上った.

　ほかに, 国務院は, 公費による外国訪問・公用車の購入と使用・公費接待という3公の基準を厳格化し, 税金の無駄遣いに対する国民の批判を意識せざるをえなくなっている.

　ところが, そうした努力にもかかわらず, 腐敗の抑止が出来ていないどころ

か，腐敗の規模がますます増大し，腐敗の形態も多様化，巧妙化している．近年，検挙された汚職事件では，収賄や横領の金額が数千万元ないし数億元に達するケースも珍しくない．

様々な法規が制定され，死刑を含む厳罰が科され中で，重大な腐敗事件はなぜ後を絶たないのか．

イギリスの歴史学者・アクトンが残した名言にその答えがある．権力は腐敗する，専制的権力は絶対に腐敗するということだ．

中国では，120余りの大型国有企業が国民経済の主要部門を独占し，役人が公有制の土地を徴収・転売する過程に関わり，行政が数え切れないほどの許認可権を持つなど，権力とカネが癒着する空間は大きい．ある意味で，これらは腐敗を生みだす温床となっている．

役人の収入・資産申告などは仲間内での書類作成にすぎず，国民やマスメディアに開示されることはない．公権力に対する国民の監視・監督は十分機能していない．

かといって，政治改革を断行し，民主化を促せば，そうした状況は一変するのだろうか．残念ながら，民主主義の政体を敷く多くの途上国を見れば，ことはそう簡単でないことも分かる．

経済発展と腐敗の度合いの間に逆U字型の関係があり，所得水準が十分な高い水準に至るまで腐敗は深刻化し続けるものの，その後は改善するとの考えもある．

だが，中国の現実を見ると，それは正しいとは思えない．中国政府もそれを信じていないだろう．高級幹部には高い収入と地位が保証されているにもかかわらず，巨額の経済犯罪に手を染める者は依然として多いからだ．

では，どうすればよいのだろうか．自浄能力を高め，法規を違反した者を厳しく処罰することで，腐敗の抑止を図り続けるか，それとも，腐敗の温床を取り除き，情報公開を進め，国民による公権力の監視・監督を制度化するか．

現状では，明らかに権力者の自浄に重きが置かれている．国民による監視は腐敗防止により有効だが，政治の民主化に直結しやすく，共産党政権にとって諸刃の剣であって受け入れられがたいであろう．

中国はこのジレンマからいかにして脱却できるのか．経済が成長し，絶対多数の国民の所得が増えている間は，腐敗や格差に対する不満があっても，暴動などで社会秩序の大混乱は起きるまい．

　ところが，高度成長は永続するものではない．低成長または停滞が訪れ，経済のパイが増大しなくなった時に，不公平な分配は社会の安定を脅かす．そのようになる前に，大規模な腐敗を根絶する制度を整備しておかなければ，国民の鬱積した不満は爆発するだろう．中東・北アフリカで起こった混乱はそれを如実に教えてくれている．

　中国に腐敗との戦いに活路を見出す時間的余裕はそう多くない．

（『週刊東洋経済』，2011年4月30日）

4　「自由と平等」の隣国，中国はインドに学べ

　インターネット上では，「インドの貧しい人はなぜ金持ちを憎悪しないか」をめぐって，熱い議論が繰り広げられている．

　きっかけは一冊の本である．2006年に中国の外交官が，インド駐在経験を『感受印度』（日本語だと「インドで感じたこと」といった意味）という本にまとめたが，11年になって再び注目されるようになった．ネット上では同書を議論の糸口にして，中国の政治や経済，社会体制についての熱心な議論が行われている．むろんその背景には，権力者や金持ちへの反感が高まっていることが無関係ではない．

　『感受印度』は，中国とインドとの共通点について，人口が多いことや経済成長率が高いこと，1人当たり所得水準が低い一方で，貧富の差が大きいことを挙げている．基本的人権や政治体制では，インドは中国よりまさっているとして，中長期的には，インドは中国よりも調和的発展の可能性が高いと見ている．

　同書は，さらに次のように指摘する．インドは，最多の人口を有する議会制民主主義国家である．貧しい国民が多く，スラムとそこに暮らす人も膨大だが，土地私有制の下，国民は農村から都市に移動する自由があり，スラムに暮らす自由すらある．政府も政治家も国民の支持（得票）を得るため，貧しい階層向けの医療・教育サービスを提供する．

　インドではマスメディアの監視もあって，権力の腐敗が少なく，わいろや不正はあまりない．そして，ビジネスで成功を収めた金持ちは，学校を作ったり慈善事業をしたりすることで，貧しい人々を助けている．そして「選択の自由

や，政治上での権利の平等，宗教が盛んな国柄，ということも影響して，イン
ドの貧しい人は金持ちと調和的に共生している」と同書は説く．

　対照的に中国には厳しい．中国では民衆は権力者や金持ちに強い反感を持っ
ている．それは権力者自身が腐敗し，金持ちは社会的弱者に対し無慈悲で傍若
無人なふるまいをするからだと，同書は指摘する．

　確かに著者から見ても，中国社会にはインドでは想像のできない現象がいく
つもある．その筆頭ともいえるのが，都市戸籍と農業戸籍に分けられる戸籍制
度である．

　中国の総人口の3分の2は農業戸籍である（これがいわゆる農民）．農民は移住，
職業選択，教育，医療，年金など，あらゆる面で都市住民と異なる制度が適用
され差別され続けている．都市への出稼ぎ農民（農民工）はその戸籍ゆえ，非
正規雇用，低賃金，低福祉に追いやられている．都市に何年も住んでいても，
都市戸籍への転入を認められていない．

　農民の平均収入は都市住民の3割程度にすぎず，国連の絶対貧困ラインを当
てはめると貧困人口は1億数千万人にも上る．

　権力の腐敗もはなはだしい．社会・経済において，政府は絶大なる権限を持
つ．そのためか贈収賄は日常的な出来事であり，金額も巨額化している．政府
幹部の不正蓄財の報道は数え上げることもできない．

　経済界で成功を収めた人物も，自らの才覚で富を築いたというより，権力と
の癒着によって独占的立場を手に入れ，成功したというケースがある．本来あ
るべき富が一部の富裕層によって略奪されているという感覚を持つ中国人は
多い．

　もちろんインドにも重大な欠点がある．中国に農民戸籍があるように，イン
ドにはカーストという絶対的な身分制度がまだ生きている．インドの貧困は，
中国よりも深刻で相当に根深い．それでも，インドの民主主義，法律による統
治については，学ぶべき点がある．

　『感受印度』が出版された直後，「青年参考」紙は，その内容を「インドの貧
しい人は金持ちを憎悪しない」というタイトルで転載した．それに対し，たち
まち反発の声が上がった．中国の貧民層がインドの貧民層に学べとでもいうの
かと．

　ところが，ネット上で議論が深まるにつれ，同本の著者の真意が明らかになっ
てきた．インドとの比較を通じて，中国社会の様々な不条理を批判し，改善を

主張していることが分かったためだ.

　欧米の制度や人権と比較するだけでなく, 同じアジアのインドに目を向け始めたことに, 著者は中国人の変化を感じる. これまでの比較文化論では, 欧米と違いがあるゆえに, 中国の不平等も正当化される傾向があった. しかし, 共通項を持つ隣国との比較を通じて, 中国の問題点はより鮮明になってくる. ネット上の議論は, 経済発展も重要だが, 人間の自由と平等も忘れてはいけないことに気付いた人が増えたことを意味しているといえるのだ.

(『週刊東洋経済』, 2011年11月5日)

5　増加する中間層は社会変革を担えるか

　中国では経済的に豊かになった富裕層はその厚みを増しつつある. 彼らは貧しい層と大金持ちの間に位置し, 中間層とも呼ばれる.

　普通, 一国の経済が成長すると, ビジネスに成功した中間層が現れる. 中間層は往々に多様な価値観を持ち, 民主化を求める傾向がある. 膨らんだ中間層は大きな政治力を形成し, 専制的体制を民主主義体制に変える存在に成長するといわれる.

　この間の韓国や台湾では, 経済発展 → 中間層の拡大 → 独裁から民主制への体制移行は確かにあった. 中国に対しても, 西側は当初は同じような変化を期待していた. しかし今のところ, その兆候が見られない. どうやら, 中国の中間層は独特の性質を持ち, 社会変革で果たす役割が異なるようだ.

　中国社会科学院の李春玲によれば, 2010年に一定の条件を満たす中間層は総人口の6.7%を占め (8898万人), その内訳は, 私営企業の経営者が3%, 共産党・政府組織の主要幹部, 国有企業などの経営管理者および中級以上の専門技術者が31%, 商工業の自営業者が19%, 普通のホワイトカラーと専門技術者が47%, だという. 他方, 中間層と自認する人も5000万人を超えている.

　今の中国では, 中間層が1つの社会階層として存在感を高めつつあることは紛れもない事実である. ところが, 中国の中間層は経済的地位を築いた後, 民主化要求を強めていくかというと, そうでもなさそうだ. 前出の李によれば, 中間層は自らの生活に対する満足度が高く, 社会・政治の変革に対する態度は保守的だ. 中間層は共産党政権への信任が高く, 中央政府を支持する傾向も強

い．ただ，中間層の年齢や教育水準によっては，政府や権力に対する意識が異なる．若年層，高学歴層は政治的自由主義に傾き，民主主義の意識を強く持ち，党や政府への信任が低いとも指摘する．

中国の中間層はなぜこのような意識構造を持つのだろうか．最大の理由は，中間層に属する人々の主体が現体制の中に入っており，改革開放がもたらした経済的恩恵を最も多く享受していることであろう．

中国は8030万人の党員を有する共産党の国である（2010年）．過去30年間に，総人口は年平均0.99％増だったのに対して，党員は年平均2.55％も増えた．政府機関はいうまでもなく，大学，研究所，様々な企業，村や町内会にも共産党の組織があり，各界の優秀人物が党員として吸収されている．

共産党員であることの意味は時代と共に変化してはいるが，出世するための重要条件であることに変わりがない．共産主義を信じようとしなくても実利を考え入党した人も多い．それは結果的に社会各界のエリートが体制の中に取り込まれ，政権の安定につながったのだろう．

共産党はかつて労働者や農民の利益を代表する政党だと自認したが，今は，資本家を含むすべての階層を代表できる存在としてその性質を改めている．確かに，党員の職業別構成を見て納得する部分がある．2010年に労働者と農民はそれぞれ8.7％，30.4％にすぎず，党・行政組織の職員が8.5％，企業経営者・専門技術者が22.9％を占めた．労働者と農民はもはや少数派となっている．

もちろん，共産党員はすべて富裕層ではありえない．しかし，富裕層の大多数は共産党員であろう．党員という政治的身分を持つ中間層，もっと言えば，党員であるがゆえに中間層になれた人々が真正面から政権を批判することは論理的に考えにくい．そうである以上，中間層を社会・政治の安定剤と見なし，その政治参加を制度化することが求められた．

実際，多くの財界人，知識人は中央から地方までの各レベルの党大会，人民代表大会，政治協商会議の代表に選出され，様々な専門委員や要職に就いた者も少なからずいる．

社会各界のエリートを入党させ，経済発展の恩恵を受けさせながら，社会の安定維持を図ろうとするやり方は，今のところ，一定の有効性を持っている．しかしその一方で，農民，労働者といった社会的弱者が制度的に排除され，格差社会が形成されている．

高度成長が続く間は，下層の収入もある程度上昇する．産業構造の変化に伴

い，ステータスの高い職業が増える．社会各層にそれぞれが上向いて移動する人が多い．横並びでは不満はあっても，自らの状況が良くなると望めるなら，余程のことがない限り，民衆の反乱は起こるまい．

しかし，経済成長のペースはいずれ落ちる．社会全体として階層間での上昇移動が飽和状態になった時，中間層と下層，中間層の内部で潜在的な矛盾が先鋭化しよう．

中東，北アフリカでは，民衆は暴力で民主化を実現しようとしているが，前途多難だろう．対照的に，韓国や台湾では中間層の成長で平和的な民主化が果たされた．中国はどのような選択をすべきか．いま，中間層の歴史的役割が問われている．

（『週刊東洋経済』，2011年12月10日）

6　「公平な市場」を掲げた世銀報告書が意味するもの

世界銀行と中国の政府系シンクタンク・国務院発展研究センターは，2012年2月下旬，『2030年の中国』という包括的な研究報告書（以下，世銀報告書）を発表した．

全国の人民代表大会（全人代，国会に相当）の開幕を1週間後に控えていたタイミングでの共同発表は偶然ではない．全人代の初日に温家宝首相が行った政府活動報告にも，世銀報告書のエッセンスが多く反映されているからである．

世銀報告書では，中国が長期的な経済発展を実現するために，6つの戦略的課題を解決しなければならないと論じている．

① 構造改革を推進し市場経済の基盤を強化する，② イノベーションのペースを速め，開かれた体制を構築する，③ 環境に負担を与えない成長を実現し，環境規制を経済発展の原動力に変える，④ 医療，教育，就職などで全国民の機会平等を拡大する，⑤ 財政体制を強化する，⑥ 国際社会と協調し各国との互恵関係を追求する，である．

報道によれば，世銀報告書は次期首相と目される李克強副首相の指示によって始まったもので，財政部（財務省）の協力をえながら，世銀と国務院発展研究センターとの共同作業によって完成した．

1980年代以降，中国政府は市場化や国際化に向け改革を進める過程で世銀か

ら多くの助言を受けてきたが，今回の世銀報告書では両者の関係が微妙に変化している．中国政府は自らが直面する難題を解決するため，世銀の権威を能動的に利用したのである．

　中国はいまや1人当たり国内総生産が5000ドルの中所得国となっているが，著しい経済格差，低水準の社会福祉，環境汚染，少子高齢化，基幹産業における国有企業の独占・民業圧迫といった課題を抱える．

　世銀はこれまで，社会主義から資本主義に転換した国や，通貨危機に陥った国に対して，様々な処方箋を出してきた．具体的には小さな政府，市場競争や私有化の促進，民間企業の育成，資本取引と貿易の自由化といった政策である．

　世銀報告書では，保守派の反発を和らげるために，文言の表現で一定の工夫が見受けられるものの，底流に潜む考え方は一貫している．銀行システムの改革，基幹産業での国有企業の独占打破，参入障壁の撤廃による民間活力の導入，政府と企業との役割の住み分けなどである．

　中国では，国有企業改革が本格化した1990年代末以降，石油化学，電力，通信，鉄道，航空などの産業を除いて，ほとんどの国有企業が私有・民営化された．2010年時点で，政府の直接の指揮・監督を受ける中央企業は117社，そのグループ企業を含めても11万社である．これは数の上では，全企業の約3％にとどまっている．

　ところが，国有企業の影響力は限りなく大きくなっている．2003年から10年までの7年間で，中央企業の資産総額，売上高，純利益，納税額のいずれもが，3〜4倍に膨れ上がっている（国有資産監督管理委員会の発表）．

　米フォーチュン誌の「世界の大企業500社」で，中国企業は2001年の11社から11年には69社に激増したが，その6割以上は中央企業であり，民間企業は2社だけである．まさに「国進民退」を象徴するようなデータである．

　国有企業ばかりがこの世の春を謳歌しているが，その実力はそれほどでもないという見方もある．民間の有力シンクタンク・天則経済研究所（北京）は2011年3月に発表した報告書で，「国有企業が享受する低利子融資や政府からの補助金，様々な優遇措置（土地利用）を除外すれば，国有企業の資産収益率は2001年から08年の間に，マイナス6.2％になる」と指摘している．

　これからの中国にとって，技術・資本集約型への経済構造の転換や民営企業の活性化，そして何より経済基盤として公平な市場が求められていることは，党指導部がよく理解しているはずである．世銀と国務院とが共同で報告書をま

とめた背景には，そうした改革を実現するため，世銀の影響力を利用したいという思惑があってのことだろう．

　世銀報告書は，経済分野だけでなく，個人の権利拡大や政治参加，法による統治を中国政府に呼びかけているが，これは改革派による保守派に対す政治的宣言とも理解できる．

　21世紀，中国は中所得から高所得国へ，そしてより自由な国を目指して，新たな長征を始めたのである．

（『週刊東洋経済』，2012年3月31日）

第12章

政治体制の進化と課題

1 高成長を実現させた共産党の意外な柔軟性

2011年12月11日に，中国は世界貿易機関（WTO）に加盟して10周年を迎えた．世界経済システムへの本格参入で，経済成長に拍車がかかり，国際社会における中国経済の存在感が著しく高まっている．

国内総生産（GDP）は2010年に日本を抜いて世界第2位に躍り出，輸出入総額，外貨準備高，自動車の生産・販売台数，等など世界一のものも挙げると暇がないほど多い．

この間，年平均10.7％の高度成長にもかかわらず，消費者物価指数（CPI）は2.1％，最高の2008年も5.9％と低かった．リーマンショックを受けた先進国経済が混迷を続ける中，中国は素早い景気対策を講じ，成長率のV字型回復を実現してみせた．

中国経済はなぜここまで順調に成長できたのだろうか．著者は以下の諸点が重要であったと考える．

第1点は，中国共産党・政府が経済発展を礎とする「中華民族の偉大なる復興」をスローガンに掲げ，国民から強い支持を得ていることだ．

第2点は，党政府が経済発展に向けて政治体制の大枠を維持しつつ，内外の情勢変化に柔軟に対応してきていることである．

第3点は，集権的な党政府のヒエラルキー組織がある一方，政策形成の科学化と透明化が図られ，国の基本政策の揺れ動きがなくなっていることである．

第4点は，マクロ経済の安定化を実現するために，政府が公共投資，金利，税制など先進市場経済で馴染み深い財政・金融政策の手法を習得・運用するように努めていることである．

ここでは，時代遅れの原理原則に拘らぬ党政府の持つ柔軟性，政策形成の科学化，およびマクロ経済運営の上達について述べたい．

　周知の通り，改革開放の総設計師・鄧小平は現実主義者である．彼の残した名言・「白猫でも黒猫でも鼠を捕るのが良い猫である」，俗にいう「猫論」はそれを如実に表している．

　改革開放期に入った1980年代から90年代初めまでの中国では，企業改革や外資利用の当否をめぐって，不毛なイデオロギー論争が多く，それで改革が進まない時期もあった．

　ところが，1992年初め深圳などを視察した鄧小平の一連の発言で，その類の論争に終止符が打たれた．生産力の発展，総合国力の増強，人民の生活水準の向上に資するものでさえあれば，たとえ資本主義国の制度でも大胆にやってみるべきだ，と鄧は一喝したのである．

　以来，政府は株式制度を導入して国有企業を改造し，私有制の民間企業の生成・成長を大いに奨励すると同時に，憲法改正を断行し，民間企業や私有財産の合法性を追認した．

　国有企業の民営化改革で資本家に変身した共産党員が急増し，入党を希望する私営企業家も多い中，中国共産党は従来有すべき性質，つまり労働者と農民の利益を代表する革命党であることをあっさりと修正し，自らが資本家を含む全国民の利益を代表する国民党と宣言した．党政府は経済発展のためなら憲法や党規約の核心にまでメスを入れてしまったのである．

　また，政策形成の科学化にも目を見張るものがある．国家統計局をはじめ，各省庁内の研究所，政府系のシンクタンク，社会科学院，大学などで社会経済各方面の実態を把握するための全国調査または抽出調査が定期的に実施され，データの信憑性を高める努力も払われてきた．党政府は統計データに基づいて政策立案をし，専門家を招いて意見を聴き，場合によっては米国でよくあるような公聴会を開いて各方面の意見も聴取する．

　こうして出来上がった諸政策の素案は，中央経済工作会議や部門別の工作会議で検討を重ね，最終的に政策・制度として決定され，そして，全人代などの審議了承を得て予算措置が採られていく．

　中国の政策決定はトップダウン型と思われがちだが，実際，政策の形成過程では調査，検討，意見聴取などの科学化が追求されている事実にも注意を払うべきである．

　最後に，政府が市場と対話しながらマクロ経済をコントロールするノウハウがWTO加盟後急速に上達していることも特筆に値する．

　政府・中国人民銀行（中央銀行）は米連邦準備制度理事会（FRB）に倣って，財政と金融政策の基本方針を示す際に，「積極的」とか「穏健な」といった用語法を用い，市場にシグナルを送り，政策金利，銀行準備金率を調整し個人や企業の行動を誘導する形で，景気変動の幅を抑えようとしている．

　政策の立案・執行の中枢に日米欧で市場経済を学んだ元留学生が増え，米国流の近代経済学などを大学で勉強し，市場経済を理解できる層が厚みを増していることは背景にあろう．

　もちろん，経済発展の陰に個人の自由に対する制限があり，人権が十分に尊重されず，低賃金・低地価による農民への収奪が横行しているといった問題もよく指摘される．

　中国は特色ある社会主義経済（中国モデル）を実験し，今のところある程度の成功を収めたといってよかろう．問題はこれからだ．自由，民主という普遍的価値をどこまで受け入れるか．これは中国モデルの試金石となるかもしれない．

（『週刊東洋経済』，2012年1月21日）

2　次期指導部は博士の集団，変わる中国の指導者像

　中国は今，政治の季節だ．第18回共産党大会を秋に控え，最高指導部の党中央常務委員会（現在は9人）人事など，水面下での調整が進んでいる（2012年当時）．

　成長と分配のバランスといった経済政策や，政治改革をめぐる意見の相違を背景として，次期指導部の人選は国内外の高い関心を集めている．共産党青年団出身者の派閥「団派」と，元指導者の子弟からなる「太子党」グループの勢力関係がどうなるかによって，中国の針路が大きく変わるとされているからだ．

　民主主義国家と異なり，中国における各レベルの指導者の選出プロセスは透明さを欠く．そうした中，推測や憶測が出てくるのは仕方がない．しかし，団派 VS 太子党という二分法だけでは，中国政治の正体は捉えきれない．第一線で活躍する指導者の特質，およびその変化を理解することも欠かせない．

　まず，指導者の知識構造が激変していることに注目したい．広く知られるように，現指導部の胡錦濤総書記と温家宝総理，前指導部の江沢民総書記と朱鎔基総理，および他の常務委員の多くは，工学などの理系学部出身だ．

　次の総書記・国家主席に擬せられる習近平（清華大学法学博士）や，総理の最

有力候補である李克強（北京大学経済学博士）は，文系出身で高い学歴を持つ．常務委員の有力候補と目される王岐山副総理（高級経済師＝教授相当），李源潮党組織部長（法学博士），汪洋広東省書記（経営学修士）も同じだ．

　文系が優勢なのは，省レベルの指導部でも確認できる．このほど省レベルの行政区で共産党の常務委員を務める395人全員の顔ぶれが明らかになった．公式報道によれば，修士以上の学歴を有する者が全体の74％で，残りもほとんど大卒だ．博士号を持つ97人の専攻分野は，経済学が31％，経営学が30％，法学が14％だ．修士や学士の場合も，比率は同じようなものだろう．

　日本などの民主国家では，法学部や経済学部を出た政治家が他の学部出身者に比べ際立って多い．マルクス主義しか知らない文系が主流を占めるより，理系出身でもましだという時代が終わり，中国も民主国家の政治文化に近づいてきたのである．

　次に挙げたいのは，次世代の指導者の持つ特別な経歴とそれゆえの現実主義である．中国では文化大革命（1966〜76年）の間，大学入試が事実上行われなかった．都市部の雇用問題を軽減する意図もあって，毛沢東は1400万人もの若者を都市から貧しい農村に行かせた．

　大学入試制度が復活した1977年以降，彼らの一部は大学などに進学した．今の中国では，各界の指導者は77年入学の1期生から80年入学の4期生までが多い．筆者は4期生だが，大学の同窓には40歳前後から中央官庁・地方政府の局長級幹部，大学の学部長，地方都市の市長など要職を務めてきた人々が多い．

　先進国のあらゆるものを貪欲なまでに吸収し，豊富な知識を体系的に勉強したうえで，それを実践し成果を出せた幸運な世代だといえる．大学の正規課程で学ぶ機会に恵まれず，働きながら党校（共産党幹部学校），大学で学位を取得した者も多い．

　先進国の政治・社会・経済・文化に精通し，西洋的な価値観に一定の理解を示す．一方で，中国の複雑な現実も冷静に認識しており，当面中国は独自の道を歩むしかないとの考えに賛同する傾向が強い．彼を知り己を知る世代といってよい．

　もう1つ指摘したい点は，中央の指導者がほとんど省レベルのトップを経験し，行政全般を統括するための多面的な能力を併せ持つ，ということである．これは，州知事を経験した後，大統領になることが多い米国の状況とよく似ている．

　違うのは，米国では国民の投票で政治家が選ばれるが，中国では党組織部による指導者選抜が基本だ，という点である．組織部は有能そうな人材を発掘し，彼らを各地方に異動させながら育て，実績本位で選抜を行う．これは，長期的で綿密な「計画政治」のようなものだ．

　前出の省レベルの常務委員395人のうち，60年代以降生まれの人が29％を占める．よほどの情勢変化がなければ，10年後の第6世代の指導者はこの中から生まれてくるはずだ．

　中国の政治は，団派 VS 太子党といったありきたりの構図では割り切れない．指導者の内面や中国独自の制度にも目を配って，政治を複眼的に見ることが，中国の将来を展望するうえでは有益だと思う．

（『週刊東洋経済』，2012年9月1日）

3　絶対権力持つ共産党は自らを改革できるか

　2012年11月8日，5年に1度の中国共産党全国大会が開かれ，向こう5年間ないし10年間の内政と外交に関する基本方針がそこで決定される．国内外の情勢がますます複雑化している現在，習近平を中心とする新しい指導部がどのような方針を示すかが注目されている．

　共産党政権が成立した1949年以来の中国では，「大躍進運動」の失敗による大飢饉，文化大革命期の社会混乱，天安門事件など，数々の失敗があった．それにもかかわらず，中国共産党はソ連や東欧諸国の共産党のように分裂，解体はしなかった．

　その強靭さは一体どこから来たのだろうか．マルクス主義を教条化せず，現場重視，実践主義といった革命時代に培った知恵を活かしてきたことのほか，党員の資質の確保，党組織の厳密化，自浄能力の向上といった点も挙げられよう．

　日本の政党の党員と違って，中国では共産党員は公職であり，党員は周囲の模範的な存在でなければならない．共産党員になろうとする者は，それぞれの職場で人徳，才能を共に発揮することを求められる．入党申請し，厳格な審査を受けて合格した者だけが党員になれるのだ．

　公務員への登用，あるいは職場での昇進の際に，共産党員であることが有利

な条件として扱われることも，人々の入党を後押ししている．2010年には中国共産党員は8027万人を数えたが，18歳以上の人口に占める比率は7.6％にすぎない．共産党員は依然として各分野のエリート的存在なのである．

　社会のあらゆるところに共産党の小組（チーム）・支部・委員会が張り巡らされていることも特筆すべき特徴だ．行政機関，大学，国有企業，軍隊はもちろん，私営企業や外資系企業，農村部の村にまで党組織が必ず設置されている．

　各地方にある様々な組織は，担当の業務を遂行する一方で，その地方の党委員会の一元的指導下に置かれる．党中央常務委員会を頂点とするピラミッド組織の一部として，党の方針を貫徹せねばならない．

　各レベルの行政首長は同レベルの人民代表大会で選出されるが，その候補は事実上党が決定する．大学などにも似通った人事制度がある．党委員会書記が，学長や社長を上回る権力を持つ場合も珍しくない．中国社会は共産党指導下の二重権力の上に成り立っている．

　絶対的権力を持つ共産党政権の下で，経済発展のための社会秩序が維持されている反面，権力の腐敗が蔓延していることも事実である．

　腐敗による自壊を防ぐため，中央から地方までの各レベルで，党の紀律検査委員会が設けられている．それによって，党紀や法に違反した，高級幹部を含む党員の摘発と処罰が行われてきた．

　ここ30年間の中国政治では，集団指導体制の確立，任期制の導入，指導者選抜の厳格化といった進歩が見られる．政策の形成プロセスが透明性を欠く点は否めないが，情報技術の進歩もあって，意思決定の科学化は大きく前進した．諸政策は，集権的な政治体制の下で実行に移され，経済の高度成長を生みだした．

　他方，「中国モデル」と呼ばれるこのような体制を否定的に見る者も多い．自由，民主，人権といった普遍的な価値がその中には内包されていないとの批判ゆえだ．

　この間，中国は「成長こそが道理にかなう」という鄧小平の遺訓を守り，経済発展を最優先してきた．皮肉なことに，経済的豊かさを手にしたことで国民の価値観が多元化した．権力の腐敗，経済格差など様々な社会問題に目を向け始め，政府に異議を申し立てるようになっている．経済成長だけでは国民はもはや満足しなくなったのである．

　中国共産党は，中産階級の台頭に対処するため，私営企業家の入党を認める

などの規約改正を行った．労働者や農民を主体とする革命党から，あらゆる階層を包容する国民政党へ変身しようとしているのである．

　だが，党と国が一体となる党国体制のままで，今後の社会経済の安定的発展がはたして可能だろうか．高度成長はいつか必ず終焉する．今までは社会的不満・不平があっても，それは高成長の中で矮小化され，大きな社会的混乱を起こさずに済んだ面がある．

　近年，中国共産党はようやく党国体制の限界を意識し，党内民主の強化を図っている．それを経て普通の民主主義に移行し，漸進的政治改革を実現するという思惑も見えてきた．柔軟性に富んだ中国共産党の，更なる進化を期待したい．

（『週刊東洋経済』，2012年11月3日）

4　「保守派勝利」の陰で進む共産党人事の着実な進歩

　2012年11月に閉幕した中国共産党第18回全国代表大会（十八大）で，習近平を総書記とする最高指導部として政治局常務委員7人が選出された．そのプロセスが不透明だったことから，日本での報道では中国政治の異質性が改めて強調されている．

　一方で，何点か重要な変化が見落とされたように感じられてならない．今大会の主要人事および権力移行の中身を精査すると，中国政治が着実に進化していることが分かる．

　実務能力と実績で高い評価を受け，常務委員会入りを有力視された50代の李源潮（党中央組織部長）や汪洋（広東省書記）は，政治局のヒラ委員にとどまった．一方，上海など主要な地方政府や有力部門のトップを務めた，江沢民に近いとされる人物が最高指導部入りした．これを根拠に，今回の人事で保守派が勝利したとの見方が日本では専らだ．

　だが，新常務委員5人はいずれも65歳前後のベテランであり，5年後の党大会で間違いなく引退する．その際には，今の政治局委員から後継者が選出されるだろう．

　人口大国の中国には優秀な人材がいくらでもいる．常務委員の任期が2期10年間にわたるのは長すぎる．志ある人が活躍する場を広げるために，1期のみの就任を前提とした人選があってよい．総書記の再任すら必要ない．今回の指

導部交代はそのような方向性を示唆したといえる.

　今大会では200人あまりの党中央委員が投票によって選出され，およそ1割の候補が落とされた. 党内民主を試行した結果だが，その制度化が進めば，より格上の政治局委員，同常務委員や総書記が選挙で選ばれる日も遠くない. 指導者選出のプロセスで，カリスマ性にかわって手続きの公正さが重要性を増していることがその背景にある.

　胡錦濤は党の絶対的指導下にある軍の最高ポスト，党軍事委員会主席を習近平に譲り，前総書記による「院政」の慣行に終止符を打った. 胡錦濤指導部発足後の最初の2年間，江沢民は同ポストに居座った.

　江・胡とも鄧小平のカリスマ性に頼って最高指導者になっただけに，権力移行期のリスクを減らす必要があったのだろう. 対照的に，今回の指導部交代では，すべての権力が順調に移行した. わずかな変化とはいえ，中国政治にとっては大きな前進と評価すべきだ.

　日本の報道では指導者の出身を巡り，高級幹部の子弟（太子党）か，胡錦濤の出身母体だった共産主義青年団（団派）の二分化による議論が盛んだが，当を得ていない.

　共青団は共産党の青年組織であり，共青団員の多くは加齢と共に共産党員になる. 共青団組織の幹部は党員である場合がほとんどで，有能な人材はさらに共産党や行政機関の幹部に昇進する. 共青団派の人々が政治局委員などに選ばれるのは，現行制度の生み出す必然的な結果であり，それが胡錦濤との個人的つながりを示すものではない.

　太子党というのも怪しげな分類だ. こちらには組織体があるわけでもなく，呼ばれた人達の間に共通する理念や行動規範があるわけでもない. 建国に携わった第1世代指導者や高級幹部の子弟ということだけが太子党とされる基準だからである.

　団派も太子党もその人脈や経歴だけで指導者になることはない. 競争の激しい中国社会では，長い年月をかけて実績を積み上げた者でなければ，出世することはできない.

　十八大で政治局入りを果たした40代，50代の次世代指導者には団派とされる人が多い. 彼らは若い頃から幹部候補に選ばれ，様々な地方や部門に配置転換させられながら，大国の指導者としての見識と経験を身に付けた実力派といえる.

　だが，いまの中国共産党の人事制度がこれからも機能する保証はない．社会が長期にわたり安定すると，教育を媒介した階層の固定化が進み，それが原因で個々人の出世する機会が不平等化する．高級幹部の子弟には米国など海外の名門大学を出身した者が多い．近い将来，彼らが親世代の権力ではなく，恵まれた教育環境の中で培った能力を武器に政界入りを果たし，国の指導者に上り詰めていくことが確実に増えるだろう．

　共産党は党内民主の制度化を通して，漸進的な民主主義への移行を目指している．一方で民主化が進むと大衆迎合的な政治家が現れ，今までのエリート政治も維持困難になる．太子党か団派かといった分類より，こうした動きにこそ着目すべきだ．現代中国政治の変化を本当に理解するための，新しい理論的枠組みが求められている．

（『週刊東洋経済』，2012年12月8日）

5　新政権のキーワード，「中国の夢」の読み解き方

　2013年3月開催の全国人民代表大会（全人代．国会に相当）で，習近平国家主席，李克強首相が選出された．予想外の事態が起らない限り，習・李指導部は2023年3月まで続く．今後の中国では少子高齢化が加速するが，年平均7％程度の中成長は実現可能との見方が一般的だ．

　人民元レートのさらなる切り上げも考え合わせると，10年後の中国はアメリカを抜いて世界一の経済大国になる可能性が高い．そのことは，習・李指導部が「中国の夢」を政策のキーワードとしていることの背景にもなっているに違いない．

　習主席は全人代で異例の就任演説を行い，李首相は大会閉幕後に長時間の記者会見に臨んだ．その直後に，習主席はロシア，アフリカを歴訪．習主席は中国南部の海南省で開かれたボアオ・フォーラムにも出席して基調講演を行った．中国が今どのようなビジョンを描き，対立する日中関係をどういう方針で立て直そうとしているのか．それを知るためには，習主席，李首相が行った一連の演説を分析することが不可欠だ．

　習主席が初めて「中国の夢」というキーワードを提起したのは，就任演説においてだった．その中身や実現のプロセスを具体的に述べて関心を集めた．以

下はその要点である.

　2020年までに国内総生産および１人当たり収入を10年比で倍増させ，全ての国民が比較的豊かな生活を送れるようにする．建国100周年を迎える21世紀半ばには，富強で民主的・文明的・調和的な社会主義近代国家を作り上げて中華民族の偉大な復興を成し遂げる.

　そのためには，長い歴史の中で形成された独自の理論や制度への自信を深め，中国の特色ある社会主義の道を歩まなければならない．同時に，平和・開発・協力・互恵の旗印を高く掲げて，国際社会との協調を図りながら平和的台頭を追求する.

　李首相は，政策をより具体的に説明している．施政方針としては，経済成長の持続，教育・医療・養老などセーフティネットに関わる民生事業の拡充，出身を問わず努力が報われる機会平等社会の構築，の３点を挙げた．成長至上主義とでもいうべき従来の理念は修正された.

　成長持続のための方策も示された．① 労働集約型，エネルギー効率が低く環境にも悪い資源消耗型の産業を縮減し，高次元の産業構造への転換を促進する，② 国有企業を改革し行政による許認可の範囲を大幅に縮小する，③ 民間企業の成長を促進し市場メカニズムの機能を強化する，などである.

　国際問題の処理に関しては，習主席は,「靴が自分の足に合っているかどうか，履いてみて初めて分かるものだ」という例え話を使って，中国の特色ある社会主義体制の有効性と妥当性を力説し，今後もそれに沿って前進するしかないと明言した.

　その一方で，以下のようにも語っている.

　人類の住む地球村は１つの運命共同体であり，各国は互いに依存しあう関係にある．国同士は大小・貧富・強弱の如何に関わらず平等に付き合うべきで，大国による覇権や冷戦時代の思考様式はもはや通用しない．途上国は経済を発展し，先進国との格差を縮めることこそが世界平和の礎である.

　各国の力関係が変わる中，隣国とのささやかな摩擦が生じることはやむをえない．重要なのは，対話と協議によって問題を解決し平和安定の大局を維持することだ．習主席は，「中国は戦争と混乱による苦難を深く記憶しており，平和をひたすらに追い求めていく」とも強調した.

　要するに，中国に欧米式の民主主義や三権分立を導入するつもりはなく，現存する先進国主導の国際秩序には異見を伝えていく．それによって生じた矛盾,

対立は，話し合いを通して解決し，世界平和の大局を維持する，というのが新指導部からのメッセージだと理解できる．

　個人の自由，機会平等を重んじるアメリカン・ドリームに比べて，「中国の夢」は国家，民族の強大化を至高の価値としている．しかし，隣国との摩擦をあくまで平和的な手段で解決するのが中国の外交姿勢だということは認識しておくべきだ．

　日本におけるこの間の全人代報道では，領土問題に絡んで国家海洋局の機能強化などに高い関心が示されたが，新指導部の施政方針を伝えるものが少なかった．それでは等身大の中国は見えない．景気回復が進む今こそ，日本はもっと自信と勇気を持って，中国のメッセージを受け止め，真正面から日中間の難問解決に取り組むべきではないだろうか．

（『週刊東洋経済』，2013年5月11日）

6　ロシア革命の中国へのインパクト

　本節は，2017年日本現代中国学会全国大会の共通論題・「ロシア革命百年と中国」で行われた中兼和津次報告（空想から現実へ——マルクス，レーニン，毛沢東，鄧小平に見られる社会主義像の変遷）へのコメントである．中兼報告では，マルクス，レーニン，スターリン，毛沢東，鄧小平それぞれの描いた社会主義像を分析し，その中から，空想（マルクス・レーニン）→ 現実（スターリン）→ 空想（毛）→ 現実（鄧）というらせん状のサイクルを見出すことが出来るとしている．興味深い主張である．

（1）　ロシア革命への中国学界の視点
　ロシア革命百周年を迎えるにあたり，中国では大規模な記念行事が行われたことが確認できていない．湖北省武漢市で刊行される学術雑誌『決策与信息』で，「記念十月社会主義革命勝利100周年」という特集号（2017年10月上旬・第484号）が組まれたが，中国社会科学院，主要大学の定期刊行物ではそのような企画が見当たらない．

　中国語文献の検索サイト・中国知網を利用し，ロシア革命を中国，中国共産党，中国社会主義，中国特色社会主義，中国伝統文化，中国模式とそれぞれ組

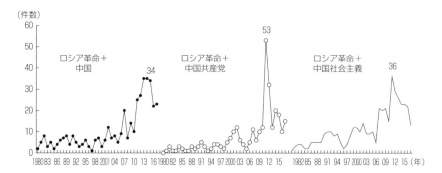

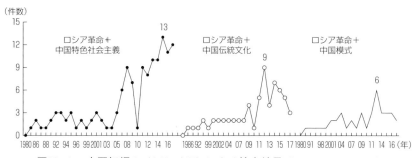

図12-1　中国知網の（文献＋主題）による検索結果（2017年10月16日現在）

出所：「中国知網」より作成.

み合わて「文献＋主題」で検索すると，**図12-1**が示すようなロシア革命に対する学界の問題関心が見て取れる．1980年代以降90年代末までの間，定期刊行物や新聞（文献）では，ロシア革命を中国または中国共産党，中国社会主義と結び付けて議論することが非常に少なく，傾向的な変化も見られない．改革開放で経済発展を推し進めようとした最中，旧態依然の旧ソ連，あるいはソ連崩壊後の新生ロシアに対し，中国の学界は全体として大した関心を示さなかったといえる．胡錦濤指導部が始動した2002年以降，特に，習近平指導部が発足した2012年頃から，ロシア革命を中国と結び付けて議論する動きが活発化している．背景に何があるのか.

　実に，習近平指導部の一期目が発足した2012年以来，理論自信，道路自信，制度自信，文化自信といったフレーズが増え，マルクス・レーニン主義，毛沢東思想への回帰が目立っている．そうした中でロシア革命への関心が増したのであろう.

（2）　ロシア革命の世界史的意義

　中国の学界では，ロシア革命の世界史的意義，およびその中国への影響について以下のような主張が多く見られる．

　第1に，ロシア革命の勝利を受け，帝国主義による植民地支配が退潮し，アジア，アフリカなど世界各地で国家主権を回復した途上国が急増した．また，ソ連を中心とした社会主義陣営との体制競争の中，資本主義陣営に属する国々は，税制・財政改革を通じ，再分配政策を施行し，労働者階級も含む市民の社会福祉の改善に努めるようになった．無政府主義，資本による労働の搾取，経済格差などで特徴づけられる伝統的な資本主義が進化し，市場と政府が補完しあう新しい資本主義が誕生した．

　第2に，ロシア革命は中国共産党率いる農村革命の起爆剤であり，ソ連モデルは後発国で工業化を実現することの可能性を毛沢東の新生中国に示した．後発国の中国は，農業集団化（人民公社）と国営企業を受け皿に指令計画による国民経済を運営し，農村から都市へ，あるいは農業から工業への資本移転を制度的に行った．原始的資本蓄積メカニズムを活かしてはじめて初歩的重工業化を成し遂げたのである．

（3）　資本主義，社会主義と中国的特色

　日米欧などの先進国は基本的に，生産手段の私有制と自由競争が融合して出来た市場経済，自由・民主・人権・法の支配を普遍的価値とした民主主義政治を前提とする社会である．対照的に，ソ連・東欧・中国などの旧社会主義国は，公有制（国有または集団所有）プラス指令計画による計画経済を，専制的政治体制を敷く共産党政権が運営するものである．鄧小平は共産党による領導下の多党合作制を維持しつつも，市場競争を経済の中に導入し，生産手段の私有制も容認する，いわゆる「社会主義市場経済」を発明し，ここ40年間の高度経済成長の基礎を築いた．その意味で，資本主義国が社会主義のよいところを取り入れて資本主義のサバイバルを果たしたのと同じように，鄧小平は，資本主義のよいところを吸収して社会主義の進化を実現しているといえよう．もしかしたら，西側の資本主義も中国の社会主義も結局，同じ方向に収斂していくことになるのかもしれない．

　中国共産党第19回大会（2017年10月）で，「習近平新時代中国特色社会主義思想」が新たに提起され，改正後の党規約にも盛り込まれた．習近平指導部は，2つ

の百年目標（全面小康/2021年，富強・民主・文明・和諧的社会主義現代化国家/2049年）を実現するべく，様々な改革を深化させ，法による国家統治や厳格な党内統治を強化する必要があると訴えている．いわば「習近平思想」が鄧小平理論を受け継いでできたものか否かはともかく，習近平時代の中国が新しい局面に突入していることは紛れのない事実である．

「中国特色社会主義」という言説もあるが，特別に強調されるほどの意味がないと思われる．社会や経済がいくら発展していっても，各国の持つ伝統的な要素（歴史，文化，宗教）や自然環境に根差す風土が消えるはずもない．長い歴史を持つ中国の伝統的政治文化などを内包する現体制の特質をあえて中国的特色というなら，それはそれで構わない．それをイデオロギーの色彩が滲む「社会主義」または「資本主義」と結び付けていうのも大した意味はなかろう．

（4）　個人的な問題関心

ロシア革命・ソ連の出現が西側の資本主義に与えた影響，つまり，政府の役割が増強し，チャーチル元イギリス首相のいう資本主義の欠点（幸運を不平等に配分する）が克服されたことで，生まれ変わった資本主義がより一層強大化した．

進化した資本主義との体制競争で，不幸を平等に分配することしかできなかった社会主義のソ連・東欧は崩壊したが，市場メカニズムと生産手段の私有制も容認し，社会主義市場経済に突き進む中国は生き延びている．

結局，ロシア革命を起点とした世界の流れは，両大陣営が激しく対立する中，それぞれが危機を乗り越えるため，相手の長所を吸収し自らの欠点を克服することで，共に生き延びてきた，ということが実態に近い．

長い目で眺めると，双方が同じ方向へ収斂しつつあるようにも見える．その終着点は，もしかすると，マルクス主義者が夢見た「共産主義」なのかもしれない．もちろん，ここでいう「共産主義」とは，分業を不要とし，国家の存在すら否定するようなものではなく，より豊かで自由，平等な人間社会を制度化するものであり，「修正共産主義」といってよい．

（『現代中国』，2018年9月）

7　中国は「八九政治風波」から何を学んだか

　2019年6月に,「六四天安門事件」は30周年の節目を迎えた. 日本や欧米では,腐敗を批判し政治の民主化を求める学生らに対し, 政府が武力で鎮圧し多数の死傷者を出したこの事件を重大な悲劇として批判するスタンスは今も変わっていない. 当の中国では, 同事件のことを「八九政治風波」と呼び, 事件の本質が共産党の統治と社会主義制度を否定する計画的な動乱だと断罪し, それに断固とした措置を採ったことで後の改革開放と経済成長が可能になった, と政府の対応が正当化されている.

　事件にせよ, 風波にせよ, 中国政府はここ30年間, そのことへの言及を忌避し, 学校教育やメディアで極力それを触らせないようにし, いわゆる「寝た子を起こすな」の方針に徹している. だが, この事件はなぜ起きてしまったか, 同じような事件を再び起こさないために何が必要か, といった事件への反省や総括はけっして怠っていなかった. その1つとして「穏定圧倒一切」という国民的合意形成が挙げられる.

（1）「三位一体論」とその方策

　社会秩序の安定維持こそが最も重要だというのは鄧小平の一貫した考えだが, 事件を機に国民から広く支持され, 発展・改革・安定という三位一体論の定着につながった. 事件前後, 外国から来訪した要人や自らの後継者との会談の中で, 鄧は経済発展を実現するには, 改革開放という手段は欠かせないが, 発展も改革も社会安定があってはじめてできる話だと力説した. 弁証的論法だが, 一般民衆にも分かりやすい.

　ベルリンの壁の崩壊に象徴された冷戦終結の直後, ソ連が解体し, 東欧圏も経済的混迷・後退に陥り, 一部では泥沼の内戦も繰り広げられた. 2010年代に入って独裁政権を打倒し民主化を実現しようとする「アラブの春」は結果的に, 政権崩壊, 内戦拡大, 難民の大量発生といった負の連鎖を引き起こし, 無数の命が失われる無残な状況を見せつけられた. 日米欧などの先進国でも, 議論はするものの多くの重要問題について合意が得られず, 問題の先送りばかりが目立つという民主主義政治の機能低下も露呈した. 変わりつつある国際環境を目の当たりにした多くの中国人は, 社会安定の大切さを痛感し, 西洋式の民主主

義政治も万能ではないことを認識させられた.

　韓国や台湾など東アジアでは，開発独裁で経済成長を遂げた．人々の所得が上昇し，いわゆる中産階層が肥大化するにつれ，価値観は多元化し民主主義政治も定着するようになる．一時，このような開発独裁モデルで中国のゆくえを見通す向きもあったが，全く期待外れといってよい．事件後の30年間，高度経済成長が実現し中産階層も急速に膨らんだ．しかし，いわゆる民主化要求は大した盛り上がりを見せなかった.

　ビジネスに成功し富を築いた企業経営者や役人・学者・医師・弁護士といったエリート層が様々な形で体制内に取り込まれ，彼らの利権が制度的に保障されているところにその理由がある．中央から地方までの人民代表や政治協商会議委員に多くの企業経営者が選出され，彼らの政治参加はその中で実現可能となった.

　鄧小平も繰り返し指摘した「知識人の待遇が低すぎる」という問題は，1990年代以降飛躍的に改善された．エリート層はいまや，高度成長の恩恵を存分に享受する最大の勝ち組であり，かれらは全体として事件時のような体制批判的というより，体制を擁護する立場に変わった．政府は，彼らが自らの意見を政策形成に反映できるように制度改革をし，批判するのではなく参加してもらう形でエリート層の取り込みに成功したといえる.

　政府は「上訪」という従来の制度を利用し，地元で解決困難な問題の上級機関への告発を認め，腐敗や格差に対する一般民衆の不満不平を和らげ，情報技術を駆使しつつ警察の力にも頼って起こりうる暴力的事件の未然防止に注力する．管内の安定維持が往々にして地方政府の政治的任務となっていることはその表れである.

　民主活動家や人権派弁護士と呼ばれた勢力に対しては，政府はより柔軟な手法で対処している．かれらの基本状況を把握し，必要に応じてその動きを監視したりもする．重要なイベントを控える際，当局はかれらを呼び出し，お茶飲みなどでそれぞれの行動を制限し，また，不都合の著名人のテレビ出演や新聞雑誌などでの発言，講演会開催を規制し，その社会的影響をコントロールする．政府は想定内の諸問題を芽から摘み取るように細心の注意を払っている.

（2）「鳥籠政治」とその限界

　こうして，1990年代以降の中国で，安定こそが社会全体の至上命令であり，

その下で，改革開放を持続し，経済発展に専念せねばならぬ，という国民的合意がそれ相応に形成された．三位一体論が実践された結果，経済発展は予想以上の成果をあげ，国民生活は全体として飛躍的によくなった．ほんの少し前まで想像すらできなかった豊かな暮らしを多くの中国人はいま実際に手にしている．今日の中国では，三位一体論の有効性が圧倒的多数の人々に認められているといって過言ではない．

　中国は共産党領導下の多党合作制と社会主義市場経済という独特の政治体制を守り，民主主義と市場経済が結合した普通の資本主義とは多くの点で確かに異なる．ただ，所有制と市場，民意に基づく政治といったところで中国と西側を比較してみれば，両者間の違いは程度の差に帰結できるかもしれない．

　中国では国有企業は依然重要な存在であるものの，私有経済はすでにそれを圧倒する規模に成長し，言論の自由はじめ民主主義が完全に否定されているわけではない．かつて「鳥籠経済」で市場と計画の関係を喩える時期があったが，それに倣っていうなら，今の中国はまさしく「鳥籠政治」をやっているにすぎず，党の統治と社会主義という籠の中で中国式の民主主義が認められているともいえるのである．

　また，鳥籠経済がすでにその使命を終えたように，鳥籠政治もまずは籠自体を徐々に拡張させていき，やがて消滅するだろう．社会経済がさらに成長し，国民も西洋式の民主主義に馴染むようになれば，高圧的な権威主義体制に頼らなくても社会秩序の安定維持が可能になると思われるからだ．

　今までの政治体制は，政策形成に必要な時間を短縮し，各方面の資源を動員し経済発展を速める可能性を秘める一方，社会的弱者や体制に異を唱える少数派への配慮に欠け，経済発展の成果を適正に分配できない欠陥も併せ持つ．こうした構造的矛盾を解消していくことは，低成長突入後の社会的安定の実現にきわめて重要であるが，高所得国への仲間入りを目前にする今の中国はまさに，成長と共に分配，さらに成長よりも分配へと政策の重心を移し，より一層の体制改革を進めるべき局面を迎えている．

（『東亜』，2019年7月）

第Ⅴ部　日中関係・中国研究の視点

第13章

日中関係の視点

1　2つの被害者意識のはざまで

　著者が小・中学生だった頃は「文化大革命 (1966〜76年)」の後半に当たり，まともに学校教育を受けたのは大学受験制度が復活した後の高校時代である．理工系が好きだったこともあって，日本史はもちろん，中国史についてもそれほど勉強した記憶がない．体系的な授業がなく，勉強しなくても構わない時代であった．日本人に対する印象といえば，「抗日戦争」のことを描いた映画から得た「日本鬼子」という抽象的なイメージしかなかった．ただ，幼い頃，祖母から聞いた「皇軍は怖かったよ」という話は今も耳に残っている．

　日本に関して本格的に勉強し始めたのは，1980年代初めの大学時代からであった．日本の経済計画や産業政策について授業などで紹介された．経済の発展を最優先し，近代化を一日も早く実現しようとする当時の中国では，戦後復興を経てわずか20余年で経済大国に成長した日本が輝かしく見えたからである．あの美しい流線型の新幹線，林立する新宿の高層ビル，自動車の疾走する高速道路，等．当時の著者にとって，それらはすべて夢のような存在であった．「日本に追いつこう」と夢見る多くの中国人は，あの不幸な8年間を顧みる暇もない感じだった．また，良質な日本製品に接する人が増えるにつれ，メイド・イン・ジャパンという言葉は中国で「優れていて安心できる」ということの代名詞となった．日本の映画やテレビドラマが日本ブームを巻き起こし，山口百恵はお茶の間の人となった．中国人の日本イメージは全体として非常によかったと思う．著者を含む多くの中国人は，日本が我々と同文同種の東洋に属し，一衣帯水の隣人であると信じ，また，日本人もきっと同じ考えを持っているだろうと想像した．いわゆる「靖国神社問題」や「歴史教科書問題」に関しては，当時の中国人はそれほどの関心も知識もなかったのではないかと思う．

　著者が来日して16年余経つ (2002年当時)．一介の苦学生から大学教授になっ

たこの間，日中関係を巡る様々な出来事があった．日本に対する認識は時代と共に深まり，日本の印象も当然ながら変わってきている．ここで，いわゆる歴史認識問題だけを取り上げて，若干の感想を述べるにとどめる．

　歴史は過去起きた出来事であり，歴史学はそうした出来事を発見し，それぞれの時代背景や因果関係を解釈する学問だ，と著者は門外漢なりに理解している．もし，この理解が桁外れに間違っていなければ，歴史家を含む現世の人々は，歴史を正視し，過去の過ちを忘れることなく，前向きに前進する姿勢を取るべきだと思っている．誰しも輝かしい過去を誇りに思う．しかし，あった過ちを故意に否定し，矮小化することは必要ではなく，科学的な態度とはいえない．相手があってのことだから．もちろん他方では，過去の過ちを執拗に問題視することも建設的ではない．歴史を清算し前向きであることこそが大事なのである．この考えに基づいていうならば，この間の日中間の歴史認識を巡る論争は不毛な部分を多く含んでいるような気がする．

　来日当初のゼミコンパで，ある先輩から「南京事件が中国人のでっち上げだ」という話を初めて聞いたとき，大きなショックを受けた．南京で4年間の大学生活を過ごした著者が常識だと思っていたことはもう一方の当事者の方で全く別の解釈をしていたことを知ったからである．それ以降，様々な史料の発掘と研究の進展で，その類の話は若干軌道修正されているようだが，この問題に関する日中間の認識のズレが依然残っている．

　日中両国民の歴史認識の違いは第2次世界大戦の捉え方にも現れていると思う．中国人は1937〜45年の抗日戦争を「8年抗戦」と呼び，一方的に侵略されたという被害者意識を強く持っている．一方で，日本人の第2次大戦は太平洋戦争のイメージが強く，米軍による空襲や原爆投下が主な内容となっているようだ．被害者だという認識の方が強いのではないかと思う．日本では，あの戦争がアメリカに負けたのであって，中国などのアジアには負けていなかったという潜在意識を持つ人が多いように思う．実態はそれに近いだろうが．問題は，認識のズレが両者の正しい関係の形成を邪魔しているところにある．加害者として謝るべきことを曖昧にしてしまおうとする姿勢は中国人の目には傲慢のように映る．

　中国の一部では，靖国神社公式参拝の問題が出る度に，「日本軍国主義の台頭」云々が取り沙汰される．この点ばかりが取り上げられるのは，実態から離れた議論ではないかという感じがする．民主主義国家では，様々な自由が法によっ

て守られている．毎年の８月15日に，旧日本軍の軍服を着て皇軍の到来を連想
させられる列が靖国陣社の前に現れる一方で，戦争を反省し平和を祈願する
様々な催しも各地で行われる．歴史教科書問題を巡って長年の法廷闘争があり，
良識のある旧軍人は回顧録を書くか，中国などに行き直接に謝罪するなどをし
て，責任のある行動を取っている．その意味でいうと，日本の民主主義は成熟
しており，日本の社会と良心はかなり健全なものとなっているのではないかと
思う．

　とはいえ，日中両国の関係は「友好」を前面に出しながら付き合う時代を終
えつつあるのではないか．それぞれは国益を追求し，自らの主張を率直に述べ
られる，いわば大人的な関係を築き上げているのではないか．今後は，互いに
事実を尊重し，相手の主張に耳を傾け，本気で喧嘩することを避ける知恵をもっ
と出すべきである．そこにマスメディア特に論客の役割が重要である．不毛な
論争を起こし，それに精力を費やすことは生産的ではない．日中間にはより大
きな共通利益が存在すると信じている．

　「すべての歴史は現代史である．どんなに旧い時代のことを論じていても，
必ず歴史家の同時代意識は歴史叙述に反映されているのだ」（酒井東大，『AERA
Mook』1999年）．なるほど，歴史はそういうものである以上，誰しも納得する「正
しい」歴史認識の形成は難しいことになるであろう．この点を銘記して付き合
うことが大切であろう．

（『諸君！』，2002年５月）

2　「立場の交換」で相互理解を深めよ

　1985年に来日して23年目を迎える．人生の半々は中国と日本で過ごすことに
なる（2008年当時）．仕事の関係で両国間を行き来する機会が多く，両国のこと
をある程度理解している立場にある．ここでは経済学者としてではなく，両国
での生活体験を持つ１人の生活者として，日頃感じている日中関係について述
べる．門外漢の余談になる部分が多く，間違いがあったら，ご容赦頂きたい．

　ここでは日中関係の今に焦点を絞って話す．現在の日中関係は非常に複雑だ．
小泉政権の５年間に日中関係は「政冷経熱」といわれたが，安倍前首相の電撃
訪中，温家宝総理の2007年春の「溶氷之旅」，同年末の福田首相の訪中，そして，

2008年5月の胡錦濤国家主席の訪日によって，両国関係は政府レベルでは正常な形に回帰したといえよう．そして，経済関係では日中貿易が急速に拡大し，長年首位を占めてきた日米貿易は2006年に日中に取って代わられた．戦略的互恵関係の構築に向けて両国政府は様々な努力を払っているように思う．

ところが，両国民の間には相互不信が根強く存在する．内閣府の調査では「中国に親しみを感ずる」と答えた人の割合は2007年に3割程度にとどまっていた．他方，中国人の日本に対する感情の悪化も大きく改善されずにいる．

モノ，カネ，ヒトの交流が未曾有の状況に達し，相互依存関係が確実に進展しているのに，なぜ両国民間の相互不信が解けないのか．① 歴史認識問題，② 台湾問題，③ 東シナ海の油田開発問題，④ 冷凍餃子の毒物混入問題，⑤ チベット問題，など多くの難題が日中間に横たわっているからだろう．

問題解決のために交流が欠かせないが，すべてのことについてそうともいえない．人間同士の付き合いには4つのパターンがあろう．

① 話さなくても（相手の意を察して）分かるよう努力する．背景：表面はともかく，内心では相手のことを認め，主従関係の存在を黙認する場合（日米関係にはそういう側面が見られる），あるいは，親友や家族の間に存在する以心伝心のような関係．

② 話せば分かるもの：誤解や勘違いに起因した不信の場合．解決の手段は勉強と交流．ただ，謙虚な態度で対等に意見交換が必要．

③ 話しても分からないもの：歴史認識や領有権のような本当に難しい問題．不毛に陥ってしまう議論が多く，議論すればするほど，逆効果が生ずる場合もある．解決の方法は時間の経過をまつのみ．

④ 話しても分かろうとしない，または，分かっているのに分からない振りをして「小題大作」＝小さな問題を大きくするパターン．例えば，冷凍餃子の毒物混入事件，チベット騒乱，北京オリンピックの聖火リレー妨害．背景：先入観，偏見・傲慢・独善，優越感，自己中心．

国と国の付き合いは基本が人間同士の付き合いだ．個人間の相互理解や信頼醸成に必要なのは，「立場の交換」すなわち相手の立場に立って考えることである．相手の喜びや悩みを共有できることは友人たる者同士の基本だろう．日本語には「思いやり」という素晴らしい言葉がある．立場を置き換えて相手のことを考えて行動することができるかは日中両国民の感情を規定する重要な要素になる．2008年5月12日四川大地震以来，日本では官民を問わず中国に対す

る物的人的支援が行われている．「他人事ではない」とはいうものの，このような善意は我々中国人に大きな感動，感激を与えている．また，胡主席が訪日する際，上野動物園に２頭のパンダを貸し出すことが表明され，日本の国民に好感をもたれていた．こうした動きは仲良くなろうという両国民の思いがあるからだろう．

　ところが，日中間に依然多くの未解決の問題がある．国交正常化以前から日中関係の行方は首脳外交に大きく依存してきた．これは今後しばらくの間も大きく変わらないだろう．話さなくても相手の意を察して付き合うことは日中間ではまだ難しい．話しても分からない問題はやはり時間の経過に委ねたほうがよい．話して分かる問題を中心に真摯に話し合っていくことは今の日中関係にとって最も大切である．例えば，日中が共通の経済的利益を追求しウィンウィンの関係を築いていくことが挙げられる．分かろうとしない，あるいは，分かっているのに分からない振りをして相手を貶すことだけはやめるべきだ．日本の中国報道では，興味本位のものが多く，中国を歪曲するものも散見される．それでは市民レベルの相互理解は難しい．もちろん，中国の日本報道にも似通う問題がある．

　中国は経済規模では世界第３位（2008年）だが，１人当たりでは日本との間に15倍の所得格差もある途上国である．中国人は「面子」を重んずる．自国の経済水準が低く，様々な問題もあることは自分が一番よく分かっている．それでも意地を張って見栄えを重視する．北京オリンピックにあわせて多くの面子プロジェクトをやっている．それを知っていながら，面子プロジェクトを取り上げ，恥を曝すような報道がある．これは中国では「不給面子」に当たり，無礼になる．

　敵は元々存在せず，友もそうだ．どちらも作られるものである．友人を作るのに時間がかかり，苦労も多い．しかし，敵を作るのは簡単だ．中国と日本は永遠の隣人であり，敵対的な関係があってはならない．共存共栄を目標に「小異」を残して「大同」を求めていけるような普通の友人関係が望まれる．

3　尖閣国有化は中国人の「感情記憶」を刺激した

　尖閣諸島（中国名は釣魚島）の領有権をめぐって日中間の対立が深まっている．これまでは関係が悪化しても「政冷経熱」の範囲にとどまったが，今回はそれ

だけでは終わらない兆しが見え始めた．中国では日本製品の不買運動が拡大しているほか，対日輸出入の通関が強化され，観光，文化・学術交流など幅広い領域で中止が相次いでいる（2012年当時）．

　日中の経済は相互依存関係にあり，対日経済制裁が両刃の剣であることは中国も分かっている．にもかかわらず，日本政府による尖閣諸島の国有化に強固に反対せざるをえない空気がある．中国国民の日本に対する強い不満のなせる業だ．

　西側ではこの10年間余り，中国脅威論が大々的に喧伝されてきた．日本は米国と共に，インドや東南アジア諸国との連携を強め，中国の台頭に対抗しようとしている．

　中国人の目には，日米のこうした動きは中国の発展を望まず，それを力で抑え込むものと映る．中国の当然の権利を認めようとしない，許しがたい行為に見えるのだ．

　中国人には，過去30年間，様々な分野で改革を進め，国際社会のルールを受け入れ，「責任ある大国」であることを自覚して行動するように努めてきたとの思いがある．それなのに，政治体制の違いを理由にあら探し的な批判をされ，正当な評価を得られずにいるとの不満が強い．

　日本との関係が絡むと，ことがより複雑になる．日中戦争，満州事変，さらに日清戦争にまでさかのぼる，中国にとって屈辱的な歴史があり，南京事件をはじめとする被害者としての感情記憶があるからだ．

　今回の国有化はまさに中国国民の感情記憶を呼び覚まし，長年積もりに積もった鬱憤を爆発させた．日本のメディアには，一連の反日デモは官製だとの見方があるが，これは誤解である．むしろ反日デモに対する規制がなかったら，より深刻な状況が発生していたであろう．

　胡錦濤国家主席は知日派として知られる．温家宝首相は日本の国会で演説した際に，戦後日本の平和的発展を高く評価，対中円借款（ODA）への感謝の言葉を述べたうえで，油田・ガス田の共同開発などで東シナ海を平和・友好の海にしようと呼びかけた．残念ながら，日本では首相が頻繁に代わり，中国とどう向き合うかについての戦略が定まらないまま，時間が流れた．そして，今回の摩擦が発生してしまったのだ．

　もっとも，すべての責任が日本側にあるとも思えない．中国では，学校教育だけでなく映画やテレビドラマを通して，日本への過剰なほどの被害者意識を

国民に植え付けている．日本に対する異様な国民感情が醸成されていることは
否めない．

　数年前，北京にいる友人から聞いた話だが，小学生の息子を日本料理店に連
れていこうとしたら，日本が嫌いだから行きたくないと言われてびっくりした
そうだ．

　雲南省で出会った若い女性からも似たような話を聞かされたことがある．ま
だ幼稚園の年長である息子は，われわれの日本からのお土産を最初は受け取ろ
うとしなかったらしい．テレビで見た「日本鬼子」が憎かったからだという
のだ．

　後に初めて訪日した彼女は，清潔な街並み，礼儀正しい日本人，繊細で一生
懸命に働くレストランの従業員や新幹線の清掃係を見てとても感動していた．
一般の中国人は，戦後日本の社会をあまりにも知らない．そのことに由来した
無理解・誤解も少なからずある．

　日中は永遠の隣人であり，政治体制，所得水準，価値観などで違いがあって
も付き合っていかなければならない．日中間に横たわる最大の問題は近代史に
対する双方の認識のズレであり，それに絡む靖国問題や領土問題であろう．

　中国は過剰な被害者意識を捨て，大国らしい度量を持って日本と向き合い，
戦後日本の全体像を客観的に評価する必要がある．一方で，日本も中国人の心
に響くような過去への反省・謝罪を行動で示し，中国の努力と成果を認め，相
手の自尊心を傷つけるような批判は慎むべきである．こうすれば，相互理解が
深まり，互いに寛容になれるだろう．

　日本も中国も，武力で問題解決を図ろうという態度を取るなら，文明国とし
て失格だ．相手の国民感情にも配慮しながら，平和的な解決策を模索するしか
道はない．だが，日本は尖閣について「歴史的にも国際法上も日本領」として，
領土問題の存在を認めていない．話し合いの前提として，まず領土問題の存在
を認めることが必要なのではないか．

（『週刊東洋経済』，2012年10月6日）

4　リーダーが代わっても，「心の溝」が埋まらない

　2012年末，第2次安倍晋三内閣が誕生した．それを境に，安倍総理は衆議院

選挙で見せた対中強硬姿勢を軟化させ，関係修復の糸口を探り始めた．中国の習近平新指導部も「タカ派」の安倍総理に警戒しつつ，「互恵的戦略関係」を築いた現実主義者の一面に期待している．

　日中双方とも今のような緊張関係を望んでいない．両国とも指導者が交代したのだから，向こう数ヵ月で，経済活動も文化交流も正常化し，東シナ海に平穏が戻るだろう．

　ところが，両国の心の溝がそれで埋まるかというと，ことはそう簡単ではない．双方に相手への無理解や偏見がありすぎるからである．

　日本では，尖閣諸島の国有化とその後の反日デモについて，以下のような見方が多いように思う．

　中国は軍事力を強化し海洋覇権を狙っている．実効支配を強化しなければ，尖閣諸島が中国に奪われかねない中国共産党は反日教育を制度化し，格差や腐敗に対する国民の不満を日本に向かわせている．反日デモは国内問題を外に転化させた結果だ．中国は共産党による一党支配の国であり，我々と異なる価値観を持っている．だから，日中対立にはやむをえない面もある．

　一方，中国では日中対立が生じた原因について，以下のような認識が社会各層に浸透しているようだ．

　米国は中国の台頭を抑え込み，世界覇権を維持しようとしている．そのために，米国はアジアに回帰し，日本，韓国，インド，東南アジア諸国との連携を強化して中国包囲網の構築を図っている．日中間の争いが米国に利用されている．

　石原慎太郎・元都知事が訪米中尖閣の購入計画を発表したことも，野田佳彦・元総理が尖閣諸島を国有化したことも，米国の対中戦略の一環だ．普天間基地の移設，オスプレイの配備問題を片づけるために，中国の脅威がそこにあるという雰囲気を醸成させたのではないか．

　日本はいまだにあの侵略戦争に対する内心からの謝罪をしていない．戦争で負けたのは米国であってアジアではないという意識があるからだろう．日本は圧倒的な強さを見せつけられなければ承服しない．

　日本はどうせ米国に追随し対中外交を行うのだから，中国は米国との戦略的関係をきちんとやっておけば，日本は自ずとついてくる．

　疑心暗鬼が招いた憶測も多く含まれているが，残念ながらこうした意見が日中それぞれで根強いのが現実だ．

　結局，新政権下で日中関係の修復・正常化がある程度実現できても，両国の信頼が一気に深まることはないだろう．今後はその覚悟で相互理解を深め，今回のような失敗の再発を防がなければならない．

　日本に共産党政府への拒絶反応が根強い．これは両国の信頼関係の深化を妨げていると思う．民主，自由，人権に関する考えで己との違いをことさらに強調して中国が異質だと批判するのは傲慢に映る．相手の価値観を否定しておきながら仲良くなろうというのは無理である．

　成長する隣国とうまく付き合えていない日本は自らの再生する道を塞いでいる．中国リスクを過度に意識せず，投資や市場開拓で冷静に行動すれば，多くのビジネスチャンスが待っているはずだ．

　中国を軽蔑し攻撃する論調はまともなメディアでも見られる．中国人に先進国日本を内心から尊敬する人が非常に多いが，日本人は中国を心底からどの程度評価しているのだろうか．知中派日本人をいかに増やすかは大きな課題である．

　一方の中国は近年自らの歩む道に自信を持ち始め，国際社会からの批判にも開き直った態度をとるケースが増えた．既存の国際秩序に参入したいなら，協調性を持って丁寧な説明を行う礼儀が不可欠である．

　日本との関係修復では，すべては相手が悪いという被害妄想を捨て，反日デモで暴徒化した若者の無法行為を非難し，被害企業に相応の賠償を行うべきだ．こうして，良識ある日本人の心の傷が癒され，中国に対する感情も好転するだろう．

　近代史をあまり勉強してこなかった戦後生まれの人に先祖が起こした戦争を問うには限界がある．歴史問題に拘りすぎず，日本の戦後を虚心に学ぶことこそが賢明である．中国は今そのような度量を示してよい段階に到達しているのではないか．

　国と国の付き合いは人間同士と同じだ．自分に好意を持ってくれない人は絶対に好きになれない．日中双方が相手の立場に立って物事を考えるようにすれば，きっと仲が良くなる．互いに認め合う日が早くやってくるよう願うばかりである．

（『週刊東洋経済』，2013年1月19日）

5　平成30年間の日本を中国はどう見ているか

　日本は衰弱したのではなく，より質の高い成熟した国に進化し，価値観を共有する国々との連携強化で国家の安全保障をも実現している．しかし，平和主義の浸透を背景に憲法を改正して，戦争もできるという意味での「普通の国」への回帰は必ずしも国民に望まれていない．これは中国の日本専門家が見る平成日本の姿である．

　2019年11月初旬，中華日本学会全国大会が南開大学で開かれ，全国各地から日本研究の専門家が一堂に集まった．初日午後の「回望日本平成時代」をメインテーマとする共通論題に参加し，平成時代における日本の政治改革，経済，外交と安全保障，および国家戦略について，各分野の第1人者から興味深い報告を聞いた．平成時代を日本で過ごした1人の中国研究者にとって，これは，日本が中国でどう見られているかを知る上で，とてもよい機会となった．以下，会場で書きとめたメモを参考に各報告の要点をまとめる．

　最初の報告者は，総理が15人，内閣22代を数える平成時代の日本政治を「混乱が続き変化も大きい」と揶揄しつつも，政治改革に照準を合わせ，それを実効的に進めた橋本龍太郎，小泉純一郎，安倍晋三という個性豊かな3人を分析対象に取り上げ，政権発足の時代背景，改革の主要内容および効果について以下のように分析した．

　橋本改革は冷戦終結後の社会情勢を背景に行われたものである．冷戦時代には，米国は日本を「沈まざる空母」と位置づけ自民党政権を支持し，国民も安全保障の重要性から自民党政権を選択した．ところが，冷戦終結と共に，社会党などの革新勢力が退潮し，強敵がなくなった自民党の存在意義も急激に低下した．そうした中，長年の金権政治が国民の批判を浴びせられ，自民党も政権の座から下ろされた．その後，自民党は，党名を改めた社民党と連立してようやく政権復帰を果たした．

　1996年初め，政権奪還に成功した橋本総理は，戦後体制の総決算を図るべく6大改革を断行し，着実に成果も上げつつあったが，97年のアジア金融危機も影響して，秋の参院選で多くの議席を失い，その責任を取って退陣を余儀なくされた．ただ，橋本改革はそれで終わったわけでなく，それ以降の日本政治に長く影響を与え続けた．冷戦後の日本国民は戦後体制との決別を渇望したから

である.

　もう 1 人注目すべき総理は小泉純一郎である.「変人」と自称する小泉はけっして変わり者だから当選したのでなく，時代の先を走る一貫した政治理念があってこそ，国民から受け入れられたのである.「自民党をぶっ壊す」というキャッチフレーズが示すように，小泉は橋本と似通う側面を持ち，自民党という古い袋に新しい酒を入れようとした作戦が功を奏したといえる. 国民から熱狂的な支持を得た小泉は，自由化改革の象徴とでもいうべき郵政事業の民営化にメスを入れ，大成功を収めた.

　2012年，再登板した安倍総理は長期政権を樹立し，経済では金融，財政と構造改革という 3 本の矢を放ち，戦後最長の好景気を実現している. 一方，経済成長率が低く，財政再建，物価目標などで目立った成果が上がっていない. 政治では「日本を取り戻す」という目標を掲げ，憲法改正を含む戦後秩序からの脱却を試みているが，こちらも成果が乏しい，としている.

　続いて，平成時代の日本経済について，報告者は多くの経済指標を挙げながら，成熟した日本経済の姿を客観的に描いてみせた. 国内総生産の低い成長率や政府債務の膨張を問題視する一方，物価の長期的低位安定，世界最低の失業率，小さな可処分所得ジニ係数などを列挙し，日本経済は1990年代初めに世界最高水準に到達した後もそのグループにとどまって成熟の度を増していき，特に日本の対外純資産が膨大な規模に上ったことは日本経済の底力を反映するものであるとした. また，新自由主義の下，企業組織の再建と産業構造の高度化が実現され，市場経済化が大きく前進したことは平成経済の大きな特徴だ，と評価する.

　平成30年間の外交と安全保障を題目とする第 3 報告では，日本はアジアの一員として価値観外交を展開し，国連中心の国際社会への復帰，特に常任理事国の仲間入りを目標とする外交に力を注いだ. 日本は米国をはじめとする多くの国と「 2 + 2 」のメカニズムを構築し，点 → 線 → 面というふうに広域的対中包囲網を作ろうとしているが，背景に超大国へ邁進する中国への警戒がある. 日本が積極的に南シナ海問題に関わろうとしているのも日本の海洋戦略で起きた重大な変化の現れである.

　中国の海洋進出に対する日本人の見方については，報告者は日本人研究者の見解に依拠しつつ，中国の海洋戦略に現れる覇権的行いへの日本国民の懸念が強まっており，中国が国際社会から尊敬されるには，経済力，軍事力よりも，

文化大国になっていくことこそが重要だと紹介した.

　第4報告は日本の国家戦略に関するものである. 報告者は, 日本は「普通の国」への回帰を国家戦略に位置づけ, それに向けての一連の法改正を着実に行ったと指摘する. 自衛隊海外派遣関連法や学校教育法が改正され, 安倍政権では憲法改正も視野に入れられている. 民主主義, 人権, 法の支配といった価値を有する国々と連携を強め, 戦後からの脱却を果たし「普通の国」になることを夢見る日本だが, このような国家戦略がはたして実現できるかについて疑問が示された. 人口減少社会に突入しており, 少子高齢化もさらに進むという厳しい現実が最大の制約要因である.

　安全保障か社会保障の選択を迫られる今日, 大多数の日本国民は独立した安保体制の構築に現実味が乏しく, むしろ老後をいかにして安心して暮らせるかにより大きな関心を寄せている. 平和主義が国民の中に浸透し, 価値観の多元化も定着している. 安倍政権の国家戦略に同調しない者も相当の割合を占める. 民生大国, 小さいけれど光る（小爾閃光）日本というようなものは今後, 日本の新しい国家戦略に浮上する可能性もあろう. 政府債務は国家戦略の方向性を強く制約するからだ, と強調する.

　中国の対日政策やメディアに一定の影響力を持つ専門家集団だけに, 彼らが全体として, 平成時代の日本を冷静に観察し適切に理解していることを見て安堵した.

　最後の質疑応答では, ある参加者が2019年4月, 海自の護衛艦が中国・青島で開かれる国際観艦式に参加する際, 戦前には軍旗として使われていた旭日旗の掲揚を中国政府が認めたことを問題視した. それに対し, ある重鎮は日本の歴史認識や中国への謝罪が依然十分でない中, あるいは, 日清戦争で中国海軍が日本海軍に負けた史実もあって, 旭日旗に対する民間の反感が確かに強いと同調した上, それにもかかわらず, 中国政府が韓国政府と異なった行動をとったのは, 貿易戦争などで米国との関係が悪化する中, 日本との関係改善が必要となったからにほかならない, との見解を示した.

　中国の日本専門家が日本をみる目は比較的冷静のようだが, 話が日中関係に及ぶと感情的議論が目立ってくる. これは日本国内の対中認識とも似通う. 日中間の真の相互理解は実に難しいと実感した.

（『東亜』, 2020年1月）

［付記］

　本章第 2 節（「立場の交換」で相互理解を深めよ）は，桃山学院大学が2008年 6 月 1 日
に主催したシンポジウム「日本と中国,『共創』の明日を探る——人・文化・経済の交点——」
での報告を加筆・修正したものである．

第14章

中国研究の視点

1　海外の中国研究について考える

　中国生まれだが研究者としての人生はすべて日本で過ごした者として，著者自身の中国研究も含め，海外在住の中国人による中国研究，そして，日本の中国研究について日頃感じていることを述べたい．

（1）　海外在住の中国人による中国研究

　1980年代以降，海外留学を終えた多くの中国人は現地の大学などで職を得，中国の政治，経済，社会などに関する教育研究に従事し，今や各国の関連学会で一定の存在感を示し，中国との交流で重要な役割をはたしている．日本でもこのような現象が見られる．1990年代以降，国際化，グローバル化が進み，経済が急成長した中国と世界各国の相互依存関係が強まったことが背景にある．

　国外にいながら中国を研究対象とする中国人研究者が各分野に数多くいるということは，中国に対する国際社会の関心が高く，中国情報に対する各方面のニーズが多いからにほかならないが，海外在住の中国人研究者が急増し，自分たちだけでもコミュニティーを形成できていることも重要な理由として挙げられよう．例えば，アメリカ，イギリス，オーストラリアなどで中国人研究者による中国経済学会が作られ，定期的な全国大会や中国国内の関連学会との国際カンファレンスが開催され，英字ジャーナルも発行されている．彼らは互いに研究成果を引用し，現地の学界とも英語で交流するアカデミック空間を作り上げたのである．

　一時，中国国内に「海外で中国研究をする者はみっともない二流以下だ．外国人に中国事情を紹介するだけなら研究にはならない」という意見が多かった．しかし実際に，海外在住の中国人による中国研究は，外国人の目線で行われる地域研究としての中国研究と異なる一面も併せ持つ．中国での生活体験や言葉

では言い表せない現場感覚をもって，外国人にも理解してもらえる分析方法と文章表現で研究成果をまとめ，SSCI（Social Science Citation Index）またはSCI（Science Citation Index）の対象ジャーナルで論文を発表する．これはいまや，欧米で活躍する中国人研究者に見られる普通の光景であり，海外在住の中国人による中国研究が単なる中国事情の紹介だけではないことも，中国国内で広く知られるようになっている．中国政府は早くからそれに目を付け，海外に暮らす中国人研究者に「把中国的故事講好」という役目を果たすよう呼びかけている．彼らは，英語を自由に操ることができ，それぞれの専門領域で研究実績を持ち，外国人が受け入れやすい表現で中国のことを世界に発信できる，と中国政府は見ているからであろう．

　日本在住の中国人研究者はどうであろうか．日本の各大学で中国関連の教育研究に従事する中国人研究者は相当の数に上っており，それぞれの研究分野で優れた業績を上げ，日本の主流社会でも一定の役割をはたしている．しかし，下記の３つの理由で中国研究を志す日本在住の中国人研究者の多くが悩ましい状況に置かれていることも事実であろう．① 教育研究活動が主に日本語で行われるため，その存在が欧米在住の中国人研究者にはほとんど認知されずにいる．② 中国経済の急成長と共に勢いがついた日本留学からの「海亀派」との間に逆の落差が形成し，目下の日中関係も影響して日本在住の中国人研究者の多くがかつての仲間達に重要視されなくなっている．③ 日本の学界で主流に合流できず，いくら時間が経っても観客扱いされるのを嫌って学会活動から遠ざかっていかざるをえない者が増えている．こうしたハンディをいかに乗り越えていくかは今後の大きな課題であろう．

（2）　日本の中国研究

　日本の中国研究は歴史が長く研究蓄積も厚いが，中国では，日本語論文の読める専門家が少なく，社会科学系の日本語雑誌のほとんどがSSCIの対象になっていないこともあり，業績評価の際，日本語論文が不利であることは広く知られている事実である．

　とはいえ，日本の中国研究に対する関係者の評価は決して低くない．彼らにいわせれば，米国型の経済学や社会学の研究では，理論モデルを使い様々な統計データを解析し，一流の英字ジャーナルに論文を発表したりすることができても，中国社会の底流に対する理解は必ずしも十分ではない．むしろ，日本型

の詳細な現地調査に基づいた事例研究，しかも一見してバラバラに行われた各地域，各分野の事例研究が本当は組織的に実施され，それらの積み重ねにより中国社会の深層が真に把握されている，という．日本型の中国研究こそが警戒されるべきだという見方が根強くある．

　満鉄が戦前中国で実施した農村調査はさておき，改革開放以降の日本人研究者による中国調査に対する中国側の評価に厳しいものがある．データ収集はするものの，研究成果の中国へのフィードバックがほとんどなく，日本社会への客観的な発信を行い日本国民の中国理解を深めようとする努力も少ないという．

　日中両国の政治・外交関係が悪化する近年においては，日本人の中国調査に対するカウンターパートの戸惑いが感じられる．研究資金が乏しく海外出張も難しい時代には，外国との共同研究のメリットが大きかった．しかし，いまは状況が大きく変わっている．10年前と同じ科研費の予算をもって共同研究の話しを持ちかけても，潤沢な研究費を持つ今の彼らはあまり関心を見せてくれない．その金額は感覚的に以前の数分の1に目減りしたからだけではない．学術研究をするつもりでも，あるいは，それがゆえに，不都合な真実が究明されることを危惧して国外との共同研究を避けようとする者も多い．

　日本の中国研究に対する中国側の誤解あるいは理解不足があることは否めない．他方，日本における中国研究のガラパゴス化，すなわち，中国研究を仕事とする膨大な専門家集団があり，日本語を中心に研究成果を発表し，互いにそれを消化し進化し続ける現状に改善すべき点もあるのではないか．英語，中国語による研究成果の発表はいうまでもなく重要だが，中国研究の専門家として日本社会に向け，中国の実情を積極的に発信する努力もすべきだろう．週刊誌やテレビであら探し式の中国報道が目立ち，「実事求是」の姿勢で中国のことを解説する真の専門家が少ない．それが原因で，一般市民の対中理解が偏り両国関係がおかしくなっている側面がある．著者自身は，日本では中国のよいこと，中国では日本のよいこと，を意識的に伝えるように努力している．学者は，マスメディアの大衆迎合的な報道に加わる必要がなく，歪められた中国像または日本像を少しでも本来の姿に還元するように心掛けなければならないと思っているからである．

　何のための中国研究か．中国研究のあるべき姿とはなにか．中国研究者の果たすべき役割があるのか．日々，日中関係の推移を見ながらこう自問している

が，確固たる答えが見付かっていない．日本在住の中国人研究者の宿命だろうか．

（『日本現代中国学会ニューズレター』，2015年10月）

2　日本の中国研究を思う

　日本現代中国学会の「ニューズレター」46号（2015年10月）に，「海外の中国研究について考える」というエッセイを寄せたことがあり，全国大会開催校代表を務めたことは主なきっかけのようであった．今回は学会事務局長という理由で，再び巻頭文を書く機会を与えられたが，いうまでもなく，ここで呟いたことも一学会員の個人的な意見でしかない．

　2年ほど前，ある日中両国の関係機関が共催するシンポジウムで，大学図書館の関係者などを前に，中国研究を支える学術情報データベースのあり方について講演し，その直後の質疑応答で，会場から以下のような質問を受けた．日本の中国研究は世界的に見て高い水準にあるか．日本の中国研究者は何のために中国研究を行っているか．明らかに私の回答できる域を超える質問だったが，「高い水準だが，ガラパゴス化が進んでいる．そのためもあり，日本の中国研究者は興味本位の中国研究に満足している嫌いがある」と即答してしまった．同業者への配慮が欠けた偏見だったかもしれないが，経済学など社会科学における中国研究の状況を強く意識しての愚直な発言であった．

　日本の中国研究は全体として高い水準を保っているものの，研究の視点や研究成果の発信方法は必ずしも国際社会の主流と対話できているとは思えない．なぜかというと，中国や欧米の中国学界では，日本の中国研究がそれほど認知されないでいるからである．米国で学位をとって香港の大学に勤める1人の中国人学者がある研究会の招きで来日し，日本にも数多くの中国研究者および優れた研究成果があることを知って驚いたという話を耳にした時，私はそのように思わざるをえなかった．

　日本における中国研究は，内向きの性格を色濃く有するだけでなく，研究者の多くは興味本位の中国研究に没頭し，国民の対中感情が悪化する空気の中，ありのままの中国をポジティブに社会に発信することにもためらうようになっている．大衆迎合的な志向の強いマスメディアでは，何人かの「中国問題専門

家」はことある度にメディアに登場し，偏った情報や考え方を喧伝したりもする．そして，いつの間にか，一党独裁や権力闘争，人権抑圧，腐敗，格差，環境汚染といったステレオタイプの中国理解が巷間に流布している．中国の全体像と人々のイメージが大きく乖離する現象もよく見られるが，それを見てみぬふりをする本流の中国研究者が少なからずいる現実を見て，皆はいったい何のために中国研究をやっているのだろうか，とつい考え込んでしまう時もある．

　ベールに包まれた計画経済時代，または民国期の中国を知るため，欧米の中国研究者は日本語も学び，日本の中国研究を通して中国を眺めようとする時期があった．しかし，彼らが日本を飛び越えて中国を訪れ，農村や工場を間近で調査することが出来るようになった1980年代以降，中国を覗く窓としての日本の重要性が急速に低下した．また，大勢の中国人留学生は欧米の大学で学び，西洋の学術訓練を受けた後に，米国，中国，オーストラリアなど世界各地に飛び散り中国研究に従事する．彼らは英語という共通の言語を操り，研究プロジェクトの組織，研究成果の発表などで，同じ土台に立ち，互いに競い評価し合うようになっている．そうした中，日本の中国研究は世界の中国研究から周辺化しつつあるといっても過言ではない．

　もう1つ深刻な問題として，若い世代の中国に対する学問的関心が薄らぎ，中国研究，中でも社会科学による中国研究を志す日本人院生が非常に少ないことも指摘したい．中国研究の拠点として重要な役割を担う主要大学の現状を見渡すと，その風景が寂しい．世間の対中感情の悪化や，大学のポスト不足，国の財政難など時代背景の厳しさも影響していようが，このような事態が続くなら，日本人の中国研究は今後凋落していくだろう．

　とはいえ，人文社会科学の研究者は基本的に興味本位で研究テーマを選び，自分が納得するまで研究を続ける傾向があり，著者自身もその部類に属すると思っている．その意味で，学問的関心を貫き中国理解に努める日本の中国研究があってもよい．しかし一方で，世界における中国研究の周辺化を回避し，自己満足から抜け出すことも喫緊の課題であろう．また，中国研究の発展と存在意義の増大のため，研究成果を英語や中国語で積極的に発信し，社会に向けて中国の全体像を意識的に伝えていくことも必要不可欠であろう．

（『日本現代中国学会ニューズレター』，2018年1月）

3　中国研究の昨今を振り返って

　著者は中国の大学を卒業した1984年の翌年に留学で来日した．院生時代を含め日本で現代中国の社会・経済研究に従事する年月は相当長い．ここで，日本における中国研究の問題意識や課題，方法などで大きな変化が起きているのを目の当たりにした者として，中国研究を取り巻く国内外の状況変化を踏まえ，中国研究の昨今を振り返ってみたい．

　院生時代に，『人民日報』など国営メディアの中から限られた情報を蒐集し，毛沢東時代の社会経済を実証的に描き出そうとする先達の著作を読んで，日本人研究者の情報収集能力の高さ，問題を捉える視点の鋭さに感心した記憶がある．

　改革開放が始まった1980年代以降，日本の中国研究のスタイルは現場重視，統計データの活用に大きく変わった．外国人が農村や工場を調査することが比較的容易であり，『中国統計年鑑』をはじめとする政府統計も公刊され始めた．特に世界貿易機構（WTO）加盟後の中国では，情報技術（IT）の進歩・普及も相まって，情報公開が加速し，新中国成立以来のありとあらゆる法規・政策文書，および各級の行政文書も洪水のように公開された．かつては大変な苦労をしてようやく入手できる統計データや文献資料も瞬時に検索し利用できるようになっている．

　中国情報は量的拡大だけでなく，質的向上ならびにアクセスの利便さも飛躍的な改善を見せている．個人的によく利用する現代中国の社会・経済にかかわるものを挙げよう．第1に，人口，農業，工業，経済など様々な分野でセンサスが定期的に実施され，蓄積された集計データは，国家統計局はじめ各級統計局のホームページから利用可能である．

　第2に，ほとんどすべての学術雑誌，新聞，年鑑の電子化および一般公開は，日本など先進国よりも速いスピードで実現されている．① 中国知網 http://www.cnki.net/，② 国家哲学社会科学文献中心（無料）http://www.ncpssd.org/index.aspx はその代表例といえる．

　第3に，全国範囲のサンプリング調査が各分野で行われ，質の高いマイクロデータの蓄積と公開も制度化されつつある．主なサイトは下記のとおりである．① 中国人民大学/中国国家調査数据庫 http://cnsda.ruc.edu.cn/index.php，②

北京師範大学/中国収入分配研究院 http://ciid.bnu.edu.cn/, ③ 北京大学/中国健康与養老追跡調査（CHARLS）http://charls.pku.edu.cn/zh-CN, および中国家庭追跡調査（CFPS）http://isss.pku.edu.cn/cfps/, ④ 西南財経大学/中国家庭金融調査（CHFS）https://chfs.swufe.edu.cn, ⑤ 暨南大学/経済与社会研究院 https://iesr.jnu.edu.cn.

　一方，外国人研究者が中国で農家や企業を調査し，特に独自のアンケート調査を行うことは10年程前から非常に難しくなっている．1980年代以降しばらくの間，中国の大学などの研究者は，研究費が少なく外国訪問も事実上不可能であったこともあって，日本や欧米など先進国の研究者と共同研究を行うことを好む傾向があった．そうした時代背景の下，様々な形や内容の「日中共同研究」が実施され，多彩な研究成果が上がっていた．しかし近年，中国側の研究者は非常に潤沢な研究費を持つようになり，海外資金の入った現地調査への厳しい規制を括りぬけて共同研究を敢行することのメリットも失われた．それに，中国人の権利意識・プライバシー意識が向上しており，人々の暮らしぶりや内面的な思いをストレートに聞き出す，いわば上目線の聞き取り調査やアンケート調査は今や先進国と同じように，徐々に実施困難となっている．

　とはいえ，全体としてより良い方向に進んでいるように思われる．実際，かつて農村，工場，役所などで行ったヒアリング調査からの情報はいま，関係部門のウェブサイトからほとんど取得できるし，統計分析に必要なミクロデータも比較的容易に入手できる．もちろん，これだけでは社会経済の実態を正確に把握できない危険性もあるので，現地に出向いて視察するなどして，関係者から証言を引き出し，自らの目で公式文書や既存データに示されたことを確かめる作業も必要不可欠である．きめ細かな事例分析または定性的な実証研究に長ける日本の中国研究もよいが，欧米の中国研究，そして何より中国国内の中国研究と対話できるようにするため，計量的な方法を活用し，中国の特殊性の究明を主な狙いとする地域研究を進化させ，異次元の中国研究を心がけることも求められている．

　そこに2つの大きな課題が横たわる．1つは何のために中国研究を行うのか，いま1つはどのような方法で中国を研究するか，である．前者に関しては，① 中国・日本の発展または日中関係の改善に助言する，② 研究者自らの中国理解を深める，③ 日本社会の中国理解を側面から支援する，④ 中国における近代経済成長およびそれに伴う社会構造の変化を東アジアの経験に照らし，そ

こに潜む普遍性と特殊性を理論的実証的に究明する，といったものが考えられ
ようが，在日中国人による中国研究というスタンスをとっている著者にとって
は④が最も重要だと考える．

　地域研究とは，主に途上国を対象とする先進国の研究者が自らの社会を基準
枠としながら，相手国の特殊性を見出し，それを律するメカニズムを究明する
ものであり，（普通の）実証研究とは，個々の社会やそこに暮らす人々の意識，
行動などについて様々な学問分野のディシプリン，メソッドを援用して分析し，
理論の適合性を検証し，理論の更なる発展を図るものである，と著者は理解す
る．グローバル化の洗礼を受けて急成長を遂げた中国は，社会経済の相当部分
で日本や欧米のような普通の国となっている．少なくとも，中国国内の研究者
の多くはそのような潜在意識を持って，米国スタイルの社会経済研究を試行し
ている．識者の指摘している通り，いまの日本でも，中国とあまり関係を持た
ない政治・経済・外交などの専門家は，国際会議やメディアで普通に中国のこ
とを語っている．中国プロパーのみが中国問題を語る時代はすでに終わってい
るといっても過言ではない．

　中国研究を取り巻く国内外の状況が大きく変化した中，どのような視点と方
法で中国を見つめるべきか，中国研究の意義をどこに求めるか．こうした難題
を意識しつつ中国研究を続けているのは著者だけなのだろうか．

（『日本現代中国学会ニューズレター』，2019年 2 月）

あ と が き

　本書に収録された論稿は2000年から2019年にかけてのちょうど20年間に，著者が各紙誌に発表したエッセイであり，中国の超大国へのあゆみを自らの専門的視野から観察した記録でもある．この間，世界は目覚ましい変化を遂げ，世界経済における主要国のプレゼンスも大きく変わっているが，最も注目されるべき主役の１つは中国であろう．序章で述べているように，WTO加盟（2001年）後の中国は持続的な経済成長を果たし，2010年に日本を抜いて世界第２位の国内総生産を誇るようになり，さらに，近い将来アメリカを追い越して世界一の経済大国になると予測されている．

　伝統的農業から近代的産業への近代化と，計画経済から市場経済への体制転換を同時に進めていかなければならないという中国の改革開放は，共産党による絶対的支配の下で果たして実現できるのか．これを巡って今まで様々な論者はそれぞれの立場から多様な見解を示したが，本書をそのうちの１つとして位置付けるとすれば，在日中国人学者による中国論の類に入るかもしれない．それはおそらく，反中や嫌中あるいは反日とも一線を画し，中国と日本を共に愛し日中が仲良くなるように切望する立場から，あくまで日中双方を冷静に観察し事実に基づく分析を行い，相互理解の一助になれるように心がけている，という点で一定の独自色を持つと思っている．

　著者は大学院生時代から1990年代までの十数年間，主として中国の農村経済に関する調査研究に専念し，郷鎮企業や食糧問題を課題とする論文や書物を数多く発表した．2000年代に入ってからは経済成長と人口転換，都市・農村間の格差，およびそれにかかわる様々な制度に対し関心を持つようになり，マクロ・ミクロデータに基づく実証研究に取り組んできた．本書の元になる論稿は基本的にそうした学術研究の成果，および中国調査や日本生活の体験に裏打ちされている．

　幸いなことに，著者の多くの主張が妥当であることが時間の経過と共に検証されている．主として以下の３点を挙げたい．すなわち，① 農業・農村・農民という三農問題への理解および問題解決の処方，② 経済成長に及ぼす人口転換の影響および相応の対策，③ 日中経済の逆転および日中関係のあるべき姿，に関する著者の主張である．

　2002年４月に『日本経済新聞』に発表した「中国農業，大転換が必要」，お

よびその後の一連の論稿では，農業を搾取し，農村を軽視し，農民を差別するという中国政府の基本方針が長年採用され続けたことで農業の不安・農村の疲弊・農民の貧困という三農問題が生じたのだから，問題を引き起こした諸制度，とくに戸籍制度の抜本改革が必要不可欠だ，と主張してきた．同年末に発足した胡錦濤政権の下でそのような方向で改革が進められ，社会問題と化した三農問題は大きな改善を見せた．

　また，1人っ子政策を主内容とする計画生育政策により，中国は改革開放と共に膨大な人口ボーナスを享受する時代に入った一方で，1人っ子政策に起因する少子高齢化も急速に深刻化し，経済成長に負の影響を与えるようになった．著者は日本の経験を踏まえ，比較的早い時期から1人っ子政策に対する見直しの必要性を訴えた．その正しさは2015年以降の制度改革で証明されている．

　また，ここ20年間，日中関係は友好から対立へ，さらに戦略的互恵関係へとらせん状の軌跡を辿ってきたが，これは日中両国における社会経済の発展段階，および国際社会におけるそれぞれのプレゼンスの急変に応じて起きたものでしかない．今後も日中間で紆余曲折する関係が予想されるが，立場を置き換えて考え行動することができれば，互いの真の理解は不可能ではない．永遠の隣人としての日本と中国が共に小異を残し大同を求めていくことは，双方の利益だけでなく，国際社会の安定と繁栄にも寄与するはずである．こうした著者の主張はこの間の日中関係の移り変わりにより支持されている．

　本書の取り纏めは在外研究の2019年度後半に集中的に行った．その間，天津理工大学管理学院の王京濱院長，邸暁熠講師をはじめ，多くの方に一方ならぬお世話になった．ここに天津理工大学ならびに関係各位に深く感謝する．

　最後になるが，論稿が掲載された各紙誌の出版元に対して，本書への転載を許諾して下さったことに御礼申し上げる．また，各紙誌の編集担当者，特に『週刊東洋経済』の長谷川隆氏と西村豪太氏，『東亜』の堀田幸裕氏に衷心より感謝の意を表する．長い連載の中，著者の拙い日本語の表現等を丁寧に点検，修正して下さったお陰で，文章は多少とも読みやすくなったのである．本書の出版を快く引き受けてくれた晃洋書房の丸井清泰氏，きめ細かな編集作業をこなして下さった徳重伸氏，佐藤朱氏にも感謝の言葉をお送りしたい．ありがとうございました．

　　2020年11月

　　　　　　　　　　　　　　　　　　　厳　善平

《著者紹介》

厳　　善平（げん　ぜんへい）

　同志社大学大学院グローバル・スタディーズ研究科教授，天津理工大学客員教授．1963
年中国・安徽省生まれ．1984年南京農学院農業経済学系卒業，1991年京都大学大学院農
学研究科博士課程修了（農学博士）．桃山学院大学経済学部専任講師，助教授，教授を
経て2011年より現職．中国経済経営学会会長，日本現代中国学会理事長など歴任．

主要業績

　著書に『中国経済の成長と構造』（勁草書房，1992年），『中国農村・農業経済の転換』（同，
1997年），『中国の人口移動と民工――マクロ・ミクロ・データに基づく計量分析――』（同，
2005年），『農民国家の課題』（名古屋大学出版会，2002年），『農村から都市へ――1億
3000万人の農民大移動――』（岩波書店，2009年），『中国農民工の調査研究――上海市・
珠江デルタにおける農民工の就業・賃金・暮らし――』（晃洋書房，2010年），『人口移動，
労働力市場及其机制研究』（人民出版社，2020年）ほか多数．地域農林経済学会学会賞，
日本農業経済学会奨励賞，日本農学進歩賞，大平正芳記念賞特別賞など受賞．

超大国 中国のあゆみ

2021年3月10日　初版第1刷発行　　　＊定価はカバーに
　　　　　　　　　　　　　　　　　　　表示してあります

著　者　　厳　　　善　平ⓒ
発行者　　萩　原　淳　平
印刷者　　河　野　俊一郎

発行所　株式会社　晃　洋　書　房

〒615-0026　京都市右京区西院北矢掛町7番地
電話　075(312)0788番(代)
振替口座　01040-6-32280

装丁　㈱クオリアデザイン事務所　　印刷・製本　西濃印刷㈱
ISBN 978-4-7710-3442-6